KB156356

팩트체크 독도

팩트체크
FACT CHECK

독도
DOKIDO

유미림 지음

한국 사회에서 '독도'는 주목받는 이슈 가운데 하나다. 그래서인지 정부 및 관련 기관의 홍보물, 연구자의 학술서 등 독도를 주제로 한 저작물이 1년에 수백 편 이상 나오고 있다. 시인·동화작가·소설가·저널리스트·시민운동가·관료·정치인 등 집필자도 다양하다. 이렇듯 독도 연구가 활발하다면 그 해법도 간단할 텐데, 독도문제는 왜 도무지 해결의 기미가 보이지 않는 걸까?

사실 독도문제는 그렇게 간단하지 않다. 근대기 이전 울릉도·독도에 대한 침탈 역사에 제2차 세계대전 전후의 복잡한 양상, 그리고 냉전 상황 등이 더해져 있기 때문이다. 문헌 기록도 많지 않은 데다 사료에 대한 해석도 한·일 양국이 다르다. 이 때문에 기본적인 용어와 표기법조차 학자마다 다르다. 그런 가운데 새로운 저작물이 계속 생산되고 있지만 이를 검증하거나 정제해주는 기관이나 장치도 없다.

이런 상황에서 일반 독자들은 어느 용어가 맞는지, 어떤 내용이 역사적 사실에 부합하는지 제대로 가려내기가 쉽지 않다. 게다가 일본 역사와 정치체제에 관한 지식이 없는 상태에서는 오역이나 오류를 가려내기란 더더욱 쉽지 않다. 기존에 알려진 내용 가운데는 잘못된 내용이 많지만 이를 검증하지 않고 답습하는 경우도 많다. 현재 독도 저작물에서 보이는 용어들은 대부분 선학先學을 답습한 것이지만, 누가 언제 어떤 배경에서 만든 것인지를 추적한 경우가 별로 없다. 사료 해석도 마찬가지다. 오역과 오류가 반복되는 이유다.

따라서 이 책은 '팩트체크 독도'라는 콘셉트로 독도의 역사와 영유권 문제를 다루되 잘못 전해지고 있는 내용과 용어를 검증하는 데 중점을 두었고, 기존의 대중서보다 그 내용을 깊이 있게 다루고자 했다. 또한 문답 형식으로 논리를 전개해가면서 독자들에게 생각의 여지를 남길 수 있도록 기획했다. 하나의 역사적 사실에 대해 의문을 품고 답을 구하다 보면 또 다른 의문이 꼬리에 꼬리를 무는 식으로 생겨나게 마련이다. 그 답을 따라가다 보면, 문제의 해법이 결과적으로 드러날 것이다.

이 책은 1905년 이후의 내용에 대해서는 거의 다루지 않았다. 아직 저자의 공부가 부족하기 때문이기도 하지만, 한편으로는 다른 이유가 있다. 일본이 무주지 선점론에 입각하여 독도를 편입한 시기가 1905년이므로 그 이전 독도가 무주지가 아니었음이 입증된다면 그 이후의 역사적 전개는 독도문제에 있어 큰 의미가 없기 때문이다. 이에 이 책에서 주목했으면 하는 내용은 1905년 이전 독도가 무주지가 아니었음을 입증하는 부분이다. 이른바 독도에 대한 실효지배다. 독도는 역사적으로 우리땅이었고 무주지가 아니었으므로, 우리가 독도 실효지배를 일본 측에 입증해야 할 당위성은 없다. 그런데 현재 일본은 한국이 1905년 이전의 실효지배 사실을 입증하지 못하는 한, 자국의 독도 편입 조치가 유효하다는 주장을 펴고 있다. 그러므로 우리가 1905년 이전 한국의 실효지배를 입증한다면 일본은 더 이상 할 말이 없어질 것이다.

우리에게 유리한 사료가 발굴된 것도 이 주제에 천착하게 된 배경의 하나다. 「울도군 절목」(1902)이라는 사료는 초대 울도 군수인 배계주의 후손이 울릉군청에 소장 사실을 알리면서 2010년 처음으로 세상에 알려졌는데, 아무도 이 사료를 주목하지 않았다. 그런데 내용을 해석해보니 거기에는 울릉도 수출품에 과세한다는 흥미로운 사실이 있었다. 이에 그 조항을 독도강치에 대한 과세와 연결지어 실효지배를 입증할 근거로 삼았다. 그러나 그 과정은 지난했고 오랜 시간이 걸렸다.

우리가 독도문제를 다룬 저술에 관심을 갖는 이유는 일본이 저토록 강고하게 영유권을 주장하는 데는 타당한 이유가 있어서가 아닌지 궁금해서일 것이다. 저자 역시 이런 의문을 지니고 있었고, 지난 10여 년은 그 답을 구하는 여정이었다. 이 책은 그 의문을 풀기 위한 여러 매듭 가운데 하나다.

독도문제를 올바로 이해하려면 역사·지리·국제법·해양 등 여러 분야의 지식이 필요하므로 한 사람이 모든 주제를 다룬다는 것 자체가 불가능하다. 역사로 한정하더라도 방대한 사료를 섭렵해서 오류가 일절 없게 한다는 것도 쉬운 일은 아니다. 그러므로 이 책을 집필하는 데는 여러 전문가의 도움을 받았다.

일본 사료에서 확인이 필요한 부분을 요청할 때마다 박병섭 선생은 지체없이 가르쳐주셨고, 박지영 박사는 일본 사료 해석에서 많은 도움을 주었다. 고지도 부분은 국립중앙도서관 이기봉 박사의 가르침에 힘입은 바가 크다. 이기봉 박사는 본인이 출간하려던 책의 원고를 보여주기까지 했다. 국제법 분야는 부산대학교 박배근 교수에게 자문을 받았다. 저자의 원고를 일일이 바로잡아주시는 것을 보면서 비전공자들이 국제법 주제를 운운하는 것이 얼마나 위험한 일인지를 자각했다. 그럼에도 잘못된 내용이 있다면 이는 전적으로 저자의 책임이다.

용어의 유래를 추적할 때는 프랑스와 독일에서 유학한 선배들의 도움을 받았고, 네덜란드 학자에 대한 연결까지 부탁했다. 무역·통상에 관한 전문성이 부족하다 보니 일면식도 없는 분에게까지 실례를 무릅쓰고 메일을 보내 자문을 구했다. 도와주신 모든 분들, 응원해주신 모든 분들께 감사드린다.

마지막으로, 저자의 집필 의도를 잘 이해하고 멋지게 편집해주신 역사공간 편집진에게 깊은 감사를 드린다.

2018. 7
유 미 림

차례

팩트체크 1   독도는 여러 이름으로 불렸다

팩트체크 **3**   독도는 울릉도에 속한 섬이다

팩트체크 4

일본은 독도가 조선 영토임을 인정했다

체크포인트

☑ 일본 측

한국은 다케시마를 불법 점거하고 있으며, 일본은 평화적인 문제 해결을 위해 국제사법재판소에 회부할 것을 제의했으나 한국 측이 거부했다.

일본은 17세기 중반에 다케시마에 대한 영유권을 확립했다.

일본은 1905년 1월 각의결정으로 다케시마를 시마네현에 편입하여 영유의사를 재확인했다.

일본은 다케시마를 관유지 대장에 등록하여 국유지 사용료를 징수하는 등 주권을 행사해왔다.

1905년 일본이 다케시마를 편입하기 전 한국이 다케시마를 실효적으로 지배했다는 근거를 한국 측은 전혀 제시하지 못하고 있다.

☑ 한국 측

독도는 역사적·지리적·국제법적으로 명백한 한국의 고유영토이므로 영유권 분쟁이란 존재하지 않으며 교섭이나 사법적 해결의 대상이 될 수 없다.

독도는 역사적으로 울릉도의 부속섬으로 인식되어왔다.

에도 막부는 울릉도·독도가 돗토리번에 속하지 않는다는 사실을 확인하고 일본인의 도해를 금지하는 령을 내렸다.

1877년 일본 태정관은 울릉도와 독도가 일본과 관계없음을 지령으로 내렸다.

대한제국은 1900년 칙령 제41호를 통해 울도 군수의 관할 지역으로 울릉전도·죽도·석도(독도)를 명기했다.

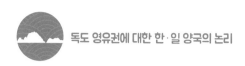
일본 측의 논리

일본은 현재 독도를 다케시마^{竹島}라 부르며 자국의 고유영토라고
주장한다. 일본은 왜 독도를 자국 땅이라고 주장하는 걸까? 일본
정부의 입장은 외무성 홈페이지에 게재된 「다케시마 문제에 관한
열 가지 포인트」에 가장 잘 드러난다. 이에 의거하여 일본의 논리
를 살펴보자. 이 글에서 일본이 주체일 때는 다케시마로, 한국이
주체일 때는 독도로 칭하기로 한다.

일본은 예로부터 다케시마의 존재를 인식하고 있었고 17세기
초에 울릉도로 가는 도중 중간 정박지로 이용하거나 어로를 하여
늦어도 17세기 중반에는 다케시마에 대한 영유권을 확립했다. 그
러다가 1900년대 초기 시마네현 주민들이 강치 포획을 안정적으
로 해달라고 요구함에 따라 1905년 1월 각의결정으로 다케시마를
시마네현에 편입하여 영유의사를 재확인했다는 것이다. 이후 일
본은 다케시마를 관유지 대장에 등록하여 국유지 사용료를 징수

하며 주권을 계속 행사해왔다고 한다.

제2차 세계대전 후 강화조약이 작성되는 과정에서 한국은 일본이 포기해야 할 지역에 독도를 추가해줄 것을 연합국에 요구했지만, 이런 요구는 미국에 의해 거부되었다. 미국이 독도를 일본 영토로 인식한 정황은 미국이 공개한 외교문서에 나타나 있다. 최종 확정된 대일對日평화조약에서는 일본이 포기해야 할 지역을 제주도와 거문도, 울릉도를 포함한 조선으로 규정했으므로 다케시마는 일본 영토로 남게 되었다.

그런데 1952년 평화조약이 발효하기 직전 이승만 대통령이 이른바 '이승만 라인'(평화선)을 설정하여 그 안에 다케시마를 넣었고, 이후 다케시마에 경비대를 상주시키고 시설을 설치하는 등 국제법을 위반하고 불법 점거하고 있다. 일본은 이 문제를 평화적으로 해결하기 위해 1954년부터 지금까지 3회에 걸쳐 국제사법재판소에 회부할 것을 제안했지만 한국 측이 거부하고 있다.

한국 정부는 독립 후 독도에 대한 영유권을 회복했다고 주장하지만 이런 주장이 성립하려면 1905년 일본이 편입하기 전 한국이 다케시마를 실효적으로 지배했음을 입증해야 한다. 그러나 한국은 실효지배를 증명할 만한 근거를 전혀 제시하지 못하고 있다.

한국 측의 논리

한국 정부의 기본 입장은 독도는 역사적·지리적·국제법적으로 명백한 한국의 고유 영토이므로 영유권 분쟁은 존재하지 않으며, 외교 교섭이나 사법적 해결의 대상이 될 수 없다는 것이다. 한국 정부의 논리를 외교부 홈페이지에 탑재된 「한국의 아름다운 섬 독도」라는 팸플릿에 의거하여 살펴보자.

독도는 울릉도에서 맑은 날 맨눈으로 볼 수 있으므로 역사적으로 울릉도의 일부로 인식되어왔고 이런 사실은 고문헌의 우산도 기록으로 확인할 수 있다. 일본 돗토리번 오야大谷·무라카와村川 두 가문에 고용된 어민들이 울릉도에서 불법 어로행위를 하던 중 1693년에 조선인과 만난 사건을 계기로 두 가문은 조선인의 울릉도 도해를 금지시켜줄 것을 막부에 요청했다. 그러나 막부는 울릉도와 독도가 돗토리번에 속하지 않는다는 사실을 확인하고, 1696년 1월 일본인의 도해금지를 명했다. 울릉도와 독도가 한국 영토라는 인식은 메이지 시대에도 유지되어, 1877년 국가최고기관 태정관은 울릉도와 독도가 일본과 관계없음을 지령으로 내렸다.

대한제국은 울릉도와 주변 도서를 법제적으로 정비하고자 1900년에 울릉도를 군으로 승격하는 이른바 칙령 제41호를 반포했다. 이때 울도 군수의 관할 지역으로 울릉전도와 죽도竹島·석도石島를 명기했다. 석도는 독도를 가리킨다. 이는 대한제국이 울릉도의 일부로서 독도에 대한 주권을 행사해왔음을 의미한다.

그럼에도 일본은 1905년 2월 시마네현 고시 제40호를 통해 독도를 자국 영토로 편입했다. 1904년 러일전쟁이 발발하여 러시아 함대를 감시할 필요가 있었고, 그로써 독도의 군사적 가치가 높아지자 일본 외무성이 한 어업가의 대여 청원을 빌미로 해서 독도를 편입한 것이다.

제2차 세계대전이 끝나기 전 연합국이 발표한 1943년의 카이로선언은 일본이 폭력과 탐욕으로 탈취한 모든 지역에서 축출되어야 한다고 명기했고, 1945년의 포츠담선언은 카이로선언을 이행할 것을 규정했다. 또한 종전 후 연합군 총사령부가 독도를 일본의 통치 및 행정범위에서 제외하는 지령을 냈는데 이는 연합국이 독도를 한국령으로 인식하고 있었음을 의미한다.

제2차 세계대전 이후 독도는 대한민국의 영토로 돌아왔고 이는 대일평화조약에서도 재확인되었다. 대일평화조약은 일본이 포기해야 할 지역으로 제주도와 거문도, 울릉도를 포함한 조선으로 규정했는데, 이는 한국에 있는 3,000여 개의 섬 가운데 일부를 예시한 것에 불과하다.

일본 정부는 독도 문제 해결을 위해 국제사법재판소에 회부할 것을 제안했지만, 사법 절차를 가장한 일본의 제안을 한국이 국제사법재판소에서 증명해야 할 이유가 없다. 독도는 일본에 의해 침략된 최초의 희생물이다. 독도는 한국 국민들에게 주권의 상징이며, 우리 정부는 독도에 대해 확고한 영토 주권을 행사하고 있다.

쟁점의 핵심

이와 같이 양국은 서로 상대국의 논리를 의식하고 이를 비판하면서 영유권 논리를 펴고 있다. 일본은 '예로부터' 일본의 고유영토였다고 주장하지만, '예로부터'가 언제부터인지, 그리고 '고유영토'의 정확한 의미가 무엇인지는 명확히 밝히고 있지 않다. 더구나 일본은 1696년과 1837년, 1877년 세 차례에 걸쳐 독도가 일본 영토가 아님을 인정한 바 있다. 그러므로 일본이 1905년 독도가 무주지라는 명분으로 편입 조치를 취한 것은 명백한 침탈행위이다.

그런데도 일본은 17세기 중반에 독도에 대한 영유권을 확립했지만 1905년에 재확인한 것이라고 주장한다. 일본 정부는 공식적으로 1877년의 태정관 지령을 언급한 바도 없다. 지령을 인정하는 학자의 경우도 1877년 태정관 지령이 문제가 아니라 그 후의 상황이 더 중요하다고 주장한다. 즉 한국은 1877년 이후 1900년에 칙령을 반포할 때까지도 독도를 인지하지 못하고 있었다는 것이다. 따라서 1900년에서 1905년 사이에 독도에서 강치를 포획하며 이 섬을 실질적으로 경영한 일본 측이 독도 영유권을 지니고 있다는 것이다.

일본이 17세기에 독도 영유권을 확립했다면 왜 20세기에 영유권을 재확인할 필요가 있었는지 의문이며, 그렇다면 왜 굳이 1877년에 다시 태정관 지령을 내어 한국의 영유권을 인정했는지 더 많은 의문을 자아낸다. 일본은 독도에 대해 국유지 사용료를 징수했다고 하지만 그런 사실은 독도를 편입한 이후이다. 그리고 일본은 강화조약 초안 작성 과정에서 미국이 한국의 요구를 거부한 정황이 외교문서로 남아 있다고 했는데, 이것은 이른바 1951년 8월 '러스크 서한'을 말한다. 이 문서는 평화조약 체결 이전 미국 국무성 관리가 주미 한국대사의 요청에 대한 미국의 입장을 나타낸 것이지만, 당시 미국은 일본이 제공한 정보에 대부분 의거하고 있었다. 이 문서에 대하여 1953년 12월 미 국무장관 덜레스는 러스크 서한은 평화조약 서명국 중 하나인 미국의 입장일 뿐이며, 미국이 독도문제에 개입해서는 안 된다는 점을 분명히 했다.

독도가 한국 땅임은 자명하다. 고문헌과 고지도에 '우산도'로 기술되어 있고, 조선 후기에 오면 우산도를 일본인이 마쓰시마로 부른다는 사실도 명기할 만큼 정확히 인식하고 있었다. 대한제국 시기에는 칙령에 '석도'라고 명기하여 법적으로도 우리 땅임을 분명히 했다. 그럼에도 일본은 우산도와 석도가 독도임을 부정한다. 나아가 일본은 석도가 설령 독도라고 하더라도 1900년 이후 독도를 실효 지배한 증거는 없다는 궤변을 늘어놓고 있다.

일본이 집요하게 주장하는 논리의 핵심은 "한국 측은 일본이 다케시마를 실효 지배하며 영유권을 재확인한 1905년 이전에, 한국이 이 섬을 실효 지배했었음을 나타내는 명확한 근거는 제시하지 않고 있다"는 것이다. 그러니 한국이 이를 입증하지 못하는 한 일본의 1905년 독도 편입은 정당하다는 것이 일본 정부의 논리다.

그러므로 이 책은 1905년 이전 한국이 독도를 실효 지배했음을 입증하는 데 목표를 두고 집필했다. 독도가 우리 영토임을 문헌으로 입증하는 것도 중요하지만, 상대국의 핵심 논리에 제대로 대응하는 것도 중요하다.

팩트체크 1

독도는 여러
이름으로 불렸다

☑ 체크리스트

독도 호칭이 보인 최초의 문헌은 1904년 9월 일본 군함 니타카호의 일지다.

독도는 독섬(돌섬)의 한자 표기였다.

대한제국 칙령 제41호의 '석도'는 독도를 의미한다.

다케시마와 죽도(댓섬)는 같은 섬을 가리키는 호칭이 아니다.

울릉도는 1882년 고종이 정식으로 입도를 허락했다.

다케시마는 본래 울릉도에 대한 일본식 호칭이었다.

일본은 한때 독도를 서양식 명칭인 '리앙쿠르 락스'라고 불렀다.

독도는 여러 이름으로 불렸다

언제부터 '독도'라고
불렸을까?

독도獨島의 뜻은 홀 섬, 외로운 섬, 고독한 섬 등 여러 가지로 풀이될 수 있다. 그러나 독도를 직접 목격한 사람이라면 누구나 의문을 품게 된다. 독도는 두 개의 큰 섬과 여러 개의 바위섬으로 이루어져 있기 때문이다. 그렇다면, 하나로 된 섬도 아닌데 왜 홀로 독獨자를 써서 독도라고 부르게 되었을까? 우리가 말하는 독도는 문헌상의 호칭이다. 과연 아주 오래전, 문헌을 접하지 못했던 사람들도 독도라고 불렀을까? 독도라는 호칭이 문헌에 처음 보인 것은 언제이며, 그 이전에는 어떻게 불렀을까?

　지금까지의 연구에 따르면, 독도라는 호칭이 보인 최초의 문헌은 1904년 9월 일본 군함 니타카호新高號의 일지다. 러일전쟁 당시 니타카호는 죽변만과 울릉도 도동 사이에 해저전선을 설치하라는 임무를 띠고 부설 선박을 호위하기 위해 파견되어 있었다.

오키나와호沖繩丸는 니타카호의 호위를 받으며 죽변 부근에서 블라디보스토크를 연결하는 해저전선을 찾아 9월 24일 울릉도 동쪽 망루와 연결할 계획이었다. 이를 위해 니타카호가 울릉도에 도착하여 근처에서 감시를 하고 있었다. 그런데 블라디보스토크함대가 사흘 전에 출항했다는 연락을 받았다. 이는 후에 오보로 밝혀졌지만, 오키나와호는 그 소식에 응급 접합만 한 채 밤에 울릉도를 떠났다. 니타카호는 25일 오후 쓰시마섬 다케시키竹敷항으로 돌아왔다. 니타카호는 이날의 일지에 「마쓰시마松島에서 리앙코루도 암嵓을 실제로 본 자에게서 들은 정보」라는 제목으로 다음과 같이 기술했다.

리앙코루도 암嵓, 한인韓人은 이 섬을 獨島라고 쓰고, 본방(일본) 어부들은 줄여서 리양코도島라고 부른다.

이런 이야기를 해군 장교가 들은 날은 9월 24일이다. 군함은 독도에 가지 않고 울릉도에만 있었지만 독도를 목격한 뒤 「리앙코 약도略圖」를 그려 일지에 첨부했다. 당시 울릉도에 거주하던 일본인들은 울릉도를 '마쓰시마'라 칭했고, 해군 장교는 그들에게서 40∼50명의 인원이 독도에서 매회 열흘간 머물며 강치를 잡았으며, 러시아 군함 3척이 독도 근처에 떠돌다 가는 것도 목격했다는 말을 들었다. 이때 일본인은 독도라고 '부른다'고 하지 않고 '쓴다'고 장교에게 일러주었다. 이는 독도가 표기 방식일 뿐, 한국인 사이에서 실제로 불리던 호칭이 아니었음을 시사한다.

반면 일본 어부들은 줄여서 리양코도라고 '부른다'고 했다. 왜 일본인들은 독도를 서양식 호칭으로 부르고 있었을까? 거기에는 독특한 배경이 있다. 서양 선박들은 동해 탐사를 시작하면서 그들 식으로 지명을 만들어 붙였다. '리양코도'라는 호칭은 1849년 1월 프랑스 포경선 리앙쿠르^{Liancourt}호의 독도 발견에서 유래한다. 프랑스 해군성이 해도에서 '리앙쿠르 암석^{le rocher du Liancourt}'이라고 이름 붙였는데, 영국 해군이 해도에서 '리앙쿠르 락스^{Liancourt rocks}'라고 표기했고, 일본이 이를 받아들여 리앙쿠르 열암^{列岩} 또는 리양코도^島로 칭하게 된 것이다. 일본은 왜 리앙쿠르 락스를 리양코도라고 불렀을까? 일본인들에게는 외래어를 줄여서 부르는 언어 습관이 있기 때문이다. 심지어는 더 줄여 량코도, 양코도, 량코, 양코라고 부르기도 했다.

　　그렇다면 우리는 언제부터 독도^{獨島}라고 기록했을까? 지금까지 발견된 사료에 따르면, 1906년 울도 군수 심흥택이 강원도 관찰사 서리이자 춘천 군수인 이명래에게 제출한 보고서에서 독도라는 표기가 처음 보인다. 심흥택은 울릉도가 울도군으로 승격된 뒤에 1903년 4월 3대 울도 군수로 부임했다. 그는 부임 후 몇 달 뒤인 9월에 러시아 함선과 마주했고, 이에 러시아인의 동태 및 일본인의 철수를 요청하는 내용의 보고서를 관찰사에게 제출했다. 그러나 일본인은 울릉도에서 철수하지 않았고, 1905년 2월 도리어 독도를 자국 영토로 편입하기에 이르렀다. 일본 시마네현^{島根縣} 관민시찰단은 1906년 3월 자국 영토로 편입된 다케시마(독도)를 시찰한다는 명목으로 27일에 독도를 시찰한 뒤 28일 울릉도 도동에 있던 군수를 방문했다. 우연히 방문한 것처럼 가장했지만, 독도 시찰은 일본이 1905년 편입한 직후부터 세워진 계획이었다. 그러나 시찰단은 편입한 지 1년 이상 지난 뒤에야 심흥택에게 독도가 일본 땅이 되었다는 사실을 일방적으로 통보한 것이다.

군수는 편입 사실을 듣자마자 다음 날 바로 강원도 관찰사 서리 춘천 군수 이명래에게 보고했다. 그 보고서에 처음으로 독도 표기가 보인다. 심흥택은 "본군(울도군) 소속 독도獨島가 바다 멀리 100리쯤 떨어져 있는데"라는 내용으로 보고를 시작했다. 1906년 3월 29일(양력)의 일이다. 일본 기록에 처음 보인 시기가 1904년 9월이니 시간차는 그리 크지 않다. 곧 독도 표기는 1904년 9월 이전부터 성립해 있었다는 의미다.

서양 기록에서는 독도를 어떻게 표기해왔을까? 1948년 6월 8일 독도폭격사건이 발발한 뒤 주한미군 사령부 문서는 독도를 'Liancourt Rocks' 혹은 'Takeshima'로 표기했다. 정병준의 저서 『독도 1947』에 따르면, 1948년 6월 24일 주한미군 사령부는 맥아더에게 보낸 전문에서 "리앙쿠르 암 또는 다케시마로 알려진 섬……한국 어부들이 사용하는 중요한 어장"이라고 했다. 또한 독도폭격사건에 대한 배상과 관련한 소청위원회 활동에 관한 문서철에서「IV. 독도 폭격; 리앙쿠르 락스IV. Dok Do Bombing; Liancourt Rocks」라는 항목을 보면 독도를 'Dok Do'와 'Liancourt Rocks'로 표기했다는 것을 알 수 있다. 그런데 6월 18일 소청심사위원이 독도를 조사한 이후 작성한 보고서(1948.6.28)의 제목은 「주제: 독도섬 폭격에 대한 조사 요청Subj: Claims Investigation of Tukto Island

울도 군수 심흥택의 보고서에, 본군 소속
독도가 외양 100여 리 밖에 있는데, ……
일본 관리 일행이 군청으로 와서 직접 말
하기를, "독도가 이제 일본 영토가 되었으
므로 시찰차 섬을 방문하였다"라고 하고

(일본이) 독도를 영지로 했다는 설은
전혀 근거가 없으니, 섬의 형편과 일
본인의 행동 여하를 다시 조사하여
보고할 것

강원도 관찰사 이명래의 보고서 호외와 참정대신의 지령 제3호(1906.5.10)

1906년 3월 군수 심흥택이 일본인 시찰단에게서 독도 '편입' 사실을 통보받자마자 강
원도 관찰사에게 보고했고, 참정대신은 바로 이를 부인하는 지령을 내렸다. 이 문서들
은 군수와 관찰사, 참정대신 등 대한제국의 관리가 독도를 대한제국 영토로 당연시하
고 있던 정황을 보여준다.

Bombing이었다. 여기서는 독도를 'Tukto Island'로 표기하고 있다.

'Dokdo' 표기는 1951년 7월 3일자 대일평화조약(샌프란시스코 강화조약) 관련 합동초안 수정안에서 처음 보인다. 이에 한국 정부는 일본이 포기해야 할 영토에 제주도·거문도·울릉도 외에 독도Dokdo와 파랑도Parangdo를 추가해줄 것을 미국 국무성에 제안했다. 그렇다면 서양 지도에는 언제부터 Dokdo라는 지명이 표기되었을까? 이진명에 따르면, 1959년 프랑스 라루스 출판사가 간행한 『세계지도책Atlas general』 안의 「일본 – 한국 지도」에서 'Tok – Do'로 표기한 것이 최초이다.

독도의 우리말 호칭은 무엇이었을까?

독도는 문헌에 표기된 호칭이다. 그런데 지명이란 대체로 우리말 호칭이 먼저 있게 마련이다. 독도 역시 우리말 호칭이 먼저 있지 않았을까? 당시에는 지명을 문헌에 표기하려면 우리말의 음이나 뜻에 해당하는 한자를 빌리는 방식을 쓸 수밖에 없었다. 그래서 문헌에 표기된 호칭은 우리말일 가능성이 낮다. 예를 들어 솔섬·댓섬·알섬·토끼섬·밤섬 등의 우리말 지명이 있지만 문헌에는 뜻을 취해 송도松島·죽도竹島·난도卵島·묘도卯島·율도栗島처럼 한자로 표기했다.

그런데 근대 이후가 되면 한자의 음을 빌려 표기하기도 한다.

울릉도 지명 가운데 와달리-臥達里, 방패섬-防牌島, 알봉-卵峰, 댓섬-竹島, 모시개-苧浦, 섬목-島項 등의 표기가 그런 예이다. 이렇듯 지명은 음을 빌려 한자로 표기한 것(와달리), 음과 뜻을 섞어 차용하여 한자로 표기한 것(방패도·난봉), 뜻을 취해 한자로 표기한 것(죽도·저포·도항)이 혼재되어 있다. 울릉도의 한자 표기인 鬱陵島는 芋陵島로, 무릉도의 한자 표기인 武陵島는 茂陵島로도 쓰여 있다. 일본 문헌에는 "안용복이 '무릉세무'(무릉섬)로 칭했다"는 기록이 있는데, '무릉'에서 음을 취하고 '섬'에서 뜻을 취하면 '무릉도'가 된다.

독도 표기도 이런 방식으로 설명할 수 있다. 우리 고문헌에 독도는 대체로 '우산도于山島'라 표기되어 있다. 그런데 실제 섬을 접한 사람들도 문헌의 표기대로 우산도라고 불렀을까? 그렇지 않을 것이다. 현재의 명칭인 '독도'에 내포된 의미를 풀어보면 당시 사람들이 부르던 호칭을 유추해볼 수 있다. 두 개의 큰 섬과 많은 암석들로 이루어진 독도의 모습은 한눈에 보아도 돌섬으로 느껴진다. 그러므로 뜻을 빌려 표기하는 방식대로라면 석도石島라고 표기되었어야 한다. 실제로 1900년 대한제국 칙령 제41호에는 석도라고 표기되어 있다. 칙령에서는 울도 군수의 관할구역으로 울릉전도鬱陵全島·죽도竹島·석도石島를 명기했는데, 여기서 죽도는 현 울릉도 저동항 근처의 섬으로 우리말로는 '댓섬'이라고 불렀다. 즉 죽도는 댓섬의 문헌상 표기이다.

울릉도는 조선 시대까지 입도가 금지되다가 1882년 고종이 정식으로 입도를 허락했다. 이후 1883년부터 사람들이 정식으로 입도하기 시작했는데, 첫 해 입도자는 54명으로 주로 강원도·경상도 사람이었다. 1882년 고종은 무신 이규원을 울릉도 검찰사에 임명하여 울릉도 개척 가능성을 조사하도록 했다. 그는 섬에서 많은 조선인과 일본인을 만났는데, 조선인 140여 명 가운데 전라도 사람이 115명이었다. 기록한 숫자가 이 정도였으니 실제로는 더 많았을 것이다. 전라도 사람 가운데서도 특히 삼도(거문도)·초도·손죽도 사람이 많았다. 이들은 개척 이전부터 섬에 들어와 나무를 베어 배를 만들고 미역을 채취하여 말려서는 새로 만든 배에 싣고 돌아갔다. 이러한 작업을 위해 울릉도에 여러 달 머물렀으니, 그 사이에 독도를 오가기도 했을 것이다. 전라도 사람들은 돌을 '독'이라고 하는데, 돌로 이루어진 섬인 독도를 목격한 그들이 돌섬 혹은 독섬으로 불렀을 것임은 충분히 추측이 가능하다. 그리고 이런 사실은 일제강점기에 수행된 지명 조사로 입증할 수 있다.

석도·독도는 돌섬·독섬과 어떤 관계가 있는가?

문헌상으로는 1900년에 석도石島가, 1904년에 독도獨島가 보인다. 두 호칭은 돌섬·독섬과는 어떤 관계가 있을까? 1900년 대한제국 칙령 제41호에 명기된 석도가 '돌섬'이라는 뜻에서 온 것임은 앞에서 언급했다. 독도는 어떤가? 독도는 독섬의 '독'에서 음을 빌려 獨으로, '섬'에서 뜻을 빌려 島로 표기한 사례에 해당한다.

이와 비슷한 지명 표기 사례들이 꽤 있다. 1966년부터 간행된 『한국지명총람』을 보면, 전라남도 고흥군 금산면 오천리 지명에서 독섬과 독도가 함께 보인다. 『한국지명총람』은 한글과 한자 두 가지 형태로 지명을 표기했는데, 전라남도 신안군 비금면 수치리의 웃독섬은 '상독도上獨島'로, 아랫독섬은 '하독도下獨島'로 표기했다. 한글로만 '독섬'이라 표기한 경우도 있다. 전라남도 해남군의 독섬도 독도獨島로 표기되어 있다. 석도는 돌섬에서, 독도는 독섬에서 파생했음을 알 수 있다. 또한 두 호칭이 보이는 시간차는 4년이 안 되므로 거의 같은 시기에 성립했다고 볼 수 있다.

1895년 일본이 청일전쟁에서 승리하자 울릉도에 들어오는 일본인들의 수가 급격히 증가했다. 이들은 불법으로 가옥을 짓고 목재·곡물·해산물 등의 자원을 허가없이 가져갔다. 섬의 치안과 행정을 책임지고 있던 도감島監은 이런 사실을 강원도 관찰사와 중앙정부에 보고했다. 정부는 도감의 보고를 받을 때마다 일본인의 철수를 요구하며 일본 정부에 항의했지만, 일본 정부는 철수시키겠다는 약속만 할 뿐 지키지 않았다. 일본인의 침탈이 더욱 심해지자 정부는 현지 상황을 직접 조사하기로 했다. 이에 조선 정부는 1899년에 두 차례, 1900년에 한 차례, 모두 세 차례에 걸쳐 울릉도 조사를 시도했다.

1900년 5월 말 내부(지금의 행정안전부)는 시찰관 우용정을 울릉도로 파견했다. 우용정은 조사 후 보고서를 내부 대신에게 제출했고, 내부 대신 이건하는 그의 보고서에 기초하여 울릉도를 울도군으로 승격하려는 계획을 추진했다. 그래서 제출된 것이 「설군設郡 청의서」

(1900.10.22)이다. 청의서가 제출된 지 사흘 만에 대한제국 칙령 제41호가 제정(1900.10.25)되었다. 그런데 정작 우용정의 보고서에는 석도라는 표기가 보이지 않는다. 그러나 그의 보고서에는 현지인을 직접 심문한 정황이 기록되어 있다. 이때 그는 현지인들에게서 돌섬의 존재에 대해 들었을 것이다.

당시 출장복명서는 순한문체로 작성되었다. 우용정이 도민島民들에게 내리는 고시나 훈령 등은 국한문혼용체지만, 정부에 제출하는 보고서는 순한문체이다. 그는 보고서에서 울릉도 안의 지명을 천부동天府洞·현포동玄圃洞·태하동台霞洞·남양동南陽洞 등으로 표기했다. 본래 천부동은 왜선창 혹은 예선창에서, 현포동은 검은작지·가문개에서, 남양동은 골개라는 우리말 지명에서 온 것이다. 우용정은 우리말 지명으로 들었을 터이지만 보고서에는 한자로 표기해야만 했다. 이런 이유에서 돌섬을 석도石島로 표기하는 것 외에는 방법이 없었을 것이다. 그의 보고서에 석도 표기는 없으므로 이를 입증할 방법은 없지만, 칙령에는 석도 표기가 보이므로 그렇게 추정할 수 있을 뿐이다.

일본 도쿄제국대학 교수들은 1899년과 1902년 두 차례에 걸쳐 조선 각지의 지명을 현지 조사한 뒤 「조선지명자휘: 로마자 색인朝鮮地名字彙: 羅馬字索引」을 작성했다. 여기에는 지명이 '로마자: 한자: 관할 도' 형식으로 기록되어 있다. 지명의 현지 발음을 로마자로 쓴 뒤에 한자 지명을 병기한 방식이다. '돌'과 관련된 지명을 보면, 'Tol-gol: 石洞: 함경', 'Tol-kot: 石串: 경상'의 형식이다. '돌섬-石島'도 이 방식과 거의 유사하다. 지명 조사가 1899년에 있었음을 감안하면, 1900년 칙령의 석도가 돌섬의 한자 표기일 가능성이 매우 크다.

'독섬'에서 '독도'가 되었음을 어떻게 입증할 수 있나?

독섬은 독도獨島로만 표기되었을까? 그렇지는 않다. 독섬을 옹도瓮島로 표기한 사례도 발견된다. 정조 연간의 기록에 울릉도 주변의 섬으로 옹도瓮島가 보인다. 충청남도 서산군 지명 표기에서도 '瓮島[獨島]' 형식으로 옹도와 독도를 병기한 사례가 있다. 1947년에 『서울신문』 기사에서는 또 다른 독도 표기 사례가 확인된다. "울릉도와 독도鵚島의 전모를 보여주리라고 하야"라는 표현이 있는데, 여기서는 '무수리 독鵚'자로 표기했다. 그러나 이러한 표기는 발음을 음차한 것일 뿐 '돌'의 뜻을 따라 성립한 것은 아니다.

한국 문헌에 獨島독도 표기가 처음 보인 시기는 1906년이다. 그러나 일제강점기 이후에는 주로 일본 문헌에서 확인된다. 『시마네현지島根縣誌』(1923)에는 "조선 울릉도에서 동남쪽으로 50해리 떨어진 곳에 獨島가 있다"는 기술이 있다. 1945년 11월, 일본은 국유재산법 시행령에 따라 독도를 해군성에서 대장성 소관으로 변경했다. 이때 해군성이 대장성에 인계한 국유지 대장에 토지명은 '다케시마방어구[竹島防禦區]'로 되어 있고 비고란에는 '오치군 고카무라 독도[穩地郡五箇村獨島]'로 되어 있다. 일본은 독도를 편입할 때 다케시마로 명명했는데, 왜 한국식 표기인 독도를 썼을까? 이에 대하여 후에 일본인은 "하자 있는 행정행위"라고 평했다.

우리나라 문헌에는 해방 후부터 독도 표기가 자주 보이기 시작했다. 1947년 6월 20일자 『대구시보大邱時報』에도 독도 표기가 있고, 8월 28일자 『남선경제신문南鮮經濟新聞』은 「獨島는 이런 곧」이라는 제목으로 보도했다. 『남선경제신문』은 '독섬'도 언급했다. 이 역시 '독섬'과 '독도'가 통용되고 있었음을 보여준다.

1947년 8월, 조선산악회는 울릉도학술조사대를 파견하여 울릉도와 독도를 조사했다. 조사대 대장 송석하는 "울릉도에서 다시 동쪽으로 48해리를 가면 각광을 받은 '독섬[獨島]'이 있다"고 했다. 독섬과 독도를 병기하여 같은 곳임을 보여주었다. 조사대는 개척민 홍재현(당시 85세)이 독섬이라고 부르는 것을 직접 듣기도 했다. 이때 함께 참여했던 국어학자 방종현은 「獨島의 하루」라는 글에서 석도·독도·독섬의 관계를 분석했다. 그는 석도를 명기한 칙령 제41호의 존재를 모르는 상태지만, 그럼에도 독도를 보자마자 석도를 떠올렸고, 독도가 석도의 뜻인 '독섬'과 관계있을 것으로 추정했다. 그가 그 관계를 추정할 수 있었던 것은, 돌의 전라도 방언이 '독'임을 인지하고 있었기 때문이다. 돌을 '독'으로 부르는 것이 전라도 지역의 방언임은 일제강점기에 경성제국대학 교수로서 조선어 방언을 연구하던 오구라 신페이小倉進平가 밝힌 바 있다.

1948년 6월 13일자 『한성일보漢城日報』는 「獨島는 우리의 섬 原名은 돌섬[石島]」이라는 기사에 다음과 같은 내용을 실었다.

1881년 울릉도를 개척하기 전부터 울릉도 주민들이 「독도」라고 이를 불러왔든 것이라고 한다. ……그 후 광무 9년(1905) 로일전쟁 당시부터 일본명으로 「다게시마」[竹島] 불국말로 「리양쿨」 영국말로 「호넷록」로서 세계해에 다라나게 된 조선영내의 섬인 것이다. 원래 이름은 「돌섬」[石島]인데 그 후 왜전(원문대로)되어 「松島」 또는 「독섬」[獨島]으로 개칭되었든 것이라고 한다

위 기사는 미 공군의 폭격을 당한 독도를 소개하면서 돌섬과 석도, 독섬과 독도가 같은 섬에 대한 호칭임을 보여주고 있다. 1948년 7월, 『새韓民報』 2∼13호의 기사 제목도 「돌섬은 우리의 섬」으로, 독도를 돌섬으로 표기했다. 1948년 8월 민간단체 우국노인회[Patriotic Old Men's Association]는 연합군 최고사령관 맥아더에게 청원서를 보냈다. 청원서에는 한국 영토로 반환되어야 할 섬 이름을 명기했는데, 거기에 "Ullung Do울릉도·Tsushima쓰시마·Parang Islands파랑도·Docksum독섬"이라는 지명이 있다. Docksum은 독섬을 의미한다. 이렇듯 1940년대 후반의 자료만 보더라도 돌섬과 독섬, 석도와 독도가 늘 함께 명기되고 있었으며 특히 독섬이 많이 쓰이고 있었다.

대한제국 칙령 제41호의 존재를 가장 먼저 언급한 사람은 역사학자 최남선이다. 그는 1953년 『서울신문』에 연재한 「울릉도와 독도」에서 처음으로 칙령을 언급했다. 하지만 그는 칙령에 석도가 명기되어 있음을 몰랐는지 독도를 독섬과 연계 지을 때 석도에 대해서는 언급하지 않았다. 1955년 외무부는 독도를 독섬과

연관 지으며 칙령 제41호를 언급했지만 칙령의 의미를 울릉도의 행정개편에 두었을 뿐 석도에 대해서는 주목하지 않았다.

그렇다면 칙령에 석도가 명기되어 있다는 사실을 주목한 사람은 누구일까? 칙령의 내용이 세상에 알려진 것은 1966년이라고 한다. 1947년 울릉도학술조사대 부대장이었던 언론인 홍종인이 1977년 3월『주간조선』인터뷰에서 이 사실을 밝혔다. 1953년에 최남선이 칙령의 존재를 언급했지만 그 구체적인 내용이 알려진 것은 1966년이므로, 그 이전까지는 칙령의 석도가 독도와는 별도로 언급되고 있었던 것이다. 그리고 이후 이 두 호칭 간의 연관성은 1969년 법학자 이한기에 의해서 밝혀졌다. 1977년 홍종인의 인터뷰가 있기 전에 이한기가 먼저 그 내용을 접했던 것이다. 이한기는 칙령에 언급된 도서에 대해서 다음과 같이 언급했다.

> 竹島는 울릉도 근방의 작은 섬 竹嶼를 지칭하는 것 같고 石島는 獨島를 가리킨 것이라고 생각된다. '獨島'의 '독'은 즉 '石'이라고 풀이되는 것이다.

칙령의 석도를 독도로 보았고 독도의 '독'이 돌의 뜻을 지닌 한자 '석石'과 관계 있다고 본 것이다. 이로써 이한기는 칙령 제41호를 근거로 명백히 독도가 울릉도의 관할이었음을 밝혔다.

일본인은 과거에 '독섬'이라는 호칭을 몰랐을까?

현재 일본은 독섬·석도·독도 사이의 연관성을 부정하고 있다. 그렇다면 일본은 과거 '독섬'이라는 호칭을 인지하지 못하고 있었을까? 한·일 양국 사람들은 개척 이전부터 울릉도를 왕래하고 있었으므로 독도를 왕래한 시기도 비슷할 것이다. 그러므로 독도를 독섬으로 부른다는 사실을 일본인들이 인지한 시기도 비슷하리라고 추론할 수 있다. 1950년대 초 양국 간에 독도가 문제되었을 때, 일본 외무성은 일제강점기에 울릉도에 거주했던 자국민을 조사했다. 1953년 7월의 조사에서 오쿠무라 료奧村亮는 "당시 조선인은 랑코도[竹島]를 獨島[トクソン]라고 했는데, 일본인과 대화할 때는 랑코도라고 했다"고 증언했다. 이 내용은 일본 외무성 아시아국2과가 기록한 「다케시마 어업의 변천」에서 확인할 수 있다.

오쿠무라 료는 일제강점기에 울릉도에서 통조림공장을 운영했던 오쿠무라 헤이타로奧村平太郎의 아들이다. 위의 증언만으로는 '랑코도[竹島]'와 '獨島[トクソン]' 중 어느 것이 오쿠무라의 말이고 어느 것이 조사자가 덧붙인 말인지 구분하기는 어렵다. 다만 모두 오쿠무라가 말했으리라고 판단되는 단서가 증언 안에 있다. 'トクソン도쿠손'은 우리말 '독섬'을 가타카나로 표기한 것이다. 이런 방언은 실제 거주자가 아니면 알기 어려우므로 모두 오쿠무라가 칭한 호칭일 것이다. 아니라면 조사자도 독섬의 의미를 알고 있었다는 말이 된다.

대한제국 칙령의 '석도'가 독도임을
어떻게 입증할 수 있는가?

대한제국 칙령 제41호는 울도 군수의 관할지역으로서 울릉전도鬱陵全島·죽도竹島·석도石島를 명기했다. 우리는 칙령의 석도가 독도를 가리킨다고 주장하지만, 일본은 이를 인정하지 않는다. 만약 독도가 아니라면, 석도는 어느 섬을 가리키는가? 울릉도 주변에 섬이 많지 않기 때문에 문헌에 보인 명칭을 주변의 도서에 대입해보면 알 수 있다. 1900년 전후 문헌에 보인 섬이나 바위 명칭으로는 죽도竹島(댓섬), 관음도觀音島(깍새섬), 도항島項(섬목), 주도胄島·두도兜島·북암北岩(투구바위·북저바위), 촉대암燭臺岩(촛대바위), 삼선암三仙岩, 공암孔岩(구멍바위·코끼리바위), 그리고 독도가 있다. 괄호 안의 지명은 우리말 지명이다. 이들 가운데 섬이라는 의미를 지닌 호칭은 죽도·관음도·독도이다. 그런데 칙령 제41호에 명기된 지명은 죽도와 석도뿐이며, 죽도는 지금까지 그대로 사용되는 지명이다. 그렇다면 칙령에 명기된 석도는 관음도나 독도 중 하나일 것이다. 석도는 관음도일까, 독도일까?

일본 학자 가운데 석도가 관음도를 가리킨다고 주장하는 경우가 있다. 그러나 1900년 전후 지명의 변천을 보면 다른 사실을 알 수 있다. 관음도는 깍새섬이라고도 하는데 울릉도 가까이에 있다. 그리고 관음도와 마주한 곳에 도항島項이 있다. 섬목이라는 우리말이 말해주듯이, 울릉도 끝자락에 이어진 섬의 목에 해당한다고 보기도 한다. 그러니 이를 섬으로 보기는 어렵다. 최근에는 도항과 관음도 사이에 연륙교가 놓였는데, 그만큼 서로 가깝다. 도항이라는 지명이 처음 보인 시기는 언제일까? 1882년 검찰사 이규원은 「울릉도 외도」에서 도항과 관음도로 보이는 섬 두 개를 그린 뒤에 그곳을 島項^{도항}으로 표기했다. 그리고 그 남쪽 아래의 섬을 竹島^{죽도}로 표기했다. 도항보다는 관음도라는 표현이 섬의 이미지가 강한데 이규원은 왜 도항만을 표기했을까? 당시에는 관음도라는 명칭이 존재하지 않았기 때문일까?

1883년에 울릉도를 조사한 일본 내무성의 히가키 나오에^{檜垣直枝}는 출장복명서에 도항^{島項}·죽도^{竹島}·관음기^{觀音崎}를 명기했다. 관음기는 관음도와 유사한 호칭이므로 당시에도 일본 측에서 관음도의 존재를 인식하고 있었음을 확인할 수 있다. 이는 1902년 문서로도 입증된다. 울릉도에 주재하던 경부 니시무라 게이조^{西村鉎象}는 보고서에서 댓섬과 죽도를 같은 섬이라고 했고, 섬목을 도목^{島牧}(섬의 뜻과 목의 음을 섞어 오기한 것임 – 역자)으로 표기했다. 또한 일본인들이 도목을 관음도^{觀音島}로, 그 곳을 관음갑^{觀音岬}이라 칭하며 그 사이를 관음의 해협^{觀音ノ瀬戸}이라고 부른다고 적었다. 섬목과 관음도의 형세를 나눠 설명하면서 관음도·관음기·관음갑을 같은 범주에 넣은 것이다.

관음기라는 호칭은 1883년 기록에 보였다. 그렇다면 관음기라는 호칭이 보였을 즈음 관음도로도 칭해졌을 가능성이 있다. 잠시 체류했던 내무성 관리가 관음기라 표기했다면, 이 섬의 존재가 많이 알려져 있었을 것이다. 그러니 그보다 불과 한 해 전에 조사했던 이규원이 이 호칭을 몰랐을 리 없다. 그런데도 이규원이 도항만을 명기했다면, 이는 그가 도항과 관음도를 동일시했기 때문으로 볼 수 있지 않을까? 1900년에 부산영사관의 아카쓰카 쇼스케赤塚正助는 도항島項을 도목島牧으로, 일본 해도(1909)는 'Somoku Somu 鼠項島'로, 『한국수산지』(1908~1910)는 '서항도鼠項島'로 표기했다. 모두 섬목을 표기하려 한 것이므로 그 뜻을 따라 도항島項으로 표기했어야 하지만, 정확한 의미를 모른 채 옮겨 적다 보니 잘못 적은 것이다.

이렇듯 1900년에 이미 도항 및 관음도와 유사한 지명이 있었다. 그러므로 대한제국이 칙령을 제정할 때 도항과 관음도 가운데 하나가 석도에 해당된다고 여겼다면, 둘 중 하나를 선택해 표기했을 것이다. 도항은 이미 1882년의 지도에서 보였으니 남은 관음도가 석도를 가리키는 호칭으로 선택되었어야 한다. 그러나 대한제국은 석도라는 새로운 지명을 등장시켰다. 관음도와 석도가 다른 섬이기 때문이다. 일본도 바위섬을 표현할 때는 암도岩島라고 칭했다. 도항이나 관음도는 글자의 뜻이나 음을 보더라도 '돌'과 연관되기 어렵다.

결국 1900년에 대한제국이 죽도와 관음도, 도항을 인지하고 있었음이 입증되므로 석도로 볼 수 있는 섬은 독도뿐이라는 사실도 자연히 입증된다. 현재 일본 외무성은 석도가 어느 섬을 가리키는지 명확히 밝히지 않고 있다. 그 대신 "한국 측은 석도가 독도(원문은 다케시마)라는 명확한 근거를 제시하지 못하고 있다"면서, 나아가 "가령 석도가 독도를 가리킨다고 할지라도"라고 하며 대한제국의 실효지배를 입증할 것을 요구한다. 일본 측의 이런 수

사修辭는 사실상 칙령의 석도가 독도임을 인정하는 것이나 다름없다.

우리의 죽도竹島와 일본의 다케시마竹島는
같은 섬을 가리키는가?

일본의 다케시마와 우리의 죽도는 같은 섬일까? 결론부터 말하면 그렇지 않다. 한자 표기로는 둘 다 대나무 죽竹 자에 섬 도島 자를 쓰지만, 죽도는 우리나라 댓섬을 일컫는 한국식 호칭이며, 다케시마는 '竹島'(우리나라 독도를 포함)라는 지명에 대한 일본식 발음이다. 다케시마라는 지명은 일본 각지에 분포해 있기도 하다. 죽도라는 지명 역시 한국 각지에 있다. 그러므로 지명이 동일한 다른 지역이 존재하는 경우를 고려해서 판단해야 한다.

1694년 울릉도를 조사한 장한상은 해장죽海長竹이 자라는 섬에 대해 보고했지만, 그 섬을 죽도로 칭하지는 않았다. 정조 시대에 와서야 울릉도의 부속섬인 댓섬을 죽도라고 명기하기 시작했다. 1794년 울릉도를 조사한 한창국은 죽도竹島·방패도防牌島·옹도瓮島·가지도可支島를 언급했다. 울릉도를 조사한 사람이라면 분명그 옆의 죽도(댓섬)도 목격했을 것이다.

일본인과 서양인들은 죽도를 어떻게 표기했을까? 1882년 이규원이 죽도를 언급했을 당시 일본인들도 울릉도에 살고 있었으므로 죽도를 인지하고 있었다. 1883년 일본 해군성이 발행한 『수로잡지水路雜誌』는 죽도를 '竹嶼[Boussole Rx], 竹島[朝鮮人]'라고 명기했는데, 여기서 'Rx'는 'Rocks'의 줄임말이다. 이는 일본인은 竹嶼로, 조선인은 竹島로, 서양인은 Boussole Rocks로 칭한다는 사실을 해군성이 인지하고 있었음을 의미한다. 부솔 락스라는 명칭은 누가 처음으로 붙였을까? 1787년 프랑스의 해군 제독 라 페루즈Jean Francois de Galaup de La Pèrouse가 죽도를 발견한 뒤 프리깃함대 부솔호의 이름을 따서 칭했다는 설이 있다. 하지만 'Boussole'은 그의 항해기록에는 보이지 않고, 한참 후인 1863년 영국 해군 해도와 1864년 프랑스 해군성의 해도에서 보인다. 영국 해도는 울릉도 옆의 섬을 'Boussole RK'로 표기했고 프랑스 해도는 'Boussole'로 표기했다.

『수로잡지』(1883)는 1879년에 편집되었으므로 일본은 그 전에 '죽도竹島'라는 명칭을 분명히 인지하고 있었을 것이다. 그럼에도 일본은 竹嶼죽서라고 표기했다. 일본의 '다케시마'와 한국의 '댓섬'의 한자 표기가 같다는 사실을 알게 되었기 때문이다. 이에 두 호칭을 구분하기 위해 죽서를 고안해낸 것이다. 『일본수로지日本水路誌』(1920)에서는 죽도를 '竹島[竹嶼]'라고 표기했다. 즉 한국 문헌에 보인 竹島의 발음이 '죽도'임을 밝힘으로써 죽도가 다케시마와는 다른 섬임을 분명히 한 것이다.

1953년 다가와 고조田川孝三는 죽도를 竹嶼로 표기했고, 같은 해 최남선도 일본의 표기에 따라 竹嶼로 표기했다. 일본의 다케시마문제연구회는 '竹島[竹嶼島]'로 표기했다. 우리나라 연구자 가운데 竹嶼나 竹嶼島로 표기하는 경우가 있는데, 이는 잘못이다. 우리말로는 댓섬, 한자로는 竹島가 올바른 표기다.

일본은 처음부터
독도를 다케시마라고 불렀을까?

일본인이 언제부터 울릉도를 왕래했는지 정확히 알 수는 없지만, 기록상으로는 11세기 초(1004)부터로 추정된다. 일본인들이 울릉도에 오려면 독도를 거칠 수밖에 없었다. 그런 이유로 두 섬에 대한 호칭의 생성은 왕래 시기와 일치할 듯하지만, 문헌에는 울릉도에 대한 호칭이 먼저 보인다. 『고려사』에는 일본인들이 무릉도(울릉도)에 보름간 머물다 갔다는 기록이 있다. 이후 우리 고문헌에도 일본인이 울릉도에 왕래했다는 기록이 지속적으로 보인다.

일본인이 울릉도에 그들 식의 호칭을 붙이게 된 것은 이른바 도해허가와 관계가 있다. 에도 시대에 돗토리번 요나고米子 사람들은 울릉도에 오기 위해 돗토리 번주에게 도해허가를 요청했다. 번주는 막부에 보고하여 도해면허를 발급받았다. 이 면허에 처음으로 다케시마竹島 표기가 보인다. 요나고 사람들이 도해허가를 신청할 때 울릉도를 다케시마로 칭했기 때문이다. 도해면허의 발급 시기에 대해서는 설이 나뉘지만 대략 17세기 초반이므로 울릉도가 다케시마로 호칭된 시기도 이와 비슷하리라 추정된다.

17세기 중반에 와서는 야사野史에서 독도에 대한 호칭 마쓰시마松島·松嶋가 보인다. 『이나바 야사因幡野史』에는 "오키의 후쿠우라에서 북쪽 70리 해로에 마쓰시마松嶋가 있다"고 기록되어 있다. 『인슈시청합기隱州視聽合紀』(1667)에서는 "오키에서 서북쪽으로 이틀을 가면 마쓰시마가 있고, 하루를 더 가면 다케시마竹島가 있다

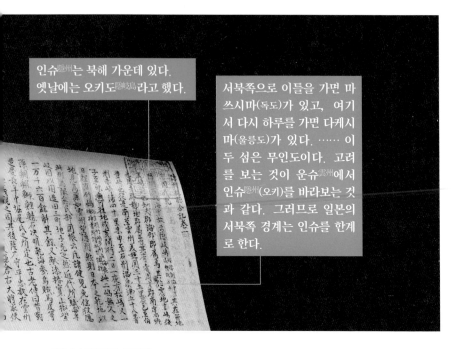

인슈^{隱州}는 북해 가운데 있다.
옛날에는 오키도^{隱岐島}라고 했다.

서북쪽으로 이틀을 가면 마쓰시마(독도)가 있고, 여기서 다시 하루를 가면 다케시마(울릉)가 있다. …… 이 두 섬은 무인도이다. 고려를 보는 것이 운슈^{雲州}에서 인슈^{隱州}(오키)를 바라보는 것과 같다. 그러므로 일본의 서북쪽 경계는 인슈를 한계로 한다.

『인슈시청합기』(1667)

이 기록에서 두 섬은 울릉도(다케시마)와 독도(마쓰시마)를 지칭한다. 마쓰에 번주의 명을 받은 번사가 오키 지역을 순시한 뒤 일본의 서북쪽 경계가 오키까지임을 밝힌 것이다. 이 문헌에는 오키국 지도가 실려 있는데, 울릉도와 독도에 해당하는 두 섬은 그려져 있지 않다.

[세간에서는 이소타케시마磯竹島라고도 하는데 대나무와 강치가 많다]"
라고 했다. 곧 독도를 마쓰시마로, 울릉도를 다케시마와 이소타케
시마로 칭했던 것이다.

이소타케시마의
의미는 무엇인가?

일본 문헌에는 이소타케시마와 다케시마가 함께 보인다. 어느 호
칭이 먼저 생겼을까? 이소타케시마란 다케시마와 마찬가지로 울
릉도를 일컫는 일본식 호칭이다. 대표 글자로는 '磯竹島'라 표기
하지만, 이체 글자인 '礒竹島'도 있어 문헌에 따라 다르게 나타난
다. 다케시마와 이소타케시마 중 어느 것으로 칭했는지도 지역에
따라 다르고, 그 기준도 명확하지 않다. 일본에서 다케시마는 지
금도 흔한 지명이지만 이소타케시마는 드문 것으로 보아 울릉도
에만 붙였던 호칭으로 보인다. '磯'는 일본어로는 '이소(いそ)'라
고 읽는데, "바위가 있는 물가"를 의미한다. 곧 이소타케시마는
"물가에 있는 대나무섬"이라는 뜻이다. 한국 문헌에는 주로 礒竹
島로 표기되어 있다. 이수광은 『지봉유설』에서 1614년의 일을
기술하면서 "(일본인이) 礒竹島를 일본 땅이라고 하였다"고 했다.
이에 동래 부사는 "礒竹島를 탐사하겠다고 한 말은 매우 놀랍다"
고 쓰시마에 회답했다. 礒竹島를 1614년의 표기라고 기술했으
므로 그 이전부터 이 표기가 있었음을 알 수 있다. 일본 문헌에서

는『인슈시청합기』에 처음 보이는데, '磯竹島'로 표기되어 있다. 1876년에 시마네현이「이소타케시마 약도」를 내무성에 제출한 바 있으므로 이 표기가 메이지 시대까지 이어졌음을 알 수 있다.

한편 일본 지도인「대일본접양 삼국지전도大日本接壤三國之全圖」(1786)에는 울릉도를 千山國천산국으로 표기한 반면, 성인봉을 弓嵩궁숭으로 표기한 뒤 'イソタケ이소타케'라고 발음을 적어놓았다. 이병도는 일본인이 울릉도 사람에게서 직접 弓嵩궁숭이란 이름을 듣고 그 뜻을 물어 이소타케라고 써주었다고 했다. 즉 성인봉을 '곰弓수리嵩'의 뜻을 빌려 표기한 한자를 일본식으로 읽어 '이소타케'로 발음했다는 것이다. 또한 이병도는 이소타케가 높은 산이라는 의미와 가깝고, 대나무와는 관계 없기 때문에 일본인이 울릉도를 磯竹島이소타케시마 혹은 竹島다케시마로 표기하는 것은 본래의 뜻을 잃은 것이라고 했다.

한편 최석우는『한국교회사의 탐구』(1982)에서, 1855년에 프랑스 지리학자 조마르M. Jomard가『일본대백과사전日本大百科事典』을 거론하며 弓嵩을 인용한 바 있다고 지적했다. 그러나 일본인들이 울릉도를 처음 보게 되었을 때 해변이 아닌 산을 먼저 접해 산과 관련된 의미로 섬의 이름을 지었다고 보는 이병도의 해석은 이해하기 힘들다. '이소'의 뜻 자체도 산과 관련성이 없다. 그러므로 이 문제는 더 고증이 필요하다.

이처럼 처음에는 울릉도를 이소타케시마로 칭했지만, 이후에는 점차 다케시마라 부르게 되었다. 왜 그렇게 되었을까? 이에 대해 나이토 세이츄內藤正中는 당시에는 외국에 도해하기 위해서는 쇼군의 도장이 찍힌 허가서인 주인장朱印狀을 받아야만 했는데, 이를 정상적으로는 받지 못해 특별허가 형식으로 받은 것이기 때문에, 요나고 사람들이 지명을 이소타케시마에서 다케시마로 고쳐 청원한 것이라고 설명한다.

일본이 말하는
마쓰시마는 어디인가?

에도 시대 일본이 칭한 마쓰시마松島는 독도를 가리킨다. 일본은 왜 소나무도 없는 섬에 소나무 송松자를 붙여 마쓰시마라고 불렀을까? 에도 시대에 요나고 사람들은 독도를 지나 울릉도에 왔으므로 자연히 독도의 존재를 알게 되었다. 울릉도에 대나무가 있으니 다케시마竹島라고 이름 붙이는 것은 자연스럽지만, 소나무가 없는 독도를 마쓰시마라고 부르는 것은 부자연스럽다. 그러나 이는 일본의 관습과 관련이 있다. 일본에서는 축하할 일이 있으면 관용적으로 소나무松와 대나무竹를 함께 언급하곤 한다. 그래서 울릉도에 대나무섬, 즉 다케시마라는 호칭을 먼저 붙였으므로 독도에는 소나무섬이라는 의미로 마쓰시마라 불렀다고 보는 것이다.

숙종은 일본인들이 다케시마라 부르는 곳을
어떻게 불렀을까?

조선 시대의 개인 문집들과 『조선왕조실록』에는 울릉도가 竹島로
표기되어 있다. 竹島는 숙종 연간 조선과 일본이 다투게 된 섬, 즉
울릉도를 가리키기도 하지만 동시에 현 울릉도 저동항 근처에 위
치한 우리나라 댓섬(죽도)을 가리키는 호칭이기도 하다. 당시 숙
종과 대신들은 이 섬을 어떻게 칭했을까? 이 문제는 양국이 교섭
할 때 어떻게 칭했는지를 조사해보면 해결된다.

　일본 측은 막부의 명을 대행하는 쓰시마번, 조선 측은 숙종의
명을 대행하는 예조를 중심으로 외교 교섭을 진행했다. 쓰시마번
이 정관正官을 교섭 대표자로 부산 왜관倭館에 파견하면, 예조는 접
위관을 교섭 대표자로 동래부로 내려보낸다. 왜관 교섭에는 접위
관이 동래 부사와 함께 참석하는데 조선 측은 역관이, 일본 측은
통사通詞가 통역을 맡는다. 왜관에서의 교섭은 조선어를 기본으로
했다고 한다. 즉 조선 측 접위관이 발언을 하면 역관이 일본 측 통
사에게 조선어로 전하고, 다시 통사가 이를 일본어로 통역하여 정
관에게 전한다. 반대로 일본 측 정관이 발언을 하면 통사가 조선
어로 통역해서 역관에게 전하고, 역관이 다시 이를 접위관에게 전
하는 시스템이었다. 역관도 일본어를 구사할 수 있었지만 공식석
상에서는 조선어를 사용하는 것이 원칙이었고, 실무자 간 교섭에
서는 일본어로 소통하기도 했다.

　이런 시스템이었다면, 교섭석상에서 양국인이 竹島를 다케시

마로, 鬱陵島를 울릉도로 칭했을 것임을 짐작할 수 있다. 상대방이 칭하는 방식을 따라주어야 각자의 상관에게 보고할 때도 소통되기 때문이다. 통상적으로 교섭 대표자들이 교섭 상황을 상관에게 각각 보고하면 상관(국왕이나 번주)의 지시가 내려왔고, 이를 따라 다시 교섭이 이뤄졌다. 실무자도 마찬가지였다. 조선 측의 보고체계는 동래 부사와 접위관, 역관, 조정 대신, 국왕으로 이어져 있었다. 일본 측의 보고체계는 왜관의 관수館守와 정관, 쓰시마번의 중신과 번주, 막부의 노중老中(막부의 최고위직)으로 이어져 있었다.

실무교섭 과정에서 소통은 역관과 통사가 각각 담당했고, 이때 가장 중요한 것이 호칭의 소통이었다. 일본은 자신들이 다케시마로 칭하는 섬을 조선이 울릉도로 칭한다고 트집 잡아 '울릉도'라는 세 글자를 서계書契(양국이 주고받은 외교문서)에서 삭제하라고 요청했다. 이것이 양국 갈등의 시발이었다. 다시 말해 양국은 울릉도로 부를 것인가 다케시마로 부를 것인가를 두고 이견을 보였으며, 이후 호칭문제가 교섭에서 가장 중요한 의제가 되었다.

1693년 11월, 일본에 피랍된 안용복이 돌아오는 문제로 조선 조정에서 역관을 불러들였다. 숙종은 "일본에서 竹島다케시마라고 부르는 섬은 어느 방향에 있는 섬인가? 조선에도 울릉도라는 섬이 있기 때문에 만약 (그들이 말하는 竹島가) 이 섬을 말하는 것이라면 분명 조선 소속이다"라고 말했다. 숙종은 일본이 칭하는 섬이 조선의 울릉도와 같은 섬인지를 역관에게 확인한 것이다. 역관은 이 문제를 일본 측 통사와 협의했다. 일본에서 다케시마라고 부르는 섬은 분명 울릉도지만, 그렇게 말할 수 없으므로 울릉도와 우산도, 무명無名의 섬, 세 개 중에 일본에서 다케시마라고 하는 섬을 다케시마라고 정하고, 그 밖의 섬을 조선의 울릉도로 정한다면 문제가 잘 해결되리라는 것이었다.

이 과정은 역관과 숙종, 통사가 竹島를 어떻게 호칭했는지를 짐작할 수 있게 해준다. 숙종은 역관에게서 竹島에 대한 발음을 들었을 것이니, "일본에서 竹島라고 부르는 섬"이라고 했을 때 그는 다케시마로 발음했을 것이다. 숙종이 조선은 울릉도라고 한다고 역관에게 말했으므로 여기서는 일본이 칭한 대로 발음해야 논리적으로 연결이 된다. 숙종이 竹島를 죽도로 발음했다면 일본이 칭하는 섬과 숙종이 칭하는 섬이 서로 일치하지 않으므로 위의 대화가 성립할 수 없다.

이때 역관이 통사에게는 다케시마로 칭하고 숙종에게는 죽도로 칭할 수 있었을까? 남구만은 이 문제를 의논하는 자리에서 "소위 竹島는 우리는 원래 들어본 적이 없다"고 일본 측에 따지면 문제될 게 없음을 피력했다. 남구만이 '소위 竹島'라고 했다면 이는 "일본이 말하는 다케시마"라고 했어야 한다. "일본이 말하는 다케시마"를 조선은 들어본 적이 없다는 뜻을 일본 측에 전하라고 했기 때문이다. 실제 교섭에서는 구두로 전달하는 일이 많았으니, 죽도로 칭했을 가능성은 더욱 낮다. 이런 양국의 소통 과정을 볼 때 역관이 일본 측에는 다케시마로, 조선 측에는 죽도로 칭하는 것은 거의 불가능하다.

신숙주는 『해동제국기海東諸國記』(1471)에서 쓰시마 안의 지명에 대하여 도요사키군豊崎郡을 "도이사지군이라고도 한다或稱都伊沙

독도 명칭 변화

연도	출전	명칭
1417	조선, 태종실록	우산도(于山島)
1451(1157년경)	조선, 고려사	우산도(于山島)
1454	조선, 세종실록 지리지	우산도(于山島)
1531	조선, 신증동국여지승람	우산도(于山島)
1638	일본, 야사	마쓰시마(松嶋)
1667	일본, 관찬문서	마쓰시마(松島)
1696	조선, 숙종실록	자산도(子山島)
1737	프랑스, 당빌 지도	Tchian chan tao(천산도)
1850(1849) 1851	프랑스, 수로지 프랑스, 해도	Rocher du Liancourt
1857(1854)	러시아, 조선동해안도	메넬라이(동도), 올리부차(서도)
1859(1855)	영국, 해도	Hornet Is.
1855 이후	영국, 해도	Liancourt rocks
1871~1881	일본, 개척청원서	다케시마 · 마쓰시마
1883	일본, 수로지	Liancourt rocks
1900	대한제국, 칙령 제41호	석도(石島)
1904. 9. 25	일본, 군함 일지	한국인 獨島, 일본인 리양코도(島)
1904. 9. 29	일본, 어업가의 대하원(貸下願)	리양코도(島)
1905. 1. 20	일본, 가이결정문	다케시마(竹島)
1906	심흥택 보고서	독도(獨島)
1908	증보문헌비고	우산도(于山島)
1946	연합국 문서와 지도	Liancourt rocks[Takeshima, Take Is.]
1947. 8. 5	강화조약 미국 측 초안	Liancourt rocks[Takeshima]
1947	한국 신문	독섬 · 獨島 · 독섬[獨島] · 독도[艃島]
1948	한국 신문	돌섬 · 石島 · 獨島 · 돌섬[石島]
	한국, 우국노인회 청원서	Docksum
1949. 10. 13	강화조약 미국 측 초안	Liancourt rocks[Takeshima]
1951. 2. 28	강화조약 영국 측 초안	Miancourt rocks[Take island]
1951. 3.	강화조약 영국 측 초안과 지도	Take Shima
1951. 7. 19	한국 정부의 답신서	Dokdo
현재	한국	독도(獨島, Dokdo)
	일본	다케시마(竹島, Takeshima)

* [ ]는 원문에 병기된 것을 의미함.
* ( )안의 연도는 독도 발견 연도임.

只郡"라고 기술한 바 있다. 일본 발음에 가까운 음을 빌려 쓴 것이다. 유성룡은 『징비록』에서 나고야를 郎古耶낭고야라고 쓰기도 했다. 나고야의 한자 표기가 名古屋인 줄 몰랐기에 들은 음대로 표기한 것이다.

일본 인명이나 지명을 읽는 방식을 한국인이 알기는 어렵다. 이는 지금도 마찬가지다. 따라서 숙종 연간에도 竹島를 읽을 줄 모르는 사람은 죽도로 읽었을 수밖에 없다. 그러나 일반인이 다케시마로 읽는다는 것을 몰라서 음대로 읽는 경우와 국가 간 외교에서 이를 죽도로 읽어야 한다고 주장하는 것은 차원이 다른 문제이다. 그나마 일본 지명은 한자로 표기하므로, 한자 음대로라도 읽을 수가 있다. 예를 들어 러시아 인명이나 지명처럼 한자도 아니고 로마자도 아닌 경우 어떻게 발음할 것인가? 인명이나 지명을 상대국에서 통용되는 호칭으로 부르는 것은 외교의 기본이다.

일본은 왜 울릉도에 대한 호칭을 독도에 붙였을까?

일본은 에도 시대까지 조선 땅 울릉도를 다케시마로, 독도를 마쓰시마로 칭했었다. 그런데 1905년에 독도를 편입하면서 독도를 다케시마라고 부르기로 정했다. 그 배경에는 '마쓰시마'를 독도 호칭으로 더 이상 사용할 수 없게 된 사정이 있다. 그 경위 또한 복잡하다. 1787년 5월 27일 프랑스인 라 페루즈는 항해 중간에 본국에 보고서를 보냈다. 이는 1797년에 『라 페루즈의 세계탐험기 1785~1788』라는 책으로 출간되었는데, 이 항해기록 안에 울릉도를 발견하고 명명한 사실이 실려 있다. 라 페루즈 탐험대는 1787년 5월 27일 울릉도를 발견했고 28일에는 실측지도를 작성했다. 이후 이 섬의 최초 목격자인 다즐레Dagelet의 이름을 따서 '다즐레섬Isle Dagelet'으로 명명하여 지도첩에 수록했다. 라 페루즈는 강한 조류로 울릉도에 상륙하지 못했기에 조선인과의 접촉은 없었지만 조선인들이 배를 건조하고 있는 모습을 목격했다. 탐험대는 이후 독도에 가지 않고 일본 혼슈 방향으로 향했다.

그리고 얼마 뒤에 영국 함대의 극동 탐사가 있었다. 1789년 4월 중순부터 1791년 11월 초까지 아르고노트Argonaut호를 이끌고 탐사하던 해군 제독 콜넷James Colnett은 1791년 원산만 앞을 거쳐 울릉도 부근에서 동쪽으로 항해하여 일본으로 갔다가 태평양으로 나아갔다. 울릉도는 그 과정에서 목격되었다. 콜넷은 귀국 후 새로 발견한 섬에 대해 보고했고, 이 섬은 1810년대 이후 함선의 이름을 따서 아르고노트로 명명되었다. 그런데 이 섬이 1813년에 영국인 존스가 간행한 지도 「일본 열도Islands of Japan」에서는 북위 37도 52분 동경 129도 53분이라는 정확하지 않은 위치에 그려졌다. 이 지도에는 '판링타오, 찬찬타오'라는 과거의 중국식 표기 대신 '아르고노트, 다즐레'로 표기되었다. 이후 두 섬은 영국과 프랑스 지도에서 아르고노트와 다즐레로 표기되었다.

러시아인 크루젠스턴Adam Johann von Krusenstern은 1805~1806년 사이에 동해안과 태평양을 탐사했다. 그 기록은 이후 세 권의 책과

한 권의 지도첩으로 간행되었다. 크루젠스턴은 일본에 수 개월 체류하며 근해를 측량했고 이를 『태평양 해도집Atlas de L' Ocean Pacifique』(1827)으로 발간했는데, "일본에서 말하는 다케시마는 아르고노트와 같고, 마쓰시마는 다즐레와 같은 섬일 것이다"라고 했다.

이후 독일계 네덜란드인으로서 의사이자 박물학자인 프란츠 지볼트Philipp Franz Jonkheer Balthasar van Siebold는 7년 남짓(1823~1829) 일본에 체재한 후 귀국했다. 그는 1832~1858년에 걸쳐 일곱 권으로 된 『일본Nippon』을 간행했다. 그는 일본에서 교유했던 지리학자 다카하시 가게야스高橋景保의 「일본 변계 약도日本邊界略圖」(1809)를 『일본』 제1권(1832)에 독일어판으로 실었다. 그가 소개한 「일본 변계 약도」에는 다케시마[Takashima]가 마쓰시마의 남서쪽에 나타나 있는데 두 섬이 일본 쪽보다 한반도 쪽에 가깝게 그려져 있다.

또한 지볼트는 1840년에 발표했던 「일본전도」 등을 모아 『일본 지도첩』(1851)을 발간했다. 그 안에 「조선전도」와 「일본전도」를 실었는데 「조선전도」에는 '울릉도[천산도]'까지만 그려져 있다. 지볼트는 일본 지도에서 일본 쪽에 마쓰시마(독도), 조선쪽에 다케시마(울릉도)가 그려져 있다는 사실을 알고 있었으므로 서양 지도에 있던 다즐레(울릉도)를 마쓰시마로, 아르고노트를 다케시마[Takashima]로 일본 지도에 표기했다.

한편 그는 다른 지도에서는 다즐레 옆에는 라 페루즈가, 아르고노트 옆에는 브로튼William Robert Broughton이 발견했다는 설명을 덧붙였다. 본래 아르고노트는 1797년에 항해한 영국 해군 중령

브로튼이 붙인 것이 아니라 콜넷이 1791년에 발견한 뒤 붙인 이름인데, 지볼트가 브로튼으로 착각한 것이다. 그런데도 일본학 전문가라는 지볼트의 명성 때문에 이후 서양 지도와 해도에서는 다케시마를 아르고노트로, 마쓰시마를 다즐레로 연결지은 경우가 많았다. 이런 연유로 아르고노트와 다즐레라는 호칭이 19세기 중반까지 지도에 남아 있었다. 한편에서는 중국 지도식으로 판링타오와 챤챤타오 표기도 남아 있었다.

이렇듯 호칭의 유입과 전승 과정은 복잡하다. 서구에서 제작된 지도는 각자가 받아들인 경로에 따라 제각각인 경우가 많다. 중국 지도의 영향을 받은 지도는 울릉도와 천산도(우산도)로, 일본 지도의 영향을 받은 지도는 다케시마와 마쓰시마로 표기되어 있다. 이들 외에 프랑스인과 영국인이 명명한 호칭(다즐레·아르고노트)을 받아들인 지도에는 네 가지 표기가 뒤섞여 있다. 이 때문에 서구에서 제작된 지도에는 일본식 명칭과 서구식 명칭이 혼재되어 있는데, 훗날 일본이 이를 거꾸로 수입한 것이다.

일본이 독도를 '리앙쿠르 락스'로 부르게 된 배경은 무엇인가?

일본이 서양에서 제작된 지도의 표기를 받아들였다면 다케시마·마쓰시마·다즐레·아르고노트 4가지 표기 중에 하나를 독도 표기로 선택했어야 한다. 그런데 일본이 독도 표기로 선택한 것은 이들 가운데 없는 '리앙쿠르 락스'이다. 그 이유는 무엇인가?

서양인이 아르고노트섬으로 명명하고 다케시마(울릉도)에 해당시켰던 섬은 후일 확인해보니, 그 좌표에 존재하지 않는다는 사실이 밝혀졌다. 이 때문에 아르고노트는 지도에서 점차 사라졌고, 따라서 이에 해당시켰던 호칭 다케시마도 함께 사라졌다. 그 대신 울릉도를 가리키는 호칭으로 지볼트가 표기했던 다즐레와 마쓰시마가 쓰이게 된다. 이 때문에 독도 호칭이던 마쓰시마를 더 이상 사용할 수 없게 된 것이다. 그러다가 1849년 리앙쿠르호가 독도를 목격하면서 새로운 호칭이 등장했다.

미국 포경선 체로키Cherokee호는 1848년 4월 16일 독도를 발견했지만, 항해일지에는 "해도상에 없는 두 개의 작은 섬two small islands"이라고만 적었다. 미국의 포경선 윌리엄 톰슨호도 1849년 3월 18일 독도를 발견했지만, "어떤 해도에도 없는 세 개의 암석을 보았다"고 적었다. 이 무명의 바위섬들에 이름을 부여한 것은 프랑스 포경선이었다. 1849년 1월 27일 프랑스의 포경선 리앙쿠르Liancourt호는 독도를 처음 발견했고, 이듬해 4월 프랑스 해군성에 항해보고서를 제출했다. 해군성은 이를 『수로지』(1850년판, 1851년 발간)에 실었고, 해도인 「태평양 전도」(1851)에는 '리앙쿠르 암석Rocher du Liancourt'으로 기재했다. 리앙쿠르호가 목격한 암석의 위치는 북위 37도 2분, 동경 131도 46분이었다.

1854년 러시아의 푸챠친Evfimii Putyatin 제독이 이끄는 군함 팔라다호는 동해상에서 올리부차호와 합류했는데, 그 과정에서 올리부차호가 독도를 발견했다. 러시아는 1857년에 해도 「조선동해안도」를 발간하면서 독도 그림 3점을 실었는데, 서도를 올리부차, 동도를 메넬라이라고 이름 붙여 세밀히 묘사했다. 프랑스 해군성은 러시아 해군의 독도 그림을 1867년판 『항해지침Instructions nautiques』에 그대로 묘사했으며 독도 그림 아래에는 리앙쿠르 암석이라고 표기했다.

1855년 영국 호넷호의 포시드Charles Cobrington Forsyth 함장은 북위 37도 17분 9초, 동경 131도 54분 14초 위치에 있는 두 개의 섬을 발견했다. 이를 『중국 수로지China Pilot, Sailing Directions』(1858년판, 1859년 발간)에서 '호넷섬Hornet Is.'으로 기재했다. 영국은 프랑스가 이 섬을 발견하여 호칭을 붙였다는 사실을 안 뒤로는 수로지와 해도에 'Liancourt rocks'로 기재했다. 이렇듯 서양인들이 독도를 발견한 뒤로 그 명칭은 더욱 다양해졌다. 일본은 이 호칭을 역수입했는데, 그 경위도 꽤 복잡하다.

일본은 「중정 만국전도重訂萬國全圖」(1855)에서 울릉도를 '다즐레, 즉 마쓰시마'로, 독도를 '아르고노트, 즉 다케시마'로 표기했다. 일본이 독도를 리앙쿠르 락스로 칭하게 된 계기는 가쓰 가이슈勝海舟 때문이다. 해군에서 군함봉행으로 재직 중이던 가쓰 가이슈는 영국 해군 수로부의 지도 「일본의 규슈, 시코쿠와 한국 해안의 일부Japan-NIPON, KIUSIU AND SIKOK and The Part Of The Coast Of Korea」(1855)를 참고하여 「대일본국 연해 약도大日本國沿海略圖」(1867)를 제작했다. 이때 아르고노트를 점선으로 그리되 다케시마를 병기했고, 울릉도에는 다즐레와 마쓰시마를 병기했다. 독도에는 리앙쿠르 암석과 호우리 락ホウリルロック을 병기했

다. '호우리 락'은 '호넷 락'을 의미하는 듯하다. 호넷 락은 독도를 가리키지만, 죽도를 가리킨다는 설도 있다. 다만 여기서 주목할 것은 그가 마쓰시마를 울릉도에 해당시켰다는 사실이다.

이런 경위로 인해 1880년대와 1890년대가 되면, 일본 지도에서는 울릉도 호칭으로 마쓰시마가 가장 많이 사용되었다. 1900년대에는 '울릉도[松島]'라는 형태로 두 호칭을 병기하기에 이른다. 이렇게 되자 독도 호칭으로 마쓰시마를 더 이상 사용할 수 없게 되었고, 결국 서양의 리앙쿠르 락스Liancourt rocks가 그 자리를 차지했다. 이런 조짐은 1883년『환영수로지』에서 가장 먼저 보였다. 일본에서는 리앙쿠르 락스를 리앙쿠르 열암, 리앙쿠르도島, 리앙코도島, 양코도島 등으로 줄여서 칭했는데, 이 호칭은 1900년대 초까지 사용되었다. 그러다가 일본은 1905년에 독도를 편입하면서 과거 울릉도 호칭이던 다케시마를 독도에 붙이게 된 것이다. 또 울릉도에 대해서는 마쓰시마가 아닌 '鬱陵島'나 '蔚陵島'로 표기하는 경우가 많아졌다. 일본이 독도 호칭을 다케시마로 정한 1905년 이후에도 '리앙쿠르 락스'는 여전히 사용되었다. 1907년『조선수로지』는 '다케시마[Liancourt rocks]'로 병기했는데, 이런 현상은 1920년까지 지속되었다.

이렇듯 에도 시대 일본에서는 울릉도를 다케시마, 독도를 마쓰시마로 칭했지만 서양 호칭이 유입되면서 혼란을 겪어 울릉도 호칭이던 다케시마가 독도 호칭으로 바뀐 것이다. 그만큼 일본에서는 이 섬들에 대한 고유영토의식이 희박했음을 알 수 있다.

독도의 부속도서에 대한 인식

현재 한국 정부의 고시에 따르면, 독도는 두 개의 큰 섬인 동도와 서도, 그리고 부속도서 89개로 이루어져 있는 섬이다. 한국이 독도를 두 개의 섬으로 기술하게 된 것은 1948년부터다. 1960년에 신석호는 독도가 울릉도 동남방 49해리, 동경 131도 52분 22초, 북위 37도 14분 18초의 섬으로 동서 두 개의 주도와 주변의 무수한 바위섬으로 이루어져 있다고 했을 뿐, 그 상세한 숫자를 명기하지는 않았다. 1962년에『경향신문』은 독도의 "면적이 23정보, 동도와 서도, 암초까지 합치면 섬의 수효는 모두 36개, 둘레는 연延 2.2km가 된다"고 했다. 그런데 이 신문의 서술이 1977년에는 "독도는 크고 작은 32개의 섬과 암초로 구성된 심해도이다. 울릉군 남면 도농 산 42번지에서 76번지가 독도의 행정구역이다"라는 내용으로 바뀌었다.

1985년 한국근대사자료연구협의회가 펴낸『독도연구』에도 독도를 동경 131도 52분 22초, 북위 37도 14분 18초에 위치한 섬으로 묘사했으며, 서도와 동도의 두 개의 섬과 주변의 많은 암초가 수면 위에 머리를 내밀고 있다고 기술했을 뿐 숫자를 명기하지는 않았다. 당시 독도의 총면적은 18만 6,173m²로 되어 있다. 1996년에 한국정신문화연구원이 펴낸『독도연구』에는 동도와 서도 외에 32개의 섬이 있는 것으로 기술했다.『독도: 독도자료총람』(1998)에서는 독도가 동경 131도 52분에서

131도 53분, 북위 37도 14분 00초에서 37도 14분 45초에 걸쳐 위치하며, 울릉도에서 92km 떨어져 있고 동도와 서도를 주도로 하고 그 주위에 36개의 바위섬과 암초가 흩어져 있다고 했다. 1962년 단계에는 주도를 제외한 도서와 암초의 수를 34개로 보았는데, 1977년에는 32개, 다시 1998년에는 36개로 바뀐 것이다. 『독도: 독도자료총람』에 독도의 총면적은 16만 200m²로 되어 있다.

그렇다면 현재와 같이 독도를 두 개의 주도와 89개의 부속도서로 보게 된 것은 언제부터일까? 2005년 '동북아의 평화를 위한 바른역사정립기획단'의 고시가 시초이다. 즉 독도의 면적을 18만 902m²에서 18만 7,453m²로, 동도와 서도 외의 부속도서를 기존의 32개 내외에서 89개로 확인했음을 2005년 6월 28일자 고시로 밝혔다. 현재 국토지리정보원에 따르면, 독도는 동도와 서도의 두 섬, 89개의 작은 부속섬으로 이루어져 있다. 지리적인 위치는 동도가 북위 37도 14분 26.8초, 동경 131도 52분 10.4초이고 서도가 북위 37도 14분 30.6초, 동경 131도 51분 54.6초이다. 국토지리정보원은 이 가운데 29개의 부속섬에 대한 지명 정보를 제공하고 있다.

동도와 서도로 구분된 시기

현재의 독도를 동도東島와 서도西島로 구분하게 된 것은 언제부터인가? 1854년에 러시아가 두 섬에 각각의 이름을 붙인 적이 있지만, 동도와 서도라는 명칭이 보이는 것은 일본 기록에서다. 『환영수로지』(1886)의 「조선동안 및 제도朝鮮東岸及諸島」에서는 울릉도와 '리앙코루토 열암'에 대해 기술했다. 독도를 리앙코루토 열암으로 칭하되, 동서東嶼와 서서西嶼로 구분했다. 『조선수로지』(1894)도 독도를 '리앙코루토 열암'으로 칭하되, 동서와 서서로 구분했다. 1904년 일본 군함 니타카호도 마찬가지였다. 1904년에 영토 편입을 청원했던 나카이 요자부로中井養三郎는 독도를 리양코도로 칭하고, 갑서甲嶼와 을서乙嶼로 구분했다. 1906년 6월 해군함대 사령관 다케도미 구니가네武富邦鼎는 '竹島[리앙코루도 암]'의 두 섬을 東島·東嶼, 西島·西嶼, 두 가시노 쵸기했다.

1907년 『조선수로지』는 독도를 '竹島[Liancourt rocks]'로 칭하고, 동도東島와 서도西島로 구분했다. 1908년 『지학잡지地學雜誌』는 독도를 다케시마竹島로 칭하고, '東嶼[女島]'로 칭했다. '東嶼[女島]'는 수로고시 제2094호에서 보였던 호칭이므로(관보 제7597호, 1908.10.21), 이를 따른 것으로 보인다. 『한국수산지』도 독도를 '다케시마[Liancourt rocks]'로 칭하고, 두 개 중 한 섬을 '東嶼[女嶼]'로 칭했다. 1911년 『일본수로지』에 오면 東方島와 西方島로, 1916년에는 '東嶼[女島]', '西嶼[男島]'로, 1920년에는 다시 동방도와 서방도로 칭해지다가 이것이 수로지에 계승되었다. 1923년 『시마네현지』는 "동서東西 두 개의 주도主島와 주위에 늘어선 여러 개의 작은 섬[嶼]으로 이루어져 있다"고 했으므로 동도·서도로 구분했음을 알 수 있다.

이후 1955년 다무라 세이자부로田村淸三郎는 男島와 西島, 女島와 東島를 병기하되, 男島와 女島를 西島와 東島에 비해 크게 표기했다. 일본 외무성은 1961년 5월, 『조사월보』에서 동도와 서도로 칭했다. 이후 외무성은 東島[女島]와 西島[男島]를 병기하다가 최근(2017.4.4)에는 男島오지마와 女島메지마로 칭했다. 女島가 처음 보인 것은 1908년「수로고시」인데, 외무성이 이를 따른 것으로 보인다. 이렇듯 일본에서 독도에 속한 두 섬의 명칭이 정착하는 과정은 다음과 같다.

東嶼·西嶼 → 甲嶼·乙嶼 → 東島·西島 → 東方島·西方島 → 東嶼(女島)·西嶼(男島) → 女島·男島

한국에서 독도의 두 섬을 처음으로 구분해서 언급한 것은 1947년 『대구시보大邱時報』인데, 좌도左島와 우도右島로 칭했다. 한국에서는 1948년 신석호가 최초로 동도와 서도로 구분했다. 그는 "독도는 동서 2개의 주도主島와 주위에 늘어선 수십 개의 암서嚴嶼로 성립하였는데"라고 기술했다. 이런 기술은 『시마네현지』와 유사하지만, 신석호는 암서의 숫자를 수십 개라고 한 점에서 차이가 있다. 일본은 1906년에 동도와 서도를 처음으로 언급했지만, 한국에서는 1948년에 보인 것이다. 현재 한국은 동도와 서도로 칭하고 있다.

동도와 동서의 차이

일본은 주로 동서東嶼로 칭했고 한국은 주로 동도東島로 칭했는데 그 차이는 무엇일까? 우리가 도서島嶼라고 할 때, 도島와 서嶼는 지리학적으로는 다른 개념이다. 도島, island는 대륙보다는 작은 물로 둘러싸인 육지 지역을 가리킨다. 서嶼, small island, islet는 작은 섬을 가리킨다. 해양법상으로는 섬과 암석rock으로 구분된다. 지리학적 구분과 다르게, 해양법적 구분은 바다에 대하여 국가가 행사할 수 있는 관할권의 범위와 관계된다. 유엔해양법협약 제121조 제1항에는 "섬이라는 것은 바닷물로 둘러싸여 있으며, 밀물일 때에도 수면 위에 있는 자연적으로 형성된 육지 지역을 말한다"고 정의되어 있다. 그러므로 국제법상 섬은 당연히 영해를 지니며 대륙붕과 배타적 경제수역(200해리)을 가질 수 있다. 그러나 인간이 거주할 수 없거나 독자적인 경제 활동을 유지할 수 없는 암석은 대륙붕과 경제수역을 가진 수 없다. 현재 한·일 양국은 독도를 해양법상의 섬으로 주장하고 있다.

중국인의 竹島 발음

중국인들은 일본이 칭하는 竹島를 어떻게 발음했을까? 중국에도 竹島로 표기하는 섬이 많고, 이는 중국 섬에 대한 호칭이기 때문에 '주다오Zhudao'라고 읽는다. 일본의 竹島에 대해서는 어땠을까? 중국 문헌 『등단필구^{登壇必究}』(1599)에서는 일본의 竹島를 '他計什麼^{타계십마}'로 읽는다는 사실을 밝히고 있다. 즉 다케시마라는 발음에 가까운 한자로 기록했다. 중국은 『일본고략^{日本考略}』(1530)에서 熏加[東], 迷南來[南] 등으로 표기한 바 있다. 일본어에서 동쪽을 '히가시'로, 남쪽을 '미나미'로 읽는다는 것을 음을 빌려 표기한 것이다. 또 『주해도편^{籌海圖編}』(1562)을 보면 일본 지명에 대해서는 "伯耆[花計] …… 隱岐[和計] 對馬島[則什麼]" 등으로 표기했다. 이는 호키·오키·쓰시마를 일본식 발음에 가깝게 표기한 것이다. 따라서 중국이 他計什麼로 표기한 것은 일본의 竹島를 '다케시마'로 읽었음을 보여주는 예이다.

제주도와 퀠파트

1951년 9월 8일 미국 샌프란시스코에서 일본과 연합국 사이에 체결된 대일평화조약^{Treaty of Peace with Japan, San Francisco Peace Treaty}은 일본의 영토 처리문제에 대하여 제2조 (a)항에서 다음과 같이 규정했다.

일본은 한국의 독립을 승인하며 제주도, 거문도 및 울릉도를 포함한 한국에 대한 모든 권리, 권원 및 청구권을 포기한다.
Japan, recognizing the independence of Korea, renounces all right, title and claim to Korea, including the islands of

Quelpart, Port Hamilton and Dagelet.

이 조항에서 우리는 재미있는 사실을 발견할 수 있다. 제주도와 거문도, 울릉도에 대한 영어 표기가 우리말 발음대로가 아니라는 사실이다. 거문도를 'Port Hamilton'으로 표기하게 된 유래는 많이 알려져 있다. 울릉도 역시 발견자의 이름을 따서 '다즐레'로 칭한다. 그런데 재미있는 것은 제주도 표기이다. 연합국은 왜 제주도를 'Quelpart'라고 표기했을까? 이 표기는 서양지도에서도 보인다. 제주도를 '퀠파트'로 부른다는 사실에 대해서는 그 유래가 『하멜 표류기』에 있다는 정도만 알려져 있었다. 하멜이 표류한 곳이 제주도 근처 가파도였으므로 '퀠파트'가 '가파도'에서 유래했다고 쓴 안내판을 제주도 대정에서 본 일이 있다. 과연 이는 사실일까?

『하멜 표류기』 1653년 8월 18일자 일지를 보면, "그날 오후 일등 항해사가 관측을 하더니, 우리가 북위 33도 32분에 있는 퀠파르트섬에 있다는 것을 알아냈다"고 쓰여 있다. 이는 하멜 표류 당시 일등항해사가 이미 이 섬의 이름을 알고 있었음을 의미한다. 하멜은 1666년 9월 14일, 배가 난파된 곳을 묻는 나가사키총독의 질문에 "우리는 Quelpart라고 부르고 코레인(조선 사람)은 체스濟州라고 부르는 섬 근처였고"라고 진술한 바 있다. 하멜은 자기가 알고 있던 퀠파트를 현지인이 '제주'로 부른다는 사실을 아울러 진술한 것이다.

『하멜 표류기』는 네덜란드의 '데 스페르베르DeSperwer호'가 1653년 제주도 해안에서 난파되어 13년간 체류한 사실을 기록한 것이지만, 판본이 여러 가지다. 하멜이 쓴 내용과 총독에게 전한 일지 그리고 이 내용에 이국적인 요소를 가미한 것이 있다. 1666년에 로테르담판이 나온 이래 암스테르담판(1669), 불어판(1670), 독어판(1672), 영어판이 나왔다. 불어판은 암스테르담판을 번역한 것이고 영어판은 불어판을 번역한 것인데, 미국의 게리 레드야드가 1971년에 재판했다. 그러므로 이 판본들은 정본이 아니다. 네덜란드 학자 후틴크^{B. Hoetink}는 하멜이 억류 기간의 임금을 동인도회사에 청구하기 위해 귀국 후에 쓴 일지(1653~1666), 그리고 『조선국에 관한 기술』 정본을 발견하여 네덜란드어판(1920)으로 출판했다. 여기서 '퀠파트'라는 호칭의 단서를 발견할 수 있는데, 이는 퀠파르트^{Quelpaert}라는 호칭이다. 박대헌(2001)은 후틴크의 기술을 다음과 같이 인용했다.

후틴크는 "17세기 초엽 동아시아에 띄운 네덜란드 배는 대개 선폭이 좁고 긴 갤리선이었는데, 이런 형태로 1630년경 제작된 첫 배의 이름이 '갤리선 퀠파르트 드 브락^{'t Galijodt't Quelpaert de Brack}'이었다. 이름이 기니까 '갤리선 퀠파르트^{'t Galijodt't Quelpaert}'라고 줄여 부르기 시작했다. 바로 이 배가 1642년경 동북쪽을 항해하다가 제주를 발견하고 이 사실을 네덜란드 동인도회사에 보고했다. 이런 연유로 제주는 처음에는 '퀠파르트호가 발견한 섬'이라고 불렸으나 어느새 이름 자체가 '퀠파르트'로 변모했다. 동인도회사 보고서에 퀠파르트라는 이름이 보인 것은 1648년이며, 네덜란드 지도에 그 이름이 오르게 되는 것은 1687년이다.

이는『하멜 표류기』가 출판되고 나서 '퀠파르트섬'이 널리 알려졌기 때문이다"라고 했다.

하멜 배에 있던 일등 항해사이자 암스테르담 출신의 헨드릭 얀스가 퀠파르트의 존재를 알고 있었듯이 그 유래는 이미 1630년경에 시작되었다. 후틴크에 따르면, 나가사키에 있는 회사의 일지는 1647년에 11월에 이 섬을 언급했다. 독일 지리학자 헤르만 라우텐자흐Hermann Lautensach도 퀠파트Quelpart를 언급한 바 있다. 그는 1933년에 한국을 8개월간 돌아보았고, 1945년『한국: 저자의 여행과 문헌에 기초한 지지Korea: Eine Landeskunde auf Grund eigener Reisen und der Literatur』를 출판했는데, 제주도에 대하여 다음과 같이 기술했다.

제주도는 16세기에 포르투갈인에게 알려졌는데 그들은 '해적섬Ilha dos Ladrones'이라고 불렀다. 후틴크는 이 섬이 아마도 1642년에 네덜란드인에 의해 다시 목격된 '퀠파트 드 브락Quelpart de Brack'일 것이라고 날카로운 통찰력으로 입증했다. 네덜란드어로 '퀠파트Quelpart'는 당시 범선의 한 유형을 가리키며 네덜란드인은 그 이름을 따서 이 섬을 명명했다.

후틴크에 따르면, 갤리선에는 여러 형태와 기능이 있어 각 선박마다 이를 구분하기 위해 퀠 드 브락t quel de Brack, 퀠 드 하세빈트t quel de Hasewindt와 같은 실질적인 이름을 붙였다고 한다. 이에 '퀠파트'는 갤리선 퀠파르트 드 브락t Galijodt't Quelpaert de

Brack, 갤리선 퀠파르트t Galijodt't Quelpaert, 퀠파트 드 브락Quelpart de Brack 등으로 불리다가 점차 퀠파트Quelpart로 정착한 것이다. 1899년 프랑스인으로서 부산세관에 근무하고 있던 라포르트 E. Laporte도 '퀠파트Quelpart'라고 적었다. 1936년 일본의 다다 후미오多田文男도 "1642년 화란선 퀠파트 드 브락Quelpart de Brack이 발견한 이후 퀠파트로 불렸다"고 했으므로 이 호칭이 일본에도 전해졌음을 알 수 있다.

그런데 지도상 표기는 de Quelpaerts, Quelpart, Island of Quelpaert, Quelpaerts, I. Mouse ou Quelpaert, Mouse 등으로 여러 가지다. 퀠파트 이전에는 '풍마Fungma'로도 불렸다. 원대元代에 말이 풍부했기에 한자 '豊馬'의 음을 빌려 호칭되었다는 설이 있다. 1703년 페르N.De Fer의 「동아시아 – 중국 타타르 대제국과 일본 제국」이라는 지도에는 'Quelpaerts'로 되어 있지만 제주목을 의미하는 'Mogan'이라는 표기도 함께 보인다. 그렇다면 '제주'로 표기하게 된 것은 언제부터일까? 박대헌은 지도상에 '제주'라는 명칭이 보이는 것은 1737년 당빌Jean Baptiste Bourguignon d'Anville의 『신 중국지도첩』이라고 했지만, 철자는 밝히지 않았다. 1739년 하시I. M. Hasii의 「타타르 지도」에는 'Kitcheou'로, 1762년 들릴르G.Del'isle의 「아시아지도」에는 'Tsitcheou'로 표기되어 있다. 서양 지도에서 'Tse – tsiu'로 자리잡게 되는 것은 1904년 이후로 알려져 있다.

팩트체크 2

독도는 고문헌·고지도에 우산도로 표기됐다

우산국은
우산도인가?

울릉도와 우산도는 서로 떼려야 뗄 수 없는 관계로 묘사되곤 한다. 그런데 두 섬이 문헌에서 늘 같이 등장하는 것은 아니다. 우리 문헌에서 '울릉도'를 처음으로 언급한 것은 『삼국사기』로 "우산국이 항복하고 해마다 토산물을 (신라에) 공물貢物로 비쳤다"고 되어 있다. 이어 "우산국은 명주溟洲(지금의 강릉)의 정동쪽 바다에 있는 섬으로 울릉도라고도 한다. 땅은 사방 백 리이다"라고 했다. 우산국을 언급하면서 울릉도가 별칭이라 했지만, 우산도라는 호칭은 보이지 않는다.

그렇다면 우산국은 언제부터 있었는가? 울릉도에서 무문토기와 지석묘가 발견되었으므로 석기 시대 혹은 청동기 시대일 것으로 추정하지만 우산국의 성립 시기를 특정하기는 어렵다. 기록에 우산국이 신라에 귀순한 시기가 512년으로 되어 있을 뿐이다.

『삼국유사』 기사에도 우릉도亏陵島는 나타나지만, 울릉도는 보이지 않는다. 『고려사』 930년(태조 13) 기사에는 우릉도芋陵島로, 일본 기록에는 1004년에 우릉芋陵이 보인다. 『고려사』에는 1018년(현종 9) 기사에는 우산국于山國, 1032년에 우릉羽陵, 1141년에 울릉도蔚陵島, 1243년에 울릉蔚陵, 1379년에 무릉도武陵島, 1407년에 무릉도茂陵島가 보인다. 더구나 1032년 기사에는 우산국 지배자를 우릉 성주로 칭했다.

조선 시대(1412, 태종 12)에는 이 외에도 유산국도流山國島가 있다. 이렇듯 문헌에 보인 호칭은 대부분 울릉도와 관련된 것이다. 그러므로 울릉도가 문헌에 처음 등장했을 때부터 우산도가 함께 보였다고 말하기는 어렵다. 우산국의 판도에 우산도가 포함되어 있다고 추정할 수는 있지만, 그런 사실은 조선 후기에 와서야 기록으로 확인된다. 그러므로 512년 기사의 우산국 표기를 근거로 512년부터 우산도를 인지하고 있었다고 주장하기는 어렵다. 다만 여러 기사에 울릉도라는 지명이 울릉도鬱陵島·蔚陵島·우릉도亏陵島·芋陵島·무릉도武陵島·茂陵島로 달리 표기되었으며, 그러한 사실로 미루어 우리말에서 성립했을 것이라는 점만 확인할 수 있다.

우산도는 언제부터
문헌에 등장하는가?

우산국은 고려 시대에 들어와서도 조정에 토산물을 바쳤고, 조정은 우산국 사람에게 관직을 내렸다. 우산국의 우두머리를 울릉도 성주城主라고 칭했으니, 오늘날의 국가 형태는 아니었다. 우산국은 당시의 명주국(강릉)·실직국(삼척부)·창령국(안동부)·대가야국(고령현)과 같이 부군현 단위에 속했다. 1018년 우산국이 여진족의 침입을 받았을 때 고려 조정은 농기구와 종자를 하사했다. 고려 조정은 강릉 지역 관리에게 우산국을 관할하게 했으며 사람이 살만한지도 알아보게 했지만 이주정책을 실시하지는 않았다. 1004년 이나바 지역(현재의 돗토리현 동부지역)의 일본인이 울릉도에 표류한 적이 있었는데 이들은 울릉도를 우릉도芋陵島라고 불렀다. 일본인들이 울릉도에 와서 머물다 가곤 했다는 기록은 14세기에도 보인다. 그런데 고려 시대에는 울릉도를 두고 외국과 문제되는 일이 드물었다. 『고려사』 지리지는 우산도에 대하여 다음과 같이 기술했다.

> 어떤 이는 우산도와 무릉도가 본래 두 개의 섬으로 서로 거리가 멀지 않아 날씨가 맑으면 바라볼 수 있다고 했다.

이는 무릉도 외에 우산도가 따로 있다는 뜻이었다. 『고려사』의 편찬 시기는 1451년이지만 지리지를 정리한 기준 시점을 명종 초, 즉 12세기에 두고 있으므로 고려 시대에도 우산도를 인식하고 있었다고 볼 수 있다.

조선 시대 문헌에 우산도가 처음 등장한 시기는 태종 연간 (1417)이다. 이에 앞서 1412년, 유산국도 사람 백가물 등 12명이 무릉도를 언급한 사실을 강원도 관찰사가 조정에 보고했다. 조선 초기부터 무릉도가 왜구의 침입을 당하자, 정부는 무릉도에 거주하는 사람들을 데리고 나와 육지로 돌려보내는 쇄환정책刷還政策을 실시했다. 정부가 무릉도 조사에 본격적으로 나서는 것은 1416년 (태종 16)에 와서다. 태종은 9월 김인우를 '무릉武陵 등처等處 안무사安撫使'에 임명하여 섬에 사는 두목을 데리고 오도록 했다. 김인우는 삼척 사람으로 수군 만호萬戶 출신이다. 태종이 김인우에게 무릉도 안무사가 아닌 '무릉 등처 안무사按撫使'라는 직함을 준 이유는 해당 지역에 섬이 하나만 있다고는 생각하지 않아서였을 것이다. 이듬해인 1417년 2월 태종은 김인우에게 우산도의 거주민을 데리고 나오도록 명했다. 무릉도 표기는 고려 시대 문헌에도 보였고 조선 시대 태종도 김인우를 무릉도 안무사에 임명했지만 두 번째 지시에서 우산도를 언급한 것이다. 8월에는 일본인이 '우산무릉'에 왔다는 소식이 전해졌다.

세종도 1425년 김인우를 '우산무릉于山武陵 등처 안무사'에 임명했다. 태종에서 세종 연간에 걸쳐 언급된 섬의 이름에는 유산국도·무릉도·우산도가 섞여 있었는데, 이즈음에는 우산도와 무릉도로 정리되고 있었음을 알 수 있다. 1436년 강원도 관찰사는 무릉도에 마을을 설치할 것을 건의했다. 이어 1438년 세종은 남회와 조민을 '무릉도 순심경차관巡審敬差官'으로 파견했으므로 아직 무릉도와 우산도가 분리 인식되는 단계에 이르지 못했음을 알 수 있다. 무릉도와 우산도를 분리 인식하는 경향은 『세종실록』「지리지」(1454)에 와서야 보인다.

『고려사』와 『세종실록』에 기록된 울릉도·우산도에 관한 내용에는 어떤 차이가 있는가?

『고려사』 지리지는 1449년(세종 31)에 편찬되기 시작하여 1451년(문종 원년)에 완성되었고, 『세종실록』「지리지」는 1454년(단종 2)에 완성되었다. 편찬 시기는 크게 차이가 없지만, 『고려사』 지리지는 대략 명종 초기를 기준 시점으로 하여 고려 시대의 연혁을 중심으로 울릉도 내용을 기술한 데 비해, 『세종실록』「지리지」는 세종 14년을 기준으로 하여 조선 시대의 연혁을 중심으로 대고기 김인우를 파견한 사실까지 기술했다는 점이 다르다.

　　『고려사』 지리지는 강원도 울진현 소속의 도서로 '울릉도'만 거론하고, 내용은 분주分注(본문 사이에 두 줄로 나누어 작은 글씨로 써넣은 주) 형식으로 기술했다. 분주의 내용은 "울릉도가 현의 동쪽에 있는데 신라 때는 우산국이라고 했다"라고 시작하여 신라 지증왕과 고려 의종 연간(1157)의 일까지 기술했다. 그리고 마지막에 "혹사는 우산도와 무릉도가 본래 두 개의 섬으로 서로 거리가 멀지 않아 날씨가 맑으면 바라볼 수 있다고 한다[一云于山·武陵本二

島 相距不遠 風日淸明 則可望見]”는 일설을 인용했다. 이에 비해『세종실록』「지리지」는 강원도 울진현 소속의 도서로 ‘우산于山과 무릉武陵’ 두 섬을 거론했다. 그리고 “두 섬이 울진현의 정동쪽 바다에 있다[二島在縣正東海中]”는 사실을 본문으로 기술했다. 즉『고려사』는 두 섬이 별개의 섬임을 일설로 처리한 반면,『세종실록』은 두 섬이 별개의 섬임을 정설로 처리한 것이다.

이는『고려사』편찬 당시는 우산도를 아직 확인하지 못했지만,『세종실록』편찬 당시는 우산도가 무릉도와 다른 섬임을 확인했음을 의미한다. 우산국에 우산도가 포함된다고 한 기록은 조선 후기에 와서야 보이므로 이를 고려 시대로 소급해서 적용할 수는 없다.『세종실록』「지리지」는 두 섬에 대한 기술에 이어, “신라 때는 우산국이라 칭했으며, 울릉도라고도 했다”고 덧붙였다. 이 때문에『세종실록』「지리지」가 울릉도에 대한 설명으로 일관한다고 비판하는 경우가 있지만, 위 기술은 신라 시대의 일설을 소개한 것일 뿐, 세종 시대의 인식을 드러낸 것이 아니다.

우산도가 독도라는 사실을 어떻게 입증할 수 있는가?

우산국에 관한 내용은 문헌상 512년 기사에 처음 등장하지만, 우산도라는 명칭 자체는 1417년에 처음 보인다. 그렇다면 우산도가 독도임을 어떻게 증명할 수 있을까? 김인우는 국왕의 명으로 울릉도에 여러 번 파견되었는데, 그의 조사 기록이 보이는 것은 1425

년 10월 20일까지이다. 세종은 1424년에 전국 지리지를 편찬하라는 명을 내렸고, 이에 춘추관은 전국 8도에서 올라온 자료와 중앙정부에 소장되어 있던 자료를 참고하여 지리지를 완성했다. 그것이 『신찬팔도지리지新撰八道地理志』(1432)다.

그에 앞서 『경상도지리지』(1425)가 있었는데, 이는 현전하지만, 『신찬팔도지리지』는 현전하지 않는다. 그리고 『세종실록』「지리지」(1454)는 『신찬팔도지리지』를 반영하여 만들어졌다. 『신찬팔도지리지』에서 우산도를 어떻게 기술했는지는 알 수 없지만, 『세종실록』「지리지」는 김인우의 조사 내용을 반영하여 만들어졌을 것으로 추정할 수 있다. 『세종실록』「지리지」에서 우산도와 울릉도를 분리해서 기술하고 있기 때문이다. 『세종실록』「지리지」는 울진현의 도서로서 '우산于山과 무릉武陵' 두 섬을 거론하고, "두 섬이 (울진)현의 정동쪽 바다에 있다"고 기술했다. 이어 두 섬에 대해서는 분주 형식으로 설명했다. 그 내용은 "두 섬의 거리가 멀지 않아 날씨가 맑으면 서로 보인다"는 것이었다.

우산도와 무릉도(울릉도)의 관계를 이처럼 명확히 설명한 것은 없다. 이때의 우산도를 우리는 독도라고 보고 있지만 일본은 부인한다. 그렇다면 우산도를 독도가 아니라 울릉도 주변의 다른 섬이라고 볼 수 있는가? 울릉도 주변에는 죽도(댓섬)와 도항(섬목), 관음도라는 섬이 있다. 이 지명들이 『세종실록』 편찬 당시는 없었지만, 섬은 존재하고 있었으므로 편찬 당시에도 분명 그 존재를 인지하고 있었을 것이다. 그런데 이 섬들은 울릉도에서 날씨가

관음도

죽도

우산于山과 무릉武陵 두 섬이 (울진)현의 정동쪽 바다에 있다.
[두 섬의 거리가 멀지 않아 날씨가 맑으면 바라볼 수 있다.]

『세종실록』「지리지」(1454)

이 글은 울릉도와 우산도의 관계를 기술한 것으로, 여기서의 우산도는 독도이
다. 울릉도에서 날씨가 맑은 날에만 보이는 섬은 독도뿐이기 때문이다. 울릉도
가까이에는 관음도와 죽도가 있지만 이들은 흐린 날에도 보일 만큼 가까이 있
다. 그러므로 우산도를 관음도나 죽도로 생각했다면 "날씨가 맑으면 보인다"는
단서를 붙이지 않았을 것이다.

울릉도에서 바라볼 때 도항 가까이에 관음도가 있고, 오른쪽에 죽도가 있다. 도
항은 우리말로 섬목이라고 한다. 섬목과 마주한 곳에 관음도가 있는데, 최근에
는 다리를 놓을 정도로 아주 가까이 있다. 죽도와 관음도는 날씨가 흐리거나 비
가 오는 날에도 보일 정도로 울릉도에서 가깝다.

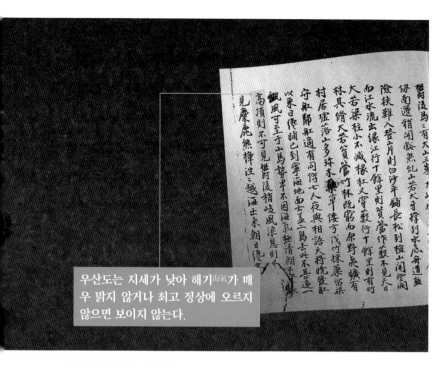

우산도는 지세가 낮아 해기(海氣)가 매우 맑지 않거나 최고 정상에 오르지 않으면 보이지 않는다.

박세당의「울릉도(鬱陵島)」

조선 후기 학자 박세당(1629~1703)은「울릉도」라는 글을 남겼는데, 그는 우산도를 보려면 날씨가 맑은 날 아니며 높은 곳에 올라가야 한다고 적었다.「세종실록」「지리지」와 문맥이 같으므로 박세당이 말한 우산도는 독도임이 분명하다. 박세당은 남구만(1629~1711)의 자형이고, 남구만은 안용복을 사형에서 유배형으로 감해준 인물이므로, 두 사람은 울릉도 쟁계에 대한 정보를 공유했을 것이다. 그러므로 박세당이 이런 글을 남겼다는 것은, 당시 우산도의 존재가 널리 알려졌다는 의미다.

맑은 날에만 보이는 것이 아니라 언제든지 볼 수 있을 정도로 가까이 있다. 그러므로 『세종실록』 「지리지」에서 말한 우산도는 울릉도 주변의 죽도나 관음도로 보기 어렵다.

현재 울릉도와 독도 간의 거리는 약 87km, 46해리로 본다. 이 거리를 가깝다고 할 수는 없지만 바닷길이므로 육상 거리와는 다르게 인식되었을 것이다. 『세종실록』 「지리지」에 "거리가 멀지 않다"고 한 것도 이 때문으로 보인다. 지금도 울릉도에서는 맑은 날 육안으로 독도가 보인다. 그러므로 『세종실록』 「지리지」에서 날씨가 맑은 날 울릉도에서 보이는 섬으로 기술한 우산도를 독도가 아니라고 상정하기는 어렵다.

더구나 지리지에서 이 부분에 관한 기술은 세종이 김인우에게 여러 번 조사시킨 결과 성립된 것이다. 만일 세종이 우산도를 울릉도 가까이 있는 섬 가운데 하나로 여겼다면 김인우에게 여러 번 조사시킬 필요도 없었을 것이다. 이후 1438년에 울릉도를 조사한 남회는 우산도를 언급하지 않았다. 그럼에도 『세종실록』 「지리지」는 우산도를 언급했고 울릉도와 구분해서 기술했다. 이는 곧 국가가 두 섬의 존재를 공식적으로 확인하고 인정했다는 의미다.

문헌에 '우산도·울릉도' 순서로
기술된 이유는 무엇인가?

우산도가 독도라면, 울릉도 동쪽에 있으므로 문헌에 '울릉도·우산도' 순으로 나오는 것을 의아하게 생각할 수 있다. 왜 문헌에는 대부분 우산도·울릉도 순으로 되어 있을까? 정확한 이유는 알 수 없지만 우산도와 울릉도, 두 섬에 대한 문헌상의 기술을 보고 추론할 수 있다.

조선 초기 강원도 관찰사는 무릉도에 사는 주민을 육지로 데리고 돌아왔다고 보고한 바 있다. 이 일로 태종은 1416년 김인우를 '무릉 등처 안무사'에 임명하고 무릉도를 조사하라 명했다. 무릉도는 김인우가 파견되기 전부터 둘레가 7식息이라는 사실이 알려질 정도로 그 존재가 분명히 인식되고 있었다. 그런데도 태종은 김인우에게 무릉 등처를 조사하도록 했다. 이는 무릉도 이외의 섬을 상정했기 때문이다. 1417년 2월에는 김인우에게 조사를 명한 지역이 '우산무릉 등처'로 바뀌었다. 우산도를 조사 대상지역에 추가한 것이다.

1416년에 무릉도를 조사했던 김인우가 무릉도 외에 다른 섬의 존재를 확인한 뒤 그 섬에 '우산도'라는 이름을 붙여 보고했기 때문이었다. 문제는 이때의 기록에 등장한 '우산도'의 정체다. 김인우는 우산도 거주민 3명을 데리고 나왔고 우산도에 15가구 86명이 살고 있다고 보고했다(『태종실록』 17년 2월 5일). 그렇다면 이때의 우산도를 독도로 보기 어렵다. 독도에 사람이 살고 있었

을 리가 없기 때문이다. 그러므로 이 부분은 의심스럽다. 김인우
가 무릉도를 인지한 상태에서 다시 조사하러 갔는데 조사 후 새로
'우산도'로 칭할 필요가 있었을까? 따라서 이 부분은 김인우가 '무
릉도 거주민'으로 보고한 것을 『태종실록』 편찬자가 '우산도 거
주민'으로 잘못 기록했다고 보아야 한다. 이는 『세종실록』 7년
(1429) 8월 8일자 기사 기록으로 증명된다.

> 당초 강원도 평해 사람 김을지·이만·김울금 등이 일찍이 무릉도
> 에 도망가서 살고 있던 것을 병신년(1416)에 국가에서 김인우를
> 보내 데리고 나왔다.

이는 김인우가 태종 16년(1416)에 무릉도에 사는 사람들을 데
리고 나온 사실을 세종 시대에 언급한 기록이다. 이 사실은 태종
17년(1417) 2월 5일자 기사에서 "우산도 거주민 3명을 데리고 나
왔다"고 한 사실과도 일치한다. 따라서 이는 『태종실록』에 우산
도로 잘못 기술되어 있었던 것을 『세종실록』에 와서 무릉도로 바
로잡았다고 볼 수 있다. 『세종실록』 7년 10월 20일자 기사에 "우
산于山·무릉茂陵 등지에서 안무사按撫使 김인우가 본도本島의 피역避役
한 남녀 20인을 수색해 잡아와 복명하였다"는 기록이 있는데, 여
기서 '본도'는 무릉도를 가리킨다. 그렇다면 우산도는 본도 이외
의 섬이 된다. 김인우가 무릉도와 우산도를 같은 섬으로 인식했다
면 본도라고 표현하지 않았을 것이며, 이후 기록에서도 우산·무릉
이 병기되지 않았을 것이다.

김인우가 무릉도에서 데리고 나온 김을지 등 28명은 1423년 5월에 다시 무릉도로 들어갔다. 이들 중 일부가 1425년에 가족을 본도(무릉도)에 둔 채 몰래 평해로 왔다가 발각된 것이다. 강원도 관찰사에게서 이 사실을 보고받은 세종은 그해에 김인우를 다시 무릉도로 파견하여 남아 있는 사람들을 데리고 나오게 했다. 김인우는 이런 정황을 알고 무릉도로 떠났다. 그러므로 그가 무릉도와 우산도를 혼동했을 리는 없다. 그는 1416년에 태종에게 "무릉도가 멀리 바다 가운데 있어 사람들의 왕래가 없기 때문에 군역을 피하려는 자가 도망쳐 들어가기도 하며, 사람이 많으면 왜구가 와서 도적질하고 강원도까지 침입할 것이다"고 아뢴 바도 있기 때문이다.

태종 연간에서부터 세종 연간에 걸쳐 이루어진 김인우의 조사는 결과적으로 무릉도 외에 다른 섬이 있다는 사실을 확인하는 계기가 되었고,『세종실록』「지리지」의 기술은 그 결과물이었다. 그러나 김인우는 우산도의 존재를 확인했고, 우산도와 무릉도가 울진현의 동쪽에 있다는 사실까지만 확인했을 뿐, 섬의 방향에 대해서는 보고하지 않았다. 이 때문에 문헌이나 지도에서는 본토를 기준으로 '우산·무릉' 순으로 기술한 것으로 추정된다.

그러나 그가 섬의 정확한 위치나 방향을 보고하지 않았다고 해서 섬의 존재를 몰랐다고 볼 수는 없다. 여기서 중요한 사실은 국가가 김인우가 제공한 정보를 받아들여 관찬 지리지에 기술했다는 점이다. 삼봉도·요도·가지도 등 지명이 세종 이후 국왕이 의지를 갖고 확인하고자 했지만, 결국 관찬 지리지에는 기재되지 못했다는 점을 상기하면, 우산도가 관찬 지리지에 기재되었다는 사실은 매우 중요하다.

우리 고문헌에서 독도는 '우산도'로만 표기되었을까?

우리 고문헌을 보면, 조선 초기 강원도 해상의 섬으로 우산도 외에 요도蓼島와 삼봉도三峯島가 등장한다. 요도는 세종 11년 기사(1429. 12.27)에서 처음 등장했다. 세종은 봉상시 윤 이안경을 강원도로 보내 요도를 찾아보게 했으나 실패했고, 다시 함경도 관찰사에게 찾아보게 했다. 1445년 8월까지 여러 차례 조사했지만 결국 요도는 실재하지 않는 섬으로 드러났다. 이 때문인지『세종실록』「지리지」에는 요도에 대한 기술이 없다.

삼봉도는 성종 1년 기사(1470.12.11)에서 처음 등장한다. 성종은 삼봉도로 도망간 사람을 찾아오도록 함경도 관찰사에게 명했고, 이를 병조에도 명하면서 함경도 부령 사람 김한경을 데리고 가도록 했다. 1472년에는 박종원을 삼봉도 경차관에 임명하여 조사하게 했다. 박종원은 4월에 조사를 시작했고 결과는 6월에 보고했다. 그는 울진포에서 출발하여 무릉도에 다다를 무렵 큰 바람을 만나 간성군에 이르렀고, 일행 중 일부가 무릉도에 도착하여 사흘을 머물며 조사한 후 돌아왔다. 결국 박종원의 배는 무릉도만 확인하고 온 셈이다. 그리고 1472년 8월에 재조사를 계획했지만 실행되지 못했다.

삼봉도 관련 기록이 다시 보이는 것은 성종 7년(1476) 때다. 함경도 영흥 사람 김자주가 경성의 옹구미를 출발하여 삼봉도를 보고 와서는 지도를 그려 성종에게 바쳤다. 성종은 관리를 파견하여 재조사하려 했지만 삼봉도의 존재를 의심하는 대신들이 있었다. 이어 함경도 경차관 조위가 영흥 사람 김자주와 부령 사람 김한경을 데리고 10월 부령에서 출발했다. 세 척의 배에 식량과 무기를 갖춰 11인이 떠났지만 떠난 지 한 달이 넘도록 돌아오지 않았다. 이들에 대한 보고가 12월 19일자 실록 기사에 보이므로 그 이전에는 돌아왔을 것이다. 이들의 자세한 보고로 조정은 삼봉도의 존재를 확신했지만 사람들이 다시 가려 하지 않았다. 병조에서 이들을 다시 길잡이로 보내기 위해 도망가지 못하도록 단속했다는 기사가 있지만, 조사 내용은 기록되지 않았다.

성종 11년(1480) 조정은 이번에는 초무사招撫使와 부사, 군관을 직접 파견하고 문신文臣까지 대동해 삼봉도를 조사하게 했다. 함경도 지역 관리의 조사 결과가 미덥지 않았기 때문이다. 그럼에도 삼봉도의 존재를 확인했다는 기록은 끝내 보이지 않는다. 10년에 걸쳐 삼봉도를 조사했지만 존재를 확인할 수 없었던 것이다. 그래서 이후 관찬 지리지에는 삼봉도가 기재되지 않은 것이다.

가지도는 독도인가?

조선 시대에 수토관들이 가지도에서 가지어를 잡았다는 기록이 있다. 그렇다면 이때의 가지도는 울릉도인가, 독도인가? '가지도'는 가지어가 나는 섬이라는 의미다. 가지어는 바다사자를 가리키는데, 울릉도 방언으로는 '가제'라 한다. 가제를 문헌에 표기하기 위해 한자 음을 빌리다 보니 가지어가 되었다. 이 때문에 문헌에 따라 가지어는 可支魚·嘉支魚·可之로, 가지도는 可支島·嘉支島·可之島로 달리 표기되어 있다. 조선 시대에는 가지어가 주로 울릉도에서 목격되었다고 한다.

가지도를 독도에 비정한 사람은 역사학자 최남선이다. 그는 『서울신문』(1953)에 연재한 글에서 울릉도 동남쪽으로 널리 띨이진 해상에 두 개의 주도主島와 여러 개의 작은 섬이 있는데 두 개의 섬이 독도를 가리킨다고 보았다. 그는 독도에 대하여 다음과 같이 기술했다.

우리 고대에 가지도라 하고 근세 부근 거민의 사이에서 도형島形이 독, 옹甕과 같다 하여 보통 '독섬'이라고 부르는 것이다(울릉본도의 아주 측근에도 또 별개의 독섬이 있다).

독도를 가지도와 독섬 두 가지에 비정한 것인데, 이때의 독섬은 항아리섬이라는 의미다. 실록에서는 정조 연간 기사에서 가지도라는 표기가 보인다. 1786년에는 '가지도구미可支島仇味'로, 1794

년에는 '가지도可支島'로 표기되었다. 1786년은 수토관 김창윤이, 1794년은 수토관 한창국이 보고한 해이다. 다음은 가지도구미가 언급된 1786년의 수토 일정이다.

(4월 29일) 저전동 – 대추암·소추암·석초·저전 – 가지도구미 → (5월 1일) 왜선창 – 장작지 – 천마구미 → (5월 2일) 후죽암 – 방패도

다음은 가지도가 언급된 1794년의 수토 일정이다.

(4월 24일) 통구미진 → (4월 25일) 장작지포 – 저전동 – 방패도 – 죽도竹島 – 옹도瓮島 → (4월 26일) 가지도可支島 – 구미진 – 죽암 – 후포암 – 공암 – 추산 – 통구미

이 지명들 가운데 섬으로 볼 만한 명칭은 가지도·방패도·죽도·옹도지만, 두 사람의 기록에서 공통으로 보이는 지명은 방패도이다. 방패도는 오늘날의 관음도에, 죽도는 오늘날의 죽도에 비정할 수 있다. 옹도는 독섬이라는 의미지만 여기서는 관음도 옆의 도항(섬목)을 가리키는 듯하다. 한창국은 "거기서 자고 26일에 가지도로 가니, 너댓 마리의 가지어가 놀라서 뛰쳐나오는데, 모양은 물소 같았고, 포수들이 일제히 포를 쏘아 두 마리를 잡았습니다"라고 보고했다. 한창국이 말한 '거기'는 울릉도 안을 가리킨다. 그가 4월 25일에는 옹도에, 26일에는 가지도에 있었는데 같은 날 죽암·후포암·공암·추산·통구미 등 인근 지역으로 이동했으므로

이때의 가지도를 독도로 보기는 어렵다. 울릉도에서 독도까지 가는 데만 하루가 걸리므로, 가지도 이후 일정을 4월 26일 하루에 모두 돌아보는 것은 불가능하다. 이러한 이유로 혹자는 가지도를 오늘날 울릉도 와달리 일대로 보기도 한다.

『신증동국여지승람』의 우산도는 독도인가?

『신증동국여지승람』은 울진현의 도서로서 우산도와 울릉도를 거론했고, 첨부 지도에는 우산도를 울릉도 서쪽에 그렸다. 이때의 우산도는 독도일까? 관찬 지리지는 『세종실록』「지리지」이후로도 1478년에 『팔도지리지』가 편찬되었지만 현전하지 않는다. 그런데 그 내용이 1481년에 완성된 『동국여지승람』에 그대로 수록되었다. 『팔도지리지』에 『동문선』을 첨가하여 50권으로 편찬한 『동국여지승람』은 55권으로 증보되어 『신증동국여지승람』(1531)으로 완성되었다. 『신증동국여지승람』은 울진현 소속의 도서로 우산도와 울릉도를 거론했는데, 이는 『세종실록』「지리지」에 우산과 무릉으로 되어 있듯이 울진현에 두 섬이 있음을 전제한 것이다. 다만 『신증동국여지승람』은 두 섬에 관해 "일설에 우산과 울릉은 본래 한 섬으로 땅이 사방 백 리라고 한다"는 내용을 분주 형식으로 기술했다. 또한 "신라 때에 (지세가) 험함을 믿고 항복하지 않았는데"라고 기술했지만, 이 역시 『세종실록』「지리지」

울릉도

우산도

『신증동국여지승람』의 「팔도총도」

『신증동국여지승람』의 「팔도총도」에는 우산도가 울릉도 서쪽에 그려져 있다. 그러나
두 섬을 별개의 섬으로 그렸다는 점에서 당시 우산도의 존재를 인식하고 있었다는 사
실을 알 수 있다.

와 마찬가지로 신라 시대의 일설을 기술한 것에 불과하다.

　『신증동국여지승람』이 분주를 넣은 것은 "우산도와 울릉도가 한 섬이다"라는 일설을 인정하고자 해서가 아니다. 이전의 문헌에서 두 섬을 확인하지 못한 정황을 보여주려는 의도였다. 그만큼『신증동국여지승람』편찬자가 기록을 철저히 고증하려 했다는 증거다. 국가가 그 존재를 공식적으로 확인했기 때문에, 비로소 관찬지인『신증동국여지승람』에 우산도와 울릉도가 열거될 수 있었다. 또한『신증동국여지승람』첨부 지도를 보면 우산도와 울릉도가 따로 그려져 있어 국가에서 두 섬을 별개의 섬으로 인식했음을 보여준다.

　독도는 울릉도 동쪽에 있으므로 문헌상의 우산도가 독도라면 울릉도 동쪽에 그려져 있어야 한다. 그런데『신증동국여지승람』에는 우산도가 울릉도 서쪽에 그려져 있다. 그러면 우산도는 독도로 볼 수 없는 것일까? 이는 고지도 제작 과정에 대한 이해 위에서 설명할 필요가 있다.

　현존하는 최고最古의 세계지도인「혼일강리역대국도지도混一疆理歷代國都之圖」(1402)에는 울릉도만 그려져 있고, 이회가 제작한「팔도지도八道地圖」(1402)도 마찬가지다. 우산도는 정척과 양성지 등이 제작한『동국지도』(1463) 계통의 필사본 지도에서 보이기 시작했다. 그러나 여기서도 우산도于山島·亏山島가 울릉도鬱陵島·蔚陵島 서쪽에 그려져 있다. 『신증동국여지승람』도 마찬가지다. 『신증동국여지승람』은『동국여지승람』에 첨부된 지도를 그대로 수록하여 한 장의「팔도총도」와 여덟 장의 도별 지도를 첨부했다.「팔도총도」에 우산도가 울릉도 서쪽에 그려져 있으며, 도별 지도인 강원도 지도에도 울릉도 서쪽에 울릉도와 거의 비슷한 크기로 그려져 있다.

고지도는 직접 현장을 가보고 그리기도 하지만, 기존의 지리지나 지도 정보에 의거하여 그리기도 한다. 우리나라 고지도는 대부분 후자의 방법으로 제작되었다. 『동국지도』도 당대에 확보 가능한 정보에 의존하여 그려졌는데, 대체로 『삼국사기』·『고려사』·『신찬팔도지리지』의 지리 정보였다. 『동국지도』에 두 섬이 그려져 있는 것은 위 정보 가운데 두 섬을 명기한 태종과 세종 연간의 정보에 기초한 것임을 의미한다. 그런데 『신찬팔도지리지』는 두 섬이 있다는 사실만 기술했고 두 섬의 방향에 대해서는 기술하지 않았다. 『신찬팔도지리지』에 근거한 『세종실록』「지리지」도 우산도와 무릉도가 울진현 동쪽에 있다는 사실만 밝히고 두 섬의 위치관계에 대해서는 기술하지 않았다. 정척과 양성지는 『신찬팔도지리지』의 지리 정부를 이용하여 『동국지도』를 제작했으므로 이 계통의 지도도 『신찬팔도지리지』에 기술된 순서대로 본토를 기준으로 하여 '우산도·울릉도' 순으로 그려 넣었다고 추정하기도 한다. 『동국여지승람』 부도인 「팔도총도」에 우산도가 울릉도 서쪽에 그려진 것도 마찬가지 이유로 설명한다.

고지도에서 섬의 위치와 크기에 관한 정보는 대부분 부정확하다. 그러나 그 사실은 크게 문제되지 않는다. 「팔도총도」에 울릉도와 우산도가 그려져 있다는 사실은 『동국여지승람』에서 두 섬이 한 섬일지도 모른다는 일설을 소개했음에도 불구하고 두 섬이 그려진 지도가 배제되지 않았다는 것을 의미한다. 이는 지도 제작자가 이전에 수집된 지리 정보 가운데서도 국가의 공식 견해를 선택했다는 뜻이다.

실록은 열람이 엄격히 금지되었으므로 널리 보급되지 않은 반면, 『신증동국여지승람』은 금속활자로, 지도는 목판본으로 인쇄·보급되었다. 임진란 이후에는 둘 다 목판으로 인쇄되어 민간에도 널리 보급되었다. 조선 시대 문인들이 『신증동국여지승람』을 많이 인용한 것은 이 때문이다. 그런 만큼 국가 표준 지리지로서 국가와 민간 양측에 큰 영향력을 미쳤다. 조선 후기에는 일본인들도 『신증동국여지승람』을 거론할 정도였다. 『신증동국여지승람』 첨부 지도에 우산도가 울릉도 서쪽에 위치해 있다는 사실을 들어 우산도가 독도임을 부정하는 경우가 있지만, 관찬 시리지로서의 특성과 고지도 제작 방식에 비춰보면 우산도는 독도로 보아야 한다.

일부 고지도에 우산도가 누락된 이유는 무엇인가?

『신증동국여지승람』에 지도가 첨부된 이후 많은 고지도들이 이 지도를 계승했다. 그러나 이를 필사하는 과정에서 변화가 보였다. 우산도 위치를 남쪽으로 옮겨 그리거나, 于山島우산도를 비슷한 한 자인 子山島자산도·千山島천산도·干山島간산도·方山島방산도 등으로 기재하거나, 아예 우산도를 그리지 않은 경우가 있다. 필사하다가 잘못 전사轉寫하거나 실수로 누락하는 일이 생겼기 때문이다. 그러나 우산도를 그리지 않았다고 해서 그 존재를 부인했다는 의미는 아니다. 조선 시대에 제작되거나 필사된 지도에서 우산도를 그리지 않은 지도는 비율상으로 매우 적다.

동해상에 우산도와 울릉도가 있다는 지리 정보는『신찬팔도지리지』(1432)에서 시작하여『세종실록』「지리지」(1454),『팔도지리지』(1478),『동국여지승람』(1481),『신증동국여지승람』(1531)으로 계승되었다. 1690년대에 울릉도 쟁계가 발생하기 전까지 국가와 민간의 지도 제작자들은 주로『신증동국여지승람』의 첨부 지도를 참조했으므로 대부분의 고지도에는 울릉도와 우산도가 그려져 있다.

우산도는 언제부터 울릉도 동쪽에 그려졌는가?

우산도를 울릉도 동쪽에 그린 최초의 지도는 조선 영조 대 정상기가 1740년대에 제작한 지도를 필사한「동국대지도東國大地圖」(보물 제1538호)다. 제작 시기가 1755년에서 1767년 사이로 추정되므로 18세기 중반에야 우산도를 울릉도 동쪽에 그린 지도가 출현한 셈이다. 양반 출신인 정상기는『신증동국여지승람』의 정보와 1720년대의 그림식 지도책, 서울을 중심으로 길 정보를 표시한 정리표程里標 등에서 정보를 취사했다. 그는 육지에서 수로 사이의 거리를 모를 때는 지도 끝에 그려 넣었고, 1척을 100리로 하는 축척법을 이용해서 제작했지만, 산처럼 구불구불한 지형에는 적용하지 않았다. 그는 이전 지도에 표기된 '소위 우산도'를 '우산도'로 명확하게 표기하고 그림식 지도와는 다르게 제작했다.

정상기의 지도는 이용의 편리성 때문에 당대에 인기를 끌어 많은 필사본이 만들어졌다. 그의 지도를 필사한 「동국대지도」에는 울릉도가 동서로 긴 타원형이며, 그 위에는 울릉도蔚陵島(鬱陵島의 속자)와 주토굴朱土窟 죽전竹田이라고 적혀 있다. 그 왼쪽 아래에는 "울진에서 바람이 잘 불면 이틀 만에 다다른다"는 문구가 적혀 있다. 울릉도 동쪽에는 우산도가 남북으로 긴 타원형 형태로 울릉도보다 훨씬 작게 그려져 있다.

고지도의 '소위 우산도'는 독도를 가리키는가?

1711년에 울릉도를 조사한 수토관 박석창은 「울릉도 도형鬱陵島圖形」에서 울릉도 남쪽에 비교적 커다란 섬을 하나 그리고 "해장죽전海長竹田 소위所謂 우산도于山島"라는 문구를 적었다. 또한 죽전竹田·기지基址 등과 함께 중봉에서부터 동서남북 사방까지의 거리도 각각 적었다. 박석창이 기재한 내용은 앞서 울릉도를 조사했던 장한상의 『울릉도 사적蔚陵島事蹟』(1694)에 보인 내용과 유사하다. 장한상은 "동쪽으로 5리쯤 되는 곳에 작은 섬이 하나 있는데 그다지 높고 크지는 않으나 해장죽海長竹이 한쪽에 무더기로 자라고 있었습니다"라고 했는데, 이는 현재의 죽도를 언급한 것이다. 장한상은 울릉도로 들어갈 때 『동국여지승람』을 지참하고 갔으며 조사 후에는 지도를 제출했다고 하는데, 그 지도는 현전하지 않는다. 동남쪽의 섬을 언급했으므로 장한상이 독도를 인지했음을 알 수 있지만 그 동남쪽의 섬을 우산도로 표기하지는 않았다.

장한상의 조사를 계기로 울릉도에는 2년 간격으로 수토관이 파견되었고 박석창도 수토관으로 파견된 사람이었다. 그러니 박석창이 장한상의 지도를 보았고 『동국여지승람』을 지참하고 떠났을 가능성은 있지만 단정할 수는 없다. 다만 "해장죽전 소위 우산도"라는 기록으로 그가 우산도를 인지하고 있었다는 사실만은 추정할 수 있다. 그런데 그는 왜 우산도에 '소위'라는 두 글자를 덧붙였을까? 우산도를 인지한 상태에서 울릉도로 떠났지만 직접 목격한 것은 울릉도 옆에 있는 해장죽이 자라는 섬, 죽도였을 가능성이 크다. 그는 이 섬이 우산도인지 확신할 수 없었고, 따라서 "이것이 사람들이 말하는 우산도인가?"의 의미로 '소위 우산도'라고 썼던 것이 아닐까? 국왕의 명령을 수행해야 하는 수토관의 입장에서 우산도를 확인하고자 했지만 목격한 섬이 우산도인지 단정할 수 없었으므로 '소위 우산도'라고 기입함으로써 미심쩍은 정황을 그대로 나타낸 것으로 보인다. 이는 한편으로는 우산도의 존재가 박석창 시대에도 자리 잡고 있었음을 방증한다.

수토관이 울릉도 남쪽에
다섯 개의 섬을 그려 넣은 이유는 무엇인가?

1694년에 장한상은 다섯 개의 섬을 언급한 적이 없다. 그런데 박석창은 왜 실재하지 않는 다섯 개의 섬을 울릉도 남쪽에 그려 넣었을까? 중앙정부에 보관되어 있던 지도 사본(혹은 원본)에는 울릉도 서남쪽과 동남쪽 사이에 다섯 개의 섬이 그려져 있었다. 박석창이 1711년에 그 지도를 가지고 갔다면 이를 그대로 그려 넣었을 것이다. 박석창의 입장에서는 조사 후 보고를 해야 하는데 기존의 지도에 있던 정보를 무시하면서까지 목격한 그대로 상급자에게 보고할 자신은 없었을 것이다. 그런데 정작 자신은 동북쪽에 있는 다섯 개의 섬을 목격했다. 그렇다면 이 또한 무시할 수 없었을 것이다. 그 결과 두 가지 정보를 섞어 동북쪽과 동남쪽의 섬을 모두 그려 넣은 것으로 보인다. 그의「울릉도 도형」에 울릉도 동남쪽과 동북쪽에 여러 개의 섬이 보이는 것은 이 때문이다.

지도책은 보통 전국 8도를 그린 도별 지도 한 장과 소속 고을을 그린 그림식 지도로 구성된다. 그림식 지도는 낱장 지도가 아니라 지도책 형태이다. 이 계통의 지도책으로는『해동지도海東地圖』8첩,『지승地乘』6책,『여지도輿地圖』6책,『대한지도』6책,『팔도여지도』5책 등이 있고 이 외에도 매우 많다.

울릉도는 강원도 고을지도 속에 포함되는데, 지도책에 따라 차이는 있지만 몇 가지 공통점을 지닌다. 이기봉에 따르면 첫째, 울릉도 본도本島를 큰 원으로 그렸고 그 동쪽에 '소위 우산도'라고 쓴 섬 하나가 있다. 그리고 울릉도 남쪽에는 이름이 없는 다섯 개의 부속섬이 그려져 있다. 둘째, 울릉도 본도에는 중봉中峯에서 사방 해안가까지의 거리가 적혀 있고 하천의 흐름이 그려져 있다. 셋째, 울릉도 본도의 해안가 곳곳에 사람이 살던 터, 돌무덤 개수, 대나무밭, 널이나 돌에 새긴 표식, 거주지 등이 표시되어 있다. 넷째, 왜선창倭船倉·주토굴朱土窟·공암孔巖 등이 적혀 있다. 다섯째, 바다에 있는 공암이 육지에 잘못 그려져 있다.

그런데 남쪽에 그려진 다섯 개의 섬은 이전 지도에서는 보인 적이 없었으므로 베끼다가 잘못 그렸다고 보기는 어렵다. 박석창은 울릉도를 실제로 조사했으면서도, 왜 남쪽에 실재하지 않는 다섯 개의 섬을 그렸을까? 이기봉은 그 실마리를 이전 지도에서 찾았다. 서울대학교 규장각한국학연구원 소장『해동지도』(8첩)에는 「대동총도大東摠圖」(제작자 미상, 18세기 중반 추정)라는 전도가 수록되어 있다. 여기에는 우산도가 울릉도 서쪽에 그려져 있고 그 밑에 '왜선창가거倭船倉可居'라고 적혀 있다. 왜선창은 울릉도 북쪽 천부리를 가리키므로 우산도는 동쪽에 있어야 했다. 박석창은 이를 바른 위치에 그려 넣었다. 이는 그가 실제로 우산도의 위치를 조사했음을 방증한다.

「대동총도」 제작자가 울릉도를 그릴 때 참조한 지도에 울릉도 동쪽 방향에 '소위 우산도'가 그려져 있었지만, 이전 지도에서는 대부분 울릉도 서쪽에 우산도가 그려져 있었으므로 '소위 우산도'를 '우산도'로 바꾸고 위치도 서쪽으로 옮긴 것이 아닌가 하고 이기봉은 추정했다. 한편「대동총도」에는 울릉도 서북쪽과 동쪽

에 걸쳐 다섯 개의 섬이 그려져 있다. 이 또한「대동총도」제작자
가 참조한 지도에 이 섬들이 그려져 있었음을 의미한다.

실제로 울릉도 북쪽에는 공암·삼선암·관음도·촉대암이 있
다.「대동총도」에 그려진 섬들은 크기에는 차이가 있지만 방향은
실제와 거의 비슷하다. 그런데 이 섬들을 울릉도 본도를 중심으로
180° 회전시키면 기이하게도 본도 남쪽으로 다섯 개의 섬이 그려
지고 우산도는 울릉도 동쪽으로 이동하게 된다. 이때의 '우산도'
를 '소위 우산도'로만 바꾼다면, 울릉도와 부속도서의 전체적인 구
도가『해동지도』계통의 그림식 지도와 정확히 일치한다. 그렇게
볼 경우 울릉도 남쪽에 그려진 다섯 개의 섬은 허구의 섬이 아니
라 실재하는 섬이 된다. 이기봉은 이렇게 된 이유가 조선 전기 계
통의 정보에 실제로 목격한 정보가 혼합되었기 때문이라고 보았다.

그렇다면 왜 이 섬들이 울릉도 본도를 중심으로 180도 회전
된 상태로 그려졌을까? 이 역시 이기봉의 추론을 따르자면, 1694
년과 1711년 사이에 실제로 울릉도에 가보지 않은 누군가가 장한
상의 보고서에 맞추기 위해 중앙정부에서 보관하고 있던 울릉도
지도에서 울릉도를 중심으로 180도 회전시켜 우산도를 동쪽으로
배치하고는 이름을 '소위 우산도'라고 바꾸었기 때문이라는 것이
다. 그리고 이 지도가 중앙정부가 신뢰하는 지도가 되었고, 박석
창은 이런 류의 지도를 가지고 가서 조사했다. 그런데 실제로 가
서 보니 울릉도 서남쪽과 동남쪽에는 섬이 없었다. 그러나 그는
중앙정부가 신뢰하는 사실을 부정할 수 없어 그대로 두는 한편, 자
신이 목격한 울릉도 북쪽과 동북쪽에 있는 바위섬 다섯 개를 추가

하여 그려 넣었다. 이렇게 본다면, 박석창의 지도에 울릉도 동북쪽뿐만 아니라 남쪽에도 섬이 그려지게 된 배경을 이해할 수 있지만, 이 부분은 더 고증이 필요하다.

고지도에서 우산도의 위치가 바로잡히게 된 배경은?

정상기 이전의 그림식 지도책에는 '소위 우산도'로 되어 있었지만, 정상기의 『동국지도』 계통의 지도에는 '우산도'로 되어 있다. 또한 이전의 그림식 지도책에는 울릉도 서남쪽과 동남쪽 사이에 다섯 개의 부속섬이 그려져 있었지만, 정상기는 이를 그리지 않았다. 이는 정상기가 그림식 지도책을 참조했지만 그대로 따르지 않았음을 의미한다. 정상기는 왜 이전 지도를 따르지 않았을까? 그 배경에는 안용복의 행적이 있다.

정상기 이전 시대에 안용복은 우산도를 목격하고 실제로 가본 사람이다. 또한 1696년 두 번째로 일본에 건너갔을 때 울릉도에서 우산도를 거쳐 일본의 오키섬으로 들어갔으므로 우산도가 울릉도 동쪽에 있다는 사실을 알았다. 이런 안용복의 행적은 『숙종실록』 등 문헌에 기록되어 있다. 정상기는 실록을 열람할 수 없었으므로 그가 접한 것은 문인들의 기록이다. 문인 가운데 안용복의 행적을 가장 먼저 자세히 기록한 자는 이익이다. 이익의 아들 이맹휴는 예조에 근무하면서 정부 문서를 접할 수 있었고, 이익은 아들 이맹휴가 획득한 정보를 이용할 수 있었다. 이익은 「울릉도」에서 다음과 같이 기술했다.

안용복이 "마쓰시마松島도 본래 우리 우산도芋山島이다"라고 하고는 다음 날 우산도로 갔다. 안용복은 도망가는 일본인들을 뒤쫓아 가서 도岐島(오키도)로 갔다가 호키주에 이르렀다.

이 내용은 『숙종실록』에도 보인다. 실록에는 자산도子山島로 되어 있지만, 「울릉도」에는 우산도芋山島로 되어 있다. 정상기는 이익과 36년간 교우관계를 맺었으므로, 이익에게서 많은 정보를 습득했을 것이다. 이익은 우산도가 일본이 말하는 마쓰시마에 해당한다는 사실을 인지하고 있었고, 정상기도 이 정보를 접했을 것이다. 정상기는 이에 근거하여 이전 지도에서 우산도가 울릉도 서쪽에 그려져 있던 오류를 바로잡을 수 있었다. 다만 안용복도 우산도의 크기나 위치, 울릉도와의 거리 관계에 대해서는 말한 바가 없다. 이 때문인지 이익은 울릉도가 육지에서 700~800리 떨어져 있다고만 기술했다.

정상기의 지도는 이후 필사되는 과정에서 지면의 문제 때문에 우산도의 위치가 북동쪽에 그려지거나 글자만 기록되었고 어떤 경우는 아예 섬 자체가 없어지기도 했다. 또한 정상기 지도를 축소하여 필사하는 과정에서 섬의 크기와 위치가 바뀌기도 했다. 그럼에도 그의 지도는 조선 후기 가장 많이 사용된 지도였다. 정상기의 지도는 이전 지도에 비해 정확성이 뛰어났으므로 국가도 그의 지도를 필사하거나 축소하여 이용했다. 그러나 정상기는 민간인이므로 그의 지도에 나타난 인식을 국가의 공식 견해라 할 수는 없다.

정상기의 지도는 아들인 정항령과 손자, 증손자에 의해 점차 수정 보완되었는데, 이 계통의 지도를 일러 '정상기의『동국지도』수정본 계통'이라고 한다. 영조는 정상기의 지도 계통인「동국대지도」를 보고 감탄하여 홍문관에 한 부 모사해두고 이용하도록 했다. 또한 영조는『동국문헌비고東國文獻備考』편찬사업을 명하면서 1769년 12월 신경준에게「여지고」부분을 담당하게 했다.『동국문헌비고』편찬과 지도 제작을 동시에 하게 된 신경준은 이듬해인 1770년 8월, 영조에게 고을지도책列邑圖 8권, 도별 지도八道圖 1권, 조선전도全國圖 1개를 바쳤다. 신경준이 제작한 전도는 발견되지 않았지만, 도별 지도는 현재 남아 있다. 신경준은 정상기 – 정항령의 지도 계통을 참조하여 제작했음을 밝혔는데, 영조의 명으로 펴냈으니 그의 지도는 국가의 공식적인 견해가 반영된 지도라고 할 수 있다.

신경준 지도의
우산도는 독도인가?

신경준은 지도 제작뿐만 아니라『동국문헌비고』편찬에도 참여했다. 왕명으로 진행된 편찬사업이었기 때문에 필요한 자료를 모두 국가에서 지원받았고, 그래서『신증동국여지승람』은 물론 그림식 지도책(1720), 1리 눈금선식 고을지도책(1750년경),『여지도서輿地圖書』(1757~1765)를 모두 활용할 수 있었다.

그의 울릉도 지도는 강원도 소속 26개의 고을지도와 함께 강원도 지도책에 들어가 있는데, 울릉도가 동서로 긴 타원형으로 그려져 있고, 그 남쪽에는 무명의 섬 다섯 개가, 동쪽에는 우산干山이 그려져 있다. 이전의 관찬 지도책에는 '소위 우산도'로 되어 있었고 그것이 울릉도 본도에 가깝게 그려져 있었다. 그러나 신경준은 이 '소위 우산도'를 '우산'이라 적고 울릉도에서 약 40리 떨어진 곳에, 즉 상당히 먼 곳에 그렸다. 이전의 그림식 지도책(1720)의 내용을 그대로 따르지 않은 것이다. 그렇다고 정상기의 지도 계통을 그대로 따랐다고 보기도 어렵다. 우산도의 모양과 울릉도와의 거리가 정상기의 지도와도 다르기 때문이다.

신경준은 고을지도책을 제작할 때 이용자가 거리를 파악할 수 있도록 20리 간격으로 눈금선을 그었다. 우산도와 울릉도 사이의 거리는 대략 2칸, 즉 40리로 그렸다. 이 거리를 주척周尺으로 환산하면 대략 8.3km가 된다. 우산도를 독도라고 본다면 이 거리는 울릉도 사이의 실제 거리와는 상당한 차이가 있다. 또한 신경준은 그림식 지도책에서 공암이 육지에 잘못 그려져 있던 오류 및 울릉도 남쪽에 다섯 개 섬이 그려져 있던 사실을 그대로 답습했다. 그런데도 그의 지도에 보인 우산도를 과연 독도로 볼 수 있는가? 이 문제는 그의 우산도 인식과 관련해서 풀어야 한다.

『동국문헌비고』의 「여지고」는 그의 사찬 『강계고強界考』를 바탕으로 해서 작성되었다. 그는 『동국문헌비고』에서 우산도와 울릉도의 역사적 유래를 기술할 때, 성종 2년에 보인 삼봉도 기사를 인용하면서 자신의 견해를 분주 형식으로 삽입했다. 그 내용은 "『여지지輿地志』에서 '울릉과 우산은 모두 우산국 땅인데, 우산은 일본이 말하는 松島이다'라고 했다輿地志云 鬱陵于山皆于山國地 于山則倭所謂 松島也"라는 것이다. 여기서 『여지지』가 어떤 것이며 인용문이 어디까지인지에 대해서는 학자들 사이에 이견이 있지만, 분명한 것은 그가 우산도를 일본의 마쓰시마松島에 해당시켰다는 사실이다. 당시 일본이 울릉도를 다케시마로, 독도를 마쓰시마로 불렀음은 분명한 사실이므로 그가 우산도를 일본의 마쓰시마에 해당시킨 한 우산도는 독도를 가리키는 것이 분명하다.

그런데 왜 신경준은 지도에서 우산도를 울릉도에서 40리 떨어진 섬으로 그렸을까? 이기봉에 따르면, 두 섬 사이의 거리를 정확히 알지 못하고 있던 신경준이 안용복의 말로 미루어 우산도가 울릉도에서 가까운 섬은 아니라고 판단하여 이를 형상화했기 때문이라는 것이다. 그런데 신경준의 지도 이후 『해동여지도』계통의 지도에는 우산도와 울릉도의 거리가 10리 정도로 가깝게 그려져 있다. 이에 대해 이기봉은 동일한 축척을 사용하기보다는 접어서 휴대하기 편리하도록 그려 넣었기 때문이라고 보았다. 그렇게 본다면 신경준의 지도 계통을 따른 이후 지도에 보인 우산도는 독도를 가리킨다. 신경준의 지도는 국가기관에서 필사하여 사용되다가 이용에 편리하도록 재편집한 『해동여지도』 계통의 지도가 나오면서 민간에서도 활발히 이용되었다.

「청구도」의 우산도는 독도인가?

김정호는 1834년 필사본 2책의 『청구도靑丘圖』를 내놓았다. 이후 이 지도책은 1849년까지 모두 세 번에 걸쳐 개정되었다. 김정호는 『청구도』를 편찬하기 전에 『신증동국여지승람』과 『해동여지도』 계통의 지도책을 보았지만, 거리와 방향 정보가 각각 달라 어떤 것을 따를 것인지 곤란해서 자신의 방침을 「청구도 범례」에 적었다. 그는 『해동여지도』가 인접한 고을끼리의 관계를 알기에는 불편하므로 이를 연결해주는 전도全圖가 필요하다고 생각했다. 이를 위해 고을마다 달랐던 눈금선을 같은 간격으로 그리되, 그럴 경우 전도의 크기가 너무 커지므로 같은 간격으로 잘라 묶어 책으로 만들었다. 이어 12개의 기호로 표시하여 한눈에 알아볼 수 있도록 했다.

『청구도』는 적어도 4개 유형의 지도가 있는 것으로 파악된다. 그러나 모두 김정호가 제작한 것인지, 아니면 필사 과정에서

달라진 것인지에 대해서는 학자들 사이에 이견이 있다. 또한 필사본도 9종이 남아 있어 확실히 김정호가 그린 것인지도 알 수 없는 것들이 있고, 「청구도 범례」가 없는 것도 있다. 이렇게 다양한 판본들을 비교해보면 우산도에 관한 김정호의 인식을 엿볼 수 있다. 우선 1834년의 『청구도』를 보면, 강원 감사 조최수의 말(1735)이 다음과 같이 인용되어 있다.

> 울릉도는 토지가 넓고 비옥해서 사람이 거주했던 터가 있습니다. 그 서쪽에는 또한 우산도가 있다고 합니다.

그런데 김정호가 인용한 조최수의 말은 사실은 行좌참찬 김취로의 말이었다. 『국조보감國朝寶鑑』에는 김취로의 말이라 실려 있었지만 이를 조최수의 말로 알고 잘못 인용한 것이다. 『영조실록』(1735.1.13)에 조최수와 김취로의 말이 인용되어 있지만 울릉도만 언급되어 있을 뿐 우산도에 대한 언급은 없다. 그렇다면 우산도는 누가 언급했는가? 『비변사등록備邊司謄錄』(1735.1.19)을 보면, 김취로가 숙종에게 수토제 실시의 배경을 설명하면서 발언한 내용이 있다.

> 들은 말에 따르면, 울릉도는 토지가 넓어 사람들이 살았던 터가 있고 사람들이 왕래한 흔적도 있다고 합니다. 그리고 그 서쪽에는 우산도于山島가 있는데 그곳도 매우 넓다고 합니다.

이로써『국조보감』의 내용이『비변사등록』에서 유래한 것임을 알 수 있다.『청구도』개정판에서, 김정호는 앞의 인용문을 다음과 같이 고쳤다.

그 서쪽에는 또한 우산도가 있고 (이 섬도) 광활하다고 했는데, 이른바 '서쪽'이라고 한 것은 이 지도에서 동쪽에 있는 것과는 서로 맞지 않는다.

김정호가 이렇게 고친 이유는 다른 지도와 비교해보니 거기에는 우산도가 울릉도 동쪽에 있었기 때문이다. 다른 지도란『해동여지도』계통의 지도를 말한다. 세 번째 개정판에 오면, 위 인용문은 또 다시 다음과 같이 고쳐졌다.

울릉도는 땅이 넓고 비옥해서 사람이 거주했던 터가 있습니다. 그 동쪽에는 또한 우산도가 있는데 이 섬도 광활합니다.

세 번째 개정판에서는 우산도가 동쪽에 있는 섬으로 바뀌어 있다. 그렇다면 김정호가 우산도를 울릉도 동쪽에 있는 섬으로 결론 내렸다는 뜻일까? 그렇게 보기는 어렵다. 그가 펴낸 1820~1830년대의『동여도지東輿圖志』, 1850년대의『여도비지輿圖備志』, 1860년대의『대동지지大東地志』등의 지리지에는 다시 우산도가 울릉도 서쪽에 있다는, 다음과 같은 내용이 보이기 때문이다.

울릉도는 땅이 넓고 비옥해서 사람이 거주했던 터가 있습니다. 그 서쪽에는 또한 우산도가 있는데 마찬가지로 광활합니다.

이렇듯 김정호는 우산도가 울릉도 서쪽에 있는지 동쪽에 있는지를 단정하지 못하고 있었다. 이런 혼란은 『청구도』 편찬 당시부터 지리지를 마무리할 때까지 지속되었다. 『청구도』가 편찬되고 20여 년이 지난 뒤 『동여도』와 『대동여지도』가 제작되었다. 필사본 『동여도』는 『대동여지도』의 모본이며, 『대동여지도』는 필사본과 목판본이 있다.

「대동여지도」에서 우산도는 어떻게 그려져 있는가?

『대동여지도』에는 우산도가 그려져 있기도 하고 없기도 하다. 이 때문에 논란이 있다. 김정호는 『대동여지도』에서 우산도의 위치를 어떻게 묘사했을까?

김정호는 1840년대까지는 『청구도』 4종을, 1850년대부터는 분첩 형식의 『대동여지도』 4종을 편찬했다. 분첩 형식이라고는 해도 목판본 22첩과 필사본 14·18·22첩 등으로 다양하다. 게다가 필사본 23첩의 『동여도東輿圖』(『대동여지도』의 줄임말)도 있다. 목판본은 편의상 1861년(신유본)의 것을 초간본, 1864년(갑자본)의 것을 재간본으로 칭하기로 한다. 이 목판본과 필사본은 국내외에 많이 소장되어 있다.

우선 목판본 『대동여지도』를 보면, 우산도가 그려져 있지 않다. 이를 두고 목판에 여유 공간이 없어 독도의 판각을 생략했기 때문이라는 견해도 있다. 그러나 이 문제는 『대동여지도』에 기입된 주기注記의 변화와 연관해 판단해야 한다. 주기의 변화로 추정해보면, 김정호가 우산도를 확신했다고 보기는 어렵다. 목판본에 우산도가 그려지지 않은 이유도 이와 관련이 있을 듯하다.

필사본 『대동여지도』(14·18첩)는 울릉도 동쪽에 부속섬을 그렸지만 '우산도'라고 기재하지는 않았다. 필사본 『동여도』에는 울릉도 동쪽에 부속섬이 아예 그려져 있지 않다. 한편 2011년에 소개된, 필사본 22첩의 『대동여지도』에는 울릉도 동쪽에 섬이 하나 그려져 있고, 그 위에 '于山'이라고 쓰여 있다. 그리고 거기에는 다음과 같은 내용이 적혀 있다.

영종 11년(1735) 강원 감사 조최수가 아뢰기를, "울릉도鬱陵島는 땅이 넓고 비옥해서 사람이 살았던 터가 있고, 그 서쪽에는 또한 우산도가 있는데 마찬가지로 광활합니다"라고 했다. 그러나 (그가) 우산도가 울릉도 서쪽에 있다고 한 내용이 이 지도에서는 울릉도 동쪽에 있어 서로 맞지 않는다.

위 내용은 『청구도』 개정판에 적혀 있던 것이기도 하다. 이는 김정호가 여전히 『해동여지도』 계통의 지도와 『국조보감』의 우산도 정보 중 어느 것이 옳은지를 단정하지 못하고 있었음을 보여준다. 『대동여지도』는 목판본인가 필사본인가에 따라 우산도가 있기도 하고 없기도 하다. 그러나 필사본이 반드시 목판본을 저본으로 해서 만들어지는 것은 아니므로 필사본에 우산도가 있다고 해서 이를 김정호가 우산도를 인식했다는 근거로 삼기는 어렵다. 결론적으로 김정호가 우산도를 어떻게 인식하고 있었는지를 단정하기는 어렵다. 다만 한 가지 분명한 사실은 그가 지도에서 우산도를 어떻게 처리했든 그것은 개인의 의견일 뿐, 국가의 공식 견해가 아니라는 점이다.

우산도를 바르게 그린
조선 후기 지도로는 어떤 것이 있는가?

정상기의 지도를 계승한 지도로 18세기 말에 제작된 「아국총도」가 있다. 작자는 알려지지 않았지만, 이 지도는 정조 연간에 간행된 지도첩 『여지도』에 수록되어 있다. 팔도 군현을 각기 다른 색채로 구분했으며, 우산도를 울릉도 동쪽에 울릉도보다 작게 그렸다.

19세 중기(1857년 이후)에 작성된 「해좌전도海左全圖」 역시 정상기의 『동국지도』를 계승했다. 정상기의 『동국지도』 중 「조선전도」를 축소하여 약 1미터 크기로 제작한 것이다. 「해좌전도」는 목판본인데 세 개의 판본이 발견되었다. 지도의 윤곽과 내용이 정상기의 『동국지도』와 유사하여 산계와 하계河界, 교통로 등이 동일한 방식으로 그려져 있다. 울릉도와 우산도도 정확하게 표시하여 우산도를 울릉도 동쪽에 작게 그렸다. 울릉도 옆에는 간단한 내용이 기재되어 있다. 두 지도 계통의 필사본은 매우 많이 남아 있다.

대한제국 시대의 우산도 인식은 어떠했는가?

고문헌에서 우산도는 대체로 독도를 가리키고 고지도에서의 우산도도 조선 후기에 오면, 독도에 비정할 수 있을 정도로 대부분 바르게 위치한다. 그런데 대한제국 시대의 지도를 보면 경위선을 표시했음에도 우산도를 독도로 보기 어려운 경우가 있다.

1899년 12월 대한제국 학부學部(교육부)는 지리교과서 『대한지지』에 첨부하기 위해 「대한전도大韓全圖」를 발행했다. 이 전도는 우리나라 최초로 북위 33~43도와 동경 122~131도의 범위 안에 경위선을 나타낸 지도이다. 이때의 경위선은 근대적인 경위선 개념에 의한 것이지만, 경위선에 대한 이해 부족으로 잘못 표시되었다. 즉 「대한전도」는 일본을 통해 받아들인 서양 지도학의 기법을 사용했지만 지도의 윤곽·도로망·지명 등은 전통지도를 계승하고 있었다. 이 지도는 측량 성과를 반영하여 그린 지역이 많지만 아직 측량이 이루어지지 못한 곳은 전통시대의 정보를 섞어 만들었다. 일본 자료에 근거한 내용도 많으며 위치 오류도 보인다. 이를테면 강릉은 북위 38도선 이북에 들어가 있다. 이 지도에서 울릉도와 부속도서의 모습은 측량 성과가 반영되지 않은 모습으로 보인다. 울릉도 남쪽에 작은 4개의 부속도서가 있고, 동북쪽에 간산干山이라는 이름의 섬이 하나 더 있다. 于山우산을 干山간산으로 잘못 옮긴 것이다.

1900년에도 대한제국 학부는 교육용으로 「대한여지도大韓輿地圖」를 제작했다. 이 지도에도 조선의 전통적인 지도제작 방식에 일본을 통해 도입된 서양 지도학의 기법이 가미되어 있다. 여기에는 '우산'이 울릉도 오른쪽 가까이에 그려져 있다. 우산도를 울릉도 동쪽에 배치한 점은 정상기의 『동국지도』 계열을 따른 것이다. 1908년 일본 유학 중이던 현공렴은 아오키 쓰네사부로靑木恒三郎가 1906년에 만든 「한국대지도韓國大地圖」를 개편하여 동판본「대한제국지도大韓帝國地圖」를 만들었다. 이 지도에는 우산도가 없는 대신 연안 쪽에 竹島가 표기되어 있는데, 이는 댓섬(죽도)을 가리킨다. 이렇듯 메이지明治 시대의 우산도 인식은 전통적인 지리 정보에 일본에서 유입된 정보가 섞여 있어 분명하지 않다.

일본 고지도에 보인 다케시마와 마쓰시마는 울릉도와 독도를 가리키는가?

일본 고지도 가운데는 대체로 조선 가까이에 다케시마竹島를, 그리고 그 동쪽에 마쓰시마松島를 그린 지도가 많지만, 모든 지도가 그렇지는 않다. 현대송에 따르면, 16세기 초부터 1905년 편입 이전까지 대략 211종의 고지도가 있는데, 이 중에서 울릉도를 다케시마, 독도를 마쓰시마로 표기한 지도가 80종으로 가장 많았다. 그중에서도 독도의 소속을 일본 영토로 표시한 지도가 31종, 한국 영토로 표시한 지도가 20종이다. 나머지 29종은 소속을 판단하기가 모호하다. 우산도를 표기한 지도도 있지만 이런 지도의 70% 가까이는 우산도가 울릉도 서쪽과 북서쪽에 위치해 있다. 초기 일본 고지도에서 우산도가 울릉도 서쪽에 그려진 것은 조선 지도에 근거해서 그려졌기 때문이다. 이후 1696년 1월 막부의 '다케시마 도해금지령'과 관련된 지도에 와서야 울릉도와 우산도의 위치가 바르게 그려졌다.

다케시마와 마쓰시마를 기재한 최초의 지도는 구키 요시타카九鬼嘉隆 등이 작성한 『조선국 지리도朝鮮国地理圖』의 부도「팔도총도」(1592)이다. 독도를 마쓰시마로 명기한 최초의 일본 전도는「일본여지노정전도」(1775)인데, 이 지도는 1779년에「개정 일본여지로정전도」로 간행되었다. 일본에서 처음으로 경위도선이 들어간 지도지만 실제로 측량하여 제작한 것은 아니다. 야마지 유키타카山路 諧孝의「중정만국전도重訂萬國全圖」(1855)는 울릉도를 '다즐레'로 표기했지만, 1880년대와 1890년대 지도에는 '마쓰시마' 표기가 가장 많았다. 1900년대에 와서는 지도에서도 '鬱陵島 [松島]'처럼, 울릉도와 마쓰시마를 병기하는 형식이 대세를 이루었다.

한편 1870년대 이후에는 독도를 다케시마로 표기한 일본 고지도가 급격히 늘어났다. 이후 1890년대 무렵에는 독도를 가리키는 호칭으로서 다케시마라는 명칭이 마쓰시마라는 명칭보다 빈

번히 쓰이고 있었다. 1905년 2월 이전 일본에서 제작된 지도에서 독도 명칭이 우산도, 혹은 다케시마로 나타나되 울릉도 동쪽으로 그려진 지도는 현대송의 조사에 따르면, 우산도는 2종, 다케시마는 4종이 있다. 이렇듯 일본의 고지도 역시 근대 이전 지리적 지식의 부정확성과 모순을 근본적으로 가지고 있다. 그럼에도 지도에 나타난 명칭이나 채색 관계를 보면 두 섬을 한국 영토로 인식하고 있었음을 알 수 있다. 일본 학자는 1905년에 독도를 편입하기 전까지 독도가 다케시마로 불린 적이 없었다고 주장하지만, 여러 자료들에 울릉도를 마쓰시마에 비정하고 독도는 1890년대에 이미 다케시마로 칭하고 있었음이 드러나 있다.

서양 지도에는 독도가 이떻게 표기되어 있을까?

서양 지도를 보면 초기에는 한국이 반도가 아닌 섬의 형태로 그려졌고, 1667년 지도에서는 장형長型의 반도로 묘사되었다. 서양 선교사들이 중국에 왕래하기 시작하면서 서양 지도에도 조선을 나타내기 시작했는데, 이때는 대부분 중국 지도를 모사했다. 18세기 초반 프랑스 예수회 회원들은 청나라 강희제에게 중국 전토를 측량하여 지도를 만들 것을 건의했고, 그 결과 『황여전람도黃輿全覽圖』가 제작되었다. 원본은 현재 전해지지 않고 부본이 프랑스국립도서관에 소장되어 있다. 프랑스의 레지스Jean-Baptiste Regis 신부 등이 지도 제작에 참여했다.

『황여전람도』에 「조선전도」가 포함되어 있는데, 울릉도는 반릉도礬陵島로, 독도는 천산도千山島로 표기되어 울릉도 서쪽에 바로 붙어 있다. 프랑스 왕실 지리학자로서 지도에 관심이 많던 당빌은 『황여전람도』 부본을 기본으로 하여 중국과 조선 전도를 만들었다. 당빌은 「조선왕국전도Carte du Royaum de Coreé」에서 두 섬을 그리되 '판링타오Fan-ling-tao'와 '챤챤타오Tchian-chan-tao'로 표기했다. 판링타오는 礬陵島반릉도의, 챤챤타오는 千山島천산도의 중국식 발음이다. 礬陵島는 鬱陵島를, 千山島는 于山島를 잘못 옮겨 적은 것이다. 당빌은 1737년에 출판한 『신 중국지도첩Nouvel Atlas de la Chine』에도 「조선왕국전도」를 실었다. 이 지도는 이후 150여 년간 한국 지도의 전형이 되었고, '판링타오'와 '챤챤타오' 표기도 19세기 초까지 서양 지도에서 그대로 답습되었다.

라 페루즈의 항해 기록은 1797년 『라 페루즈의 세계탐험기, 1785~1788』로 발간되었는데, 부속 지도첩의 도면 45번에는 제주도와 울릉도의 실측 지도를, 46번에는 판링타오와 챤챤타오로 표기한 지도를 실었다. 자신이 발견하여 명명한 다즐레섬이 기존 지도에 보인 판링타오(울릉도)와 같은 섬이라는 사실을 인지하지 못했던 것이다.

1823년부터 나가사키 네덜란드 상관商館에서 의사로 근무하던 지볼트는 7년간의 체재 후 고국으로 돌아가 『일본Nippon』 (1832~1858)을 저술했다. 그 안에는 1840년에 작성한 「일본전도Karte von Japanischen Reiche」가 실려 있는데, "다카시마(아르고노트섬)

북위 37도 52분, 동경 129도 30분(브로톤), 마쓰시마(다즐레섬) 북위 37도 52분, 동경 129도 30분(라 페루즈)"이라고 적혀 있다. 지볼트는 일본 지도에서 조선 쪽에 다케시마(울릉도), 일본 쪽에 마쓰시마(독도)가 있다는 사실을 알고 있었기 때문에 이를 서양 지도상에 보이던 '아르고노트'에 대입시킨 것이다. 그러나 1850년대에 아르고노트섬이 그 좌표에 존재하지 않는다는 사실이 확인되자, 이후 서양의 해도와 지도에서 아르고노트 표기가 사라졌다.

한편 라 페루즈가 울릉도를 다즐레섬이라 명명한 것이 반영되어 서양 지도에서는 울릉도가 마쓰시마 또는 다즐레섬으로 표기되었다. 지볼트의 잘못된 표기는 다시 거꾸로 일본에 전해졌고, 그 결과 일본은 과거 다케시마竹島라고 부르던 울릉도를 마쓰시마松島 혹은 다즐레섬으로 부르게 되었다. 과거 독도 호칭으로 사용되던 마쓰시마가 울릉도 호칭으로 변전한 것이다.

고지도의 기준과 관찬 지도

일본에서 고지도는 1868년 메이지유신 이전에 작성된 지도
를 말하거나 삼각측량법에 따른 현대 지도가 제작되는 기점인
1876년 이전의 지도를 말한다. 1905년까지 제작된 지도를 고
지도로 간주하는 학자도 있다. 한국에서는 고지도에 대한 명확
한 정의를 찾아보기가 힘들다. 1876년 개국을 근대의 기준으로
삼고 있고 고서의 기준을 1910년에 두고 있음에 비춰볼 때, 고
지도 역시 대한제국 시기(1897~1910)를 기준으로 삼을 수 있
지 않을까 한다.

관찬 지도란 국가 기관이 주도하여 편찬한 지도를 뜻하지만,
국제법에서 관찬 지도는 공인 지도를 말한다. 국제재판에서 공
인 지도는 지도를 제작한 당사국을 구속하지만, 비공인 지도가
증거력을 인정받기도 한다. 일본에서 발행된 모든 고지도는 관
허官許지만, 공식적으로 지도 편찬을 담당한 부서 혹은 정부의
공적 성격이 강한 곳이 발행한 지도를 모두 관찬 지도(관제 지
도 포함)의 범주에 넣기도 한다. 박병섭은 1905년 이전 일본의
관제 지도에 독도가 기재되어 있지 않거나, 기재되어 있더라도
일본령이 아닌 것으로 인식되어 있다고 보았다.

한국에서 관찬 지도란 국가가 펴낸 지리지에 부속된 지도와 국
가가 주도하여 편찬한 지도를 모두 가리킨다. 개인이 제작한
지도라 하더라도 국가에서 권한을 위임받아 제작한 지도라면

관찬 지도에 속한다. 영조의 명을 받아 신경준이 제작한 지도
(1770)가 이에 해당한다. 정상기가 제작한 『동국지도』계통은
관찬 지도로 보기 어렵다.

고지도 속 채색과 영유권의 관계

고지도를 보면, 영토마다 채색되거나 채색되지 않은 부분이 있
다. 채색의 공통성이 특정 국가의 영역과 동일한 경우가 많은
데, 일각에서는 그러한 구분이 가능하다면 이를 국가 영유권과
결부할 수 있다는 주장이 있다. 이를테면 나가쿠보 세키스이<sup>長
久保赤水</sup>이「일본여지로정전도」(1775)에는 일본 본토와 부속 영
토가 모두 채색되어 있지만, 조선반도와 나케시니(으로□)와
마쓰시마(독도)는 채색되어 있지 않다. 또한 1836년 이마즈야
하치에몬^{今津屋八右衛門}이 울릉도에 도해했다가 발각된 적이 있는
데, 이때 심문하던 관리가 작성한 그림지도「다케시마방각도<sup>竹
嶌方角圖</sup>」에서도 다케시마와 마쓰시마가 조선과 같은 색으로 되
어 있다. 이 사건을 최종 판결한 막부가 보고서를 작성할 때
첨부한 지도 역시 마찬가지다. 그렇다면 지도의 채색 여부를
영유권과 결부할 수 있을까?

나가쿠보 세키스이의 지도를 보면, 다케시마와 마쓰시마뿐만
아니라 옹고시마^{御弓島}(현재의 오키), 하치죠지마^{八丈島}, 에조치^蝦

夷地 등도 무채색이다. 반대로 다케시마와 마쓰시마 두 섬이 채색된 경우도 있다. 목판본이므로 인쇄할 때 넣은 색깔에 따라 색이 달라지거나 아예 색을 넣지 않은 경우도 있기 때문이다. 또한 19세기 일본도에는 다케시마와 마쓰시마가 일본 본토와 같은 색인 경우도 있다. 그러므로 채색 여부가 영유권과 직결된다고 하기는 어렵다. 각 지도별로 맥락을 보고 종합적으로 판단해야 할 것이다. 다만 우리가 관심을 두는 것은 일본의 다른 섬이 아니라 다케시마와 마쓰시마라는 두 섬이다. 일본 지도에서 두 섬은 늘 함께 기재되어 있음은 물론, 한 묶음처럼 표현되어 있다. 두 섬 가운데 한쪽만이 채색되거나 두 섬이 서로 다른 색인 사례는 하나도 없다. 이는 일본에서 두 섬이 늘 일괄 취급되는 존재였음을 의미한다. 게다가 두 섬이 조선과 같은 색으로 채색되어 있다는 것은, 두 섬을 조선 영토로 인식하고 있었다는 뜻이다. 그러므로 채색 여부가 영유권과 직결된다고 하기는 어려우나, 적어도 영유의식을 보여주는 것임은 분명하다.

조선 최초의 신부 김대건이 그린 「조선전도」

프랑스인들은 주로 중국 지도를 통해 조선의 지리 정보를 얻었지만, 조선인을 통해서도 정보를 얻었다. 주로 천주교도들이다. 프랑스국립도서관에는 1846년 김대건 신부가 그린 지도에 근거하여 그렸다는 「조선전도」가 소장되어 있다. 지도에는

"Carte de la Corée - D'après l'original envoyé par André Kim en 1846"(Ge 10622)라고 쓰여 있는데, 이를 번역하면 "1846년 앙드레 김이 보낸 원본에 의거한 조선지도"이다. 이는 김대건의 친필 지도가 아니라는 뜻이다.

프랑스 선교사 달레는 1845년 김대건이 한성부의 서고에 보관되어 있는 공식 지도를 보고 지도 한 장을 손수 그렸다고 했다. 달레의 책을 번역한 최석우 신부는 김대건의 지도가 1855년 프랑스로 건너가 파리국립도서관 지도부에 보관되어 있다는 사실을 1978년에 확인했다. 최석우가 프랑스국립도서관에서 찾아낸 지도에 대한 색인카드에는 "Carte de la Corée, dressée par André KIM en 1846 apportee en Europe par M. de Montigny"(Ge 10622)라고 적혀 있었다. 이를 번역하면, "몽티니가 유럽으로 가져온, 1846년 앙드레 김이 그린 조선지도"로, 곧 이 지도가 김대건의 친필 지도였다. 최석우는 지도를 촬영하여 축소·간행하면서 표제를 「조선신도」라고 붙였다. 간행된 지도 아래에는 "Carte de la Corée - D'après l'original envoyé par André Kim en 1846"라고 적혀 있다. 최석우가 간행하기 전의 원래 지도에는 8도를 비롯한 대부분의 지명이 로마자로만 표기되어 있었는데, 최석우가 간행할 때는 한자 표기를 추가했다. 최석우는 김대건이 마카오의 리보아(리브와) 신부에게 보낸 편지(1845년 4월 7일자)에서 조선지도를 보낸다고 쓴 사실을 근거로 삼아 지도의 작성 연대를 1845년으로 보았다. 그러니 프랑스국립도서관 색인카드에 1846년으로 기록된 것은 지도를 인수한 사람(몽티니)이 제작 연대를 잘못 계산했기 때문이라는 것이다. 최석우가 확인한 색인대로라면 베이징 주재 프랑스영사 몽티니가 가져온 지도는 김대건의 친필지도지만, 이진명이 소개한 지도에는 "1846년 앙드레 김이 보낸 원본에 의거한 조선지도"라고 쓰여 있다. 이진명은 지도의 작성연대를 1846년이라고 본 것이다.

그렇다면 김대건의 지도는 친필지도인가, 모사지도인가? 김대건은 언제 지도를 작성했는가? 현재 전해지고 있는 지도 판본도 여러 가지여서 궁금증을 불러일으킨다. 『한국 교회사의 탐구』와 『한국 천주교회사』에 따르면, 김대건은 1845년 1월 중순부터 서울에서 체재히ᄂᆞᆫ 동안 선교사들이 해로로 입국할 때 활용하도록 조선전도를 작성하여 다른 물품과 함께 리보아 신부에게 전하도록 중국으로 보냈다. 1845년 4월 7일자 김대건의 서한이 그 근거다. 김대건이 보낸 지도는 1846년 초 만주에 대기 중이던 선교사들에게 밀사를 통해 전달될 계획이었으나 선교사 2명이 체포되는 바람에 실행되지 못했다. 선교사들은 다시 1846년 겨울이 되어서야 의주 변문邊門으로 올 수 있었다. 이때 지도와 편지들이 전해져 상하이의 리보아 신부에게 전달되었다. 선교사들은 1847년 상하이 총영사로 있던 몽티니에게 조선 입국에 대한 도움을 요청했고 이해 1월 몽티니가 지도를 전달받았다. 몽티니는 선교사들이 1846년 변문에서 지도를 인수받았다고 알고 있었으므로 작성 연대를 1846년으로 추측했다는 것이 최석우의 추론이다. 몽티니는 1847년 1월에 중국 상하이 총영사로 있다가 1853년에 귀국했으므로 그의 행적에 비춰볼 때 이런 추론은 크게 틀리지 않는다.

김대건은 1846년에도 지도를 중국인에게 전달한 적이 있다. 그런데 김대건이 5월에 체포된 후 8월에 감옥에서 쓴 편지에 따르면, 그는 조선지도 2장과 편지를 중국 배편으로 리보아 신부에게 전달하게 했다. 그러나 이 편지들은 조선 정부가 중국인에게서 찾아내서 몰수했기 때문에 1846년의 지도는 중국으로 전해지지 않았다. 이런 정황이라면 1847년에 상하이에서 몽티니가 입수한 지도는 김대건의 친필지도일 것이다. 그런데 이진명에 따르면, 프랑스에 소장된 지도의 재질은 한지가 아닌 서양 종이 재질이며, 지도에 "Carte de la Corée – D'après l'original envoyé par André Kim en 1846"라고 쓰여 있으므로 김대건의 원본을 모사한 지도라고 한다. 최석우가 소개한 지도부 색인의 번호는 'Ge 10622'인데, 이진명이 소개한 지도부 색인 번호도 같다. 그렇다면 같은 지도를 두고 두 사람의 실링이 다른 거이다. 한편 『한국 천주교회사』(2010)에 실린 지도에는 "Carte de la Corée – D'après l'original envoyé par André Kim en 1846(1846년 앙드레 김이 보낸 원본에 의거한 조선지도)"라고 쓰여 있어 모사지도임을 나타내고 있고 본문에서는 지도의 작성 연도를 1845년으로 기술했다. 이렇듯 지도의 설명과 본문의 내용이 일치하지 않는 부분이 있으므로 좀 더 고증이 필요하다.

김대건의 지도를 보면 동해에 두 섬이 그려져 있고 육지에 가까운 쪽에 'Oulangto', 그 오른쪽에 'Ousan'으로 로마자로 표기되어 있다. 이 때문에 서양에서 제작된 조선전도가 우산, 즉 독도를 울릉도 오른쪽에 나타낸 최초의 지도로 평가되고 있다.

패전 후 일본 지도의 독도 표기

일본은 대일평화조약 체결을 전후하여 지도를 작성했는데, 패전 후 일본이 작성한 영토 관련 지도는 두 가지가 있다. 하나는 대일평화조약이 발효하기 전에 작성한「일본 영역 참고도日本領域参考圖」이고, 다른 하나는 발효한 뒤 간행된 해설서『대일평화조약』에 첨부한「일본 영역도日本領域圖」이다.

「일본 영역 참고도」는 1951년 10월 20일, 일본 외무성이 평화조약 체결에 대한 승인을 구하기 위해 중의원 특별위원회에『일본국과의 평화조약 ·설명서』를 제출할 때 함께 배포한 지도로 해상보안청 수로부가 1951년 8월에 작성한 것이다. 지도에는 '어선 조업 허가구역'이 단선으로 표시되어 있고, 주변 섬들 근처에 일본 영역이 짧은 곡선으로 표시되어 있다. '竹島[Take Shima]'와 남서쪽 '구치노시마ロ之島' 등이 일본 영역 바깥에 그려져 있다. 따라서 학계에서는 이 지도를 근거로 일본 정부가 강화조약에서 독도를 한국 땅으로 인정했다고 주장하기도 하는데, 이는 잘못된 이해이다. 이 지도는 강화조약이 발효하기 이전의 일본 영역을 표시한 것이기 때문이다. 더구나 이 지도는 중의원에 첨부자료로 제출되었지만 문제가 되어 바로 회수되었으므로 참의원에는 제출되지 않았다.

「일본 영역도」는 1952년 5월 일본 마이니치신문사가 간행한『대일평화조약』에 첨부된 지도이다. 이 지도에는 독도와 구치노시마가 일본 영역 바깥에 그려져 있다. 이는 SCAPIN - 677에 따른 일본 영역을 표시한 것이다. SCAPIN - 677은 일본 영역으로 규정되지 않는 섬으로 제주도·울릉도·독도를 언급했고, 첨부 지도에서도 이 세 섬을 일본의 행정 관할구역에서 제외했다. 이 지령은 일본의 패망으로 인해 독도가 한반도 및 기타 부속도서와 함께 한국의 영유권 안에 다시 들어왔으며, 연합국 군대가 이를 확인해주었다는 점에서 의미가 있다. 그러나 SCAPIN－677이 영토에 관한 연합국의 최종 결정을 의미하는 것은 아니다.

국제재판에서 지도의 증거력

고지도에 독도가 그려져 있는지, 있다면 어느 나라 영역 안에 들어가 있는지를 두고 한·일 양국은 아전인수식으로 해석하고 있다. 국제재판에서 지도는 과연 증거력이 있는 것일까? 『독도사전』(2011)에 따르면, 국제재판에서 분쟁 당사국들은 자국의 영유권 주장을 입증하거나 타국의 영유권 주장을 부인하기 위해 다양한 증거를 제출하는데, 지도가 이에 포함된다. 지도가 국제재판에서 합법적이고 정당한 증거자료로서 법적인 힘을 가지는 것을 '지도의 증거력'이라고 한다. 지도가 증거력을 지니려면 공인된 것이어야 하고 객관적이어야 하며 정확성을 지녀야 한다. 또한 사본이 아닌 원본이어야 한다. 공인된 지도란 국가기관이 측량·제작·간행한 지도를 의미하며 인쇄인은 아무런 의미가 없다. 객관적인 지도란 역사적 사실과 지리적 위치 등 객관적 사실을 반영하여 제작된 지도를 의미한다. 이 요건들을 충족한 증거력이 있는 지도는 국경조약처럼 법적 효력이 있는 문서에 부속된 지도이다. 그렇지 않은 경우 간접적인 증거에 지나지 않는다. 따라서 양국에서 제작된 많은 고지도는, 국가가 제작한 지도이며 객관성과 정확성을 지니고 있다 할지라도 영토 분쟁과 관련된 법적 효력을 지닌 문서에 첨부된 것이 아니라면 증거력에서 제약이 있다.

이 제반 요건을 충족한, 국제재판에서 증거력을 지닌 지도로는 어떤 것이 있을까? 가장 직접적인 증거로는 1877년 태정관 지령에 첨부된 「이소타케시마 약도」를 들 수 있다. 이 지도는 메이지 정부에서 국정을 통괄하는 태정관이 낸 지령에 첨부된 지도이기 때문이다. 따라서 이 문서에 첨부된 지도는 가장 직접적인 1차 증거가 된다.

조선에서 간행한 『동국여지승람』에 첨부된 「팔도총도」 및 관찬지도는 영토 분쟁과 직접 관계된 증거가 아니므로 일차 증거가 되지 못한다. 일본이 수로지를 간행하면서 발간한 해도도 간행 당사국의 특정 도서에 대한 영유 의사가 직접 반영된 것이 아니므로 간접적인 증거로서의 효력을 지닐 뿐이다. 연합국이 강화조약을 준비하는 과정에서 보인 문서에 첨부된 지도, 이를테면 SCAPIN-677(1946)이나 「구 일본영토 처리에 관한 합의서」 부속지도(1950) 역시 예시지도는 될 수 있지만, 당사국을 구속하는 문서가 아니라는 점에서 2차 증거에 지나지 않는다.

팩트체크 3

독도는 울릉도에
속한 섬이다

☑
□ 체크리스트

안용복 피랍사건으로 울릉도에 대한 분규가 시작되었다.

돗토리번은 막부에 다케시마·마쓰시마가 돗토리번 관할이 아니라고 보고했다.

에도 막부는 울릉도 도해금지령을 내렸다.

쓰시마번 통역들은 독도를 우산도라고 불렀다.

조선 정부는 3년마다 수토관을 파견해 울릉도와 주변 도서를 관리했다.

19세기에도 일본은 울릉도와 독도를 조선 영토로 인식했다.

독도는 울릉도에 속한 섬이다

조선 시대에는 우산도를
어떻게 인식하고 있었는가?

조선 시대 초기부터 울릉도에 사람들이 거주한다는 보고가 계속 조정으로 올라왔지만 우산도를 거론한 것은 아니었다. 일본 쓰시마 사람들도 와서 살기를 요청했다는 소식도 전해졌지만 이때의 섬은 울릉도였다. 조선 정부는 울릉도에 사람들이 거주하지 못하도록 안무사를 보내 거주민을 데리고 나오게 했다. 대부분이 부역이나 조세를 피할 목적으로 울릉도에 들어갔기 때문이지만, 한편으로는 왜구의 침입에서 자국민을 보호하려는 목적도 있었기 때문이다. 임진란 이후 쓰시마는 이소타케시마를 탐색한다는 명분으로 방문하겠다는 서계書契를 조선 정부에 보내왔다. 조선 정부는 이를 거절했다. 1614년의 일이다. 이 일이 있고 얼마 후인 1620년대에 일본 요나고 사람들이 울릉도를 이용할 목적으로 돗토리 번주를 통해 막부에 도해면허를 신청한 일이 있었다. 이후 요나고의 두 가문은 도해면허를 근거로 해마다 교대로 울릉도에 와서 목재와 해산물을 가지고 돌아갔다. 이후에도 일본인의 울릉도 도해는 지속되었다. 1667년 일본 이즈모번出雲藩의 관리 사이토 도요노부齋藤豊宣는 오키섬을 순시한 뒤『인슈시청합기』를 저술했는데, 다케시마와 이소타케시마, 마쓰시마를 언급했다. 그리고 일본의 경계가 인슈隱州(오키)까지라고 규정했다. 야사를 제외한 관찬 문헌에 처음으로 우산도에 해당하는 '마쓰시마'가 보인 것이다.

조선 시대 문헌에 '우산도'가 보인 것은 태종 연간부터지만,『여지지』에도 울릉도와 우산도가 언급되어 있고,『동국문헌비고』(1770)와『만기요람萬機要覽』(1808)은 이를 답습했다. 다만『여지지』가 유형원의『농국여지지』인지, 다른 사람의『여지지』인지는 확실하지 않다. 현전하는『동국여지지』는 필자가 분명하지 않기 때문이다. 17세기에 조선과 일본이 울릉도를 두고 다툴 때 일본은 울릉도가 어떤 섬인지를 확인하는 과정에서 '우산도'를 언급했다. 이른바 '울릉도 쟁계'로 인한 일이다.

그렇다면 울릉도 쟁계란 무엇인가? 안용복이 1693년과 1696년 두 차례에 걸쳐 일본에 가서 울릉도와 독도가 우리나라 땅임을 주장했던 일과 이로 인해 일본과 외교문제가 발생하게 된 일련의 분규를 말한다. 안용복의 피랍으로 인해 분규가 시작되었으므로 '안용복 사건'이라고 칭하지만 조선 사료에는 '울릉도 쟁계鬱陵島爭界'로, 일본 사료에는 '다케시마 일건竹島一件'으로 보인다. 이 사건이 조선 정부에 알려진 것은 1693년이지만 그 전년도(1692)에도 양국인의 만남은 있었다. 1692년 3월 일본 요나고 무라카와가村川

家의 어부 20여 명은 울릉도에서 어로하다 조선 어부 50여 명과 만났다. 안용복이 11척의 배가 울릉도로 출발했으나 5척에 53명이 남았다고 말했으므로 수적으로 열세를 느낀 일본인들은 어로를 포기하고 돌아갔다. 그래서 그해에는 조선인과 별다른 충돌이 없었다. 이듬해에도 일본인들은 다시 왔다. 그런데 이번에도 조선인들이 많이 있었으므로 어로를 장담하기가 어려웠다. 이에 일본인들은 전년도의 수확 부진이 조선인 때문이었음을 증명하기 위해 안용복과 박어둔 두 사람을 인질로 데려갔다. 일본인들은 조선 영토인 울릉도에 어떻게 오게 되었을까?

'독도 도해면허'가 따로 있었는가?

일본인들이 도해면허를 받아 건너온 섬은 울릉도였다. 도해면허는 독도를 포함하는 것인가? 아니면 독도 도해면허가 따로 있었는가? 일본이 울릉도를 조선 영토로 명백히 인식했다면 울릉도 도해에는 외국에 도해할 때와 마찬가지로 주인장이 필요하다. 주인장에는 도항지가 명기되고 발급일도 표시되지만 수령자나 도항 기한은 명기되지 않는다. 도해 후에 반납해야 하는 일회용 증서이기 때문이다. 따라서 일본인들은 주인장을 지니고는 울릉도로 바로 갈 수 없었다. 쓰시마를 통해 들어가야 하는데 그럴 경우 부산으로 들어갈 수밖에 없고, 그랬다면 조선 정부가 이를 허가했을 리가 없기 때문이다. 도해면허는 이런 연유로 고안된 것이었다. 도해면허의 성격에 대해 1950~1960년대 양국이 논쟁할 때, 한국은 도해면허를 '주인장'으로 규정했지만, 일본은 도해허가증이라고 반박했다.

돗토리번의 도해청원에 대해 에도 막부는 도해면허를 번주에게 발급했지만 최초의 발급 시기에 대해서는 1618년 설과 1625년 설로 나뉜다. 1618년 설은 도해했던 두 가문의 증언에 따른 것이다. 1625년 설을 주장하는 일본 학자에 따르면, 오야가大谷家에서 도해를 청원한 것은 1617년이지만 문서에 4명의 노중老中이 서명하게 되는 시기는 1622년 이후인데, 선원의 증언에 따르면 1625년이 맞다는 것이다. 막부는 번주의 도해 청원에 대하여 "이번에 도해하는 건"으로 허가했다. 한 번으로 한정한 특별허가였던 것이다. 이는 두 가문의 영업에 대하여 번주가 세금을 부과하지 않은 것으로도 알 수 있다. 정상적인 허가였다면 운상運上, 즉 일종의 영업세를 징수한다. 그런데 돗토리번은 징세 대신 두 가문에 쌀과 자금, 강치기름 판매권 등을 차용해주는 방식으로 지원했고, 이들에게서 꼬지전복과 인삼 등을 사들여 막부에 바쳤다.

도해면허는 막부의 노중이 연서連署한 봉서奉書 형태로 발급되었다. 봉서란 주군의 의지를 전하기 위해 가신이 발행한 명령서를 가리키는데, 여기서는 이국에 건너갈 때 휴대하는 면허증을 말한다. 주인장 대신에 봉서가 발급된 것이라면 수신자는 도해 당사자인 조닌町人(에도 시대에 도시에 거주한 상공업자)이 되어야 하지만, 번주에게 발급되었다. 이것도 매우 이례적인 일이다. 봉서가 특별허가라 하더라도 번주에게 발급되었다면 번주가 바뀔 경우 당연히 수신자도 바뀌어야 한다. 번주를 통해 봉서를 받은 가문도 도해 때마다 새로 신청해야 하고 도해 후에는 번주에게 반납해야 한다.

그러나 두 가문이 도해할 때마다 신청했고 이를 막부가 번주에게 허가했다는 기록은 보이지 않는다. 요나고의 두 가문은 도해 후 봉서를 반납하지 않고 사본을 지참한 채 해마다 울릉도로 건너갔다. 1696년 1월 막부는 도해금지령을 결정한 후에야 돗토리 번주에게 봉서를 반납하도록 명했다. 일본에서는 1650년대 후반에 막부의 내의內意를 얻어 1661년부터 오야 가문이 마쓰시마(독도) 도해를 시작했다는 주장이 일각에서 있지만, 다케시마 도해를 허가하여 발급한 것과 같은 종류의 '마쓰시마 도해면허'는 따로 존재하지 않았다.

울릉도 쟁계와 안용복 사건, 어느 것이 역사적 사실에 부합하는 용어인가?

울릉도를 둘러싸고 조선과 일본이 전개한 외교적 갈등은 1693년에 시작되어 1699년에 공식적으로 결착되었다. 그런데 이를 칭하는 방식이 양국이 달라, 한국은 '울릉도 쟁계' 혹은 '안용복 사건'으로 칭하고, 일본은 '다케시마 일건'으로 칭한다. '울릉도 쟁계'는 이맹휴가 『춘관지春官志』(1744)에 기술한 「울릉도 쟁계鬱陵島爭界」

에서 비롯한 용어다. 안용복이 일본에 두 번 갔으므로 통상 1693년의 일을 안용복 피랍사건 혹은 1차 도일사건으로, 1696년의 일을 안용복 밀항사건 혹은 2차 도일사건으로 구분한다. 1차 도일은 강제로 납치된 것이고, 2차 도일은 자발적이었음을 구분하기 위해서이다.

그런데 '안용복 사건'이라는 용어는 당대의 문헌에는 보이지 않는다. 이 용어가 보이기 시작한 것은 저자의 조사에 따르면, 다보하시 기요시田保橋潔가 1931년에 발표한 글에서다. 일제강점기에 조선사편수회는 이 사건을 '울릉도 사건'으로 칭했다. 1699년에 일본 측이 조선 측에 보낸 문서에는 '다케시마 일건竹島之一件'으로 칭했으며, 현재 일본은 '다케시마 일건竹島一件'으로 칭한다. 이때의 다케시마는 울릉도를 가리킨다.

울릉도 쟁계에서 안용복이라는 인물을 빼놓고는 이야기를 전개할 수 없다. 안용복이라는 인물에 대한 기록은 조선과 일본, 당대와 후대의 기록으로 나뉜다. 다만 관련 기록이 일본 측에 더 많다. 일본에서 안용복을 심문할 때마다 신상에 관한 기록을 남겼기 때문이다. 안용복은 1693년과 1696년 두 번에 걸쳐 심문받았다. 이익은 안용복을 동래부 전선戰船에 예속된 노군櫓軍으로 보았다. 노군은 능로군 혹은 격군이라고도 하는데, 노 젓는 수군을 일컫는다. 1696년 안용복은 도일할 때 관직을 사칭하여 통정대부通政大夫라고 쓴 요패腰佩를 준비해 갔다. 이 때문인지 일본 기록에는 3품 당상으로 되어 있다.

1693년의 심문 기록에 따르면, 안용복이 43세, 박어둔이 34

세로 되어 있거나 안용복은 42세, 박어둔은 34세로 되어 있다. 서울에 사는 오충추의 사노私奴로 나이는 33세이고, 주소는 부산 좌자천 1리 14통 3호라는 기록도 있다. 이렇듯 같은 문헌에서도 기록이 어긋난다. 1696년 당시의 나이를 1654년생, 즉 43세로 기록한 것도 있다. 안용복의 나이가 1693년에 43세였는데 1696년에도 43세로 되어 있어 확실한 나이를 알 수 없지만 박어둔보다는 연장자였다. 일본 기록은 안용복을 사납고 포악한 자로 묘사했다. 일본 연구자들은 안용복이 관직을 사칭하고 속였다는 사실을 들어 그를 허구와 과장으로 가득찬 거짓말쟁이로 묘사하거나, 한국이 그를 영웅시하고 있다고 비판한다.

이익은 조선에서 최초로 안용복을 영웅호걸로 평가했고, 그 이후 조선에서는 대부분 안용복을 영웅 내지 쾌걸로 묘사했는데, 이런 평가는 일제강점기까지 지속되었다. 『독립신문』(1922.8.1), 『일사유사逸士遺事』(장지연, 1922년 유작), 『동광』(1926.5), 『별건곤』(1933.7.1), 『동아일보』(1934.12.16), 『조선 무사 영웅전』(안확, 1940) 등이 안용복을 긍정적으로 평가했다. 1950년대에는 안용복이 장군으로 추존되었다. 1954년 부산의 애국단체 대동문교회는 "독전왕 안용복 장군"으로 칭했고, 1957년에는 안용복장군 기념회가 발족했다. 현재 부산 수영공원에는 안용복 장군 충혼탑(1967)이, 울릉도에는 안용복 장군 충혼비(1971)가 건립되어 있다.

조선과 일본의 어부들이 울릉도에서
처음 부딪힌 시기는 언제인가?

일본 돗토리번 요나고의 두 가문은 17세기 중반부터 울릉도에 본격적으로 도해하기 시작했다. 번주에게서 이른바 도해면허를 받아 오야 규에몬大谷九右衛門과 무라카와 이치베村川市兵衛 두 가문이 번갈아 출어하기로 했는데, 출어가 기록으로 확인되는 것은 1692년부터이다. 이 해는 무라카와 가문의 차례였다.

1692년 2월, 무라카와 가문은 사공과 어부들을 고용하여 울릉도로 갔다. 200석 규모의 배 한 척에 21명의 어부가 동원되었다. 어부들은 강치를 잡기 위해 총포 8～9정을 소지하고 있었다. 요나고 사람들은 이즈모나 오키 사람들을 엽사獵師로 고용해서 갔고 이즈모나 오키에서 직접 울릉도로 가는 일은 없었다. 도해면허는 요나고의 두 가문만이 받았기 때문이다.

요나고에서 울릉도로 가는 도정은 오키섬의 후쿠우라福浦로 가서 독도(마쓰시마)를 거쳐 울릉도(다케시마)로 들어가도록 되어 있다. 무라카와 가문의 사람들이 울릉도에 도착한 시기는 3월 26일이다. 다음 날 이들은 조선인 30여 명이 두 척의 배에 타고 있는 것을 목격했다. 조선인 중 한 명이 통역해서 이들이 2월에 11척의 배가 떠났다가 표류하여 현재는 5척의 배에 53명이 3월 23일 울릉도로 들어왔다는 사실을 알았다. 조선인들은 전복을 캐고 있었다. 일본인들이 조선인에게 본국으로 돌아가도록 독촉하자, 조선인들은 배가 파손되었으니 수선하는 대로 돌아가겠다고 답했다. 일본인들은 뭍에 상륙해서 이전에 설치해둔 도구와 엽선獵船 8척을 찾아보았지만 보이지 않기에 조선인들에게 물어보니, 그들이 각 포구에서 나누어 가졌다는 것이었다. 일본인들은 3월 27일 울릉도를 떠나 4월 5일 요나고로 돌아왔다. 이상은 막부가 1724년에 과거 1692년에 어로했던 두 가문이 고용한 어부들에게서 확인한 내용이다.

그러므로 위 기록은 일본인들의 진술을 얼마나 신뢰할 수 있는가 하는 문제가 있다. 3월 27일 일본인들이 조선인을 만나자마자 그날로 울릉도를 떠났다고 하는데, 이는 이해하기 어렵다. 면허장까지 지참하고 온 일본인들이 쉽게 물러날 이유가 없었기 때문이다. 일본인들이 이전에 보관해둔 도구와 배를 조선인이 가져갔음을 알게 되었을 때 아무런 항의를 하지 않았다는 사실도 이해하기 어렵다. 일본인들에게 조선 영토를 침범한 것이라는 죄의식이 있었기 때문이 아니라면 말이다.

양국이 울릉도를 두고
다투게 된 계기는 무엇인가?

1692년에 양국인이 처음으로 울릉도에서 만났지만 큰 충돌은 없었다. 1693년은 오야 가문의 도해 차례였고, 그들은 3월 초에 이즈모를 떠났다. 오야 가문의 어부들은 4월 16일 오키섬의 후쿠우라 항을 떠나 17일에 울릉도에 도착했다. 오키에서 울릉도까지 하루가 걸렸다는 말인데, 『인슈시청합기』에 따르면 오키에서 마쓰시마(독도)까지가 이틀, 마쓰시마에서 다케시마(울릉도)까지는 하루, 모두 사흘이 걸린다고 되어 있다.

1693년에도 울릉도에는 조선인이 많이 있었다. 일본인은 "두목으로 보이는 자 한 명과 종으로 보이는 자 한 명"을 데리고 18일에 울릉도를 떠났고, 27일에 요나고로 돌아왔다. 안용복이 진술한 피랍 당시의 상황은 다음과 같다.

> 우리들이 그 섬에 머물러 있는 동안 움막을 지었고, 움막 당번으로 하쿠토라히(박어둔)라는 사람을 남겨두었습니다. 그러던 중 4월 17일에 일본 배 한 척이 다기와 뗏목에 7~8인이 타고는 움막에 와서 하쿠토라히를 붙잡아 뗏목에 태웠습니다. 그뿐만 아니라 움막에 둔 보따리 하나까지 싣고 가려 하기에 제가 가서 말렸습니다. 하쿠토라히를 육지로 올려 보내려고 제가 뗏목에 올라탔는데 타자마자 바로 (그들이) 배를 출발시켰습니다. 저희 두 사람을 모두 본선에 태우고 즉시 출항하여 4월 22일에 오키에 도착하였습니다.

안용복은 일본인에게 붙잡힌 때가 4월 17일이라고 했지만, 일본인 사공은 4월 18일로 진술했다. 안용복의 말로 미루어보면, 두 사람은 다른 일행과 함께 있었던 것이 아님을 알 수 있다. 안용복은 박어둔과 멀지 않은 곳에 있다가 박어둔이 납치되는 상황을 목격하고 그를 구하려다가 함께 납치되었던 것이다.

일본인들이 안용복과 박어둔을 납치한 이유는 전년도에 어로를 하지 못했는데 이번에도 빈손으로 돌아가면 안 된다는 생각에 자신들에게 유리하게 증언해줄 사람이 필요해서였다. 오야가는 이 사실을 돗토리번에 보고했고, 돗토리번은 막부에 보고했다. 그러자 막부는 두 사람을 나가사키로 보내도록 명했다. 나가사키로 보내기 전 돗토리번에서는 여러 번의 조사가 있었다. 양국의 약조에 따라 나가사키에서 조사를 마치면 두 사람은 쓰시마번을 통해 송환되어야 한다. 송환 임무를 맡은 번은 조선과의 외교교섭을 담당하고 있던 쓰시마번이다. 송환 임무가 내려진 시기는 1693년 6월 초이다. 쓰시마번은 외교사절을 정식으로 조선에 파견하기에 앞서 10월에 교섭 실무자를 먼저 보내 논의했다. 이어 11월에 쓰시마번은 두 사람을 조선 측에 인도하고자 정식 사신을 보냈고, 이때 외교문서 사본도 함께 전했다. 그리고 조선 측이 이에 회답함으로써 양국의 분규가 시작되었다.

조선인 피랍에 대한 조선 정부의 대응은 어떠했는가?

1693년 안용복 일행은 모두 10명이었다. 울산에서 함께 떠난 일행 중 한 명이 영해에서 병이 났으므로 한 명은 남겨둔 채 9명이 울릉도로 왔다. 이들 가운데 안용복과 박어둔이 납치되었고 나머지 7명은 별 탈 없이 울산으로 돌아왔다. 안용복과 박어둔의 가족들은 9명이 함께 떠났는데 두 사람만 돌아오지 않자, 조사해달라는 소장을 울산 수령에게 제출했다. 울산 수령이 7명을 불러 조사하자, 이들은 두 사람이 일본인에게 붙잡혀 호키(伯耆)로 끌려갔다고 진술했다. 수령은 일본인이 오는 곳에 왜 갔는지, 울릉도가 아닌 다른 곳으로 간 것이 아닌지를 심문했다.

7명은 자기들이 간 곳은 결코 다른 곳이 아니며 이전부터 가던 울릉도라고 답했다. 수령은 이 사실을 경상도 관찰사에게 보고했고, 관찰사는 이를 조정에 보고했다. 조정은 충분히 알아본 후 다시 보고하도록 지시했다. 이번에는 경상도 관찰사가 7명을 불러 직접 심문했다. 7명의 진술은 울산 수령에게 한 진술과 같았다. 이들은 울릉도에 사람이 살았던 정황, 고양이와 대나무가 많고 전복과 물고기가 많은 상황을 자세히 진술했다. 경상도 관찰사는 이들이 간 섬이 울릉도가 틀림없다고 보고 이를 조정에 보고했다.

보고를 받은 조정에서는 다음과 같은 논의가 있었다. "조상 대대로 이어온 산하를 이유 없이 타국에 넘기는 것은 외국에 나쁜 소문이 퍼질 뿐만 아니라 죽은 뒤에 국토의 경계를 조상에게 말씀 드릴 면목이 없다. 일본과는 성신으로 교류하고 있으므로 진솔하게 이를 전달한다면 일본도 동의하지 않을 리가 없다. 그러니 있는 그대로 말해, 竹島(다케시마)에는 가지 않았으며 우리나라 울릉도에 간 것이라고 회답하는 것이 지당하다"는 것이었다.

이런 조정의 논의에 대하여 역관 박 동지(박재홍)는 울릉도가 예전에 어떠했든 요사이는 일본이 지배해왔으므로 일본에 소속된 섬인데 이를 조선 소속이라고 주장하면 교섭은 결렬될 것이라는 우려를 표명했다. 그러나 교섭은 역관의 인식과는 반대로 진행되었고, 결국 일본이 울릉도를 조선 영토로 인정하는 것으로 귀결되었다. 이러한 과정으로 보건대, 조선 정부는 일본 측이 외교문서를 보내오기 전부터 대응책을 논의하고 있었음을 알 수 있다.

안용복과 박어둔은 일본으로 가던 중 독도를 보았을까?

1693년 안용복은 피랍 전 울릉도에 체재하는 동안 독도를 보았다. 그는 울릉도 동북쪽에 큰 섬이 있는데 울릉도에 있는 동안 두 번 정도 보았으며 이 섬을 아는 자에게서 우산도라고 부른다고 들었다고 쓰시마번의 심문에서 진술했다. 이는 안용복에 앞서 우산도로 칭하던 사람들이 있었으며 이로 인해 안용복도 일본에 오기 전부터 우산도에 대해 알고 있었음을 의미한다. 안용복은 우산도가 울릉도에서 하루 걸리는 섬이라고 했으므로, 우산도는 곧 독도를 가리킨다. 안용복은 쓰시마에서 조사받을 때 "이번에 간 섬의 이름은 알지 못한다"고 했는데, 이는 울릉도라고 부르는 것을 알지 못했다는 말이다. 그는 '무릉섬'을 일본인들이 '다케시마'로 칭한다는 사실을 일본인에게 처음 들었다고 진술했다. 그런데 울산의 동료들은 울릉도로 칭하고 있었다. 안용복은 울릉도를 떠나 일본으로 잡혀 들어가던 도중 우산도를 또다시 목격했다. 그는 호키로

들어올 때 울릉도에서 하룻밤 지나고 다음 날 저녁을 먹고 난 뒤
에 섬 하나가 바다 가운데 있는 것을 보았는데, 다케시마(울릉도)
에 비해 자못 컸다고 송환된 후 동래부에서 진술한 바 있다.

한편 안용복과 함께 일본으로 납치되어 가던 박어둔은 뱃멀
미로 인해 누워 있었다. 따라서 그는 우산도를 목격하지 못했다.
안용복이 우산도가 울릉도의 동북쪽에 있으며 다케시마(울릉도)에
비해 자못 크다고 한 것은 방향과 크기에서는 오차가 있지만, 울릉
도에서 만 하루 정도 걸려서 도달하는 섬은 독도 외에는 없다. 그
러므로 안용복이 목격한 우산도는 독도가 분명하다.

1693년 안용복과 박어둔의 일본에서의 행적은?

1693년 납치되어 일본으로 가게 된 안용복과 박어둔은 어떤 대우
를 받았으며 또한 어떤 경로로 송환되었는가? 또한 안용복은 에
도에서 관백關白(천황을 보좌하는 중직이지만 여기서는 쇼군을 칭함)의
서계를 받은 적이 있다고 말한 바 있는데, 과연 그는 막부의 최고
권력자를 만났을까?

안용복과 박어둔이 울릉도를 떠나 처음 도착한 곳은 일본 오
키섬이었다. 당시 오키는 막부의 직할지였고, 그곳에서 두 사람은
심문을 받았다. 두 사람을 납치해온 온 오야 가문의 선원들도 조
사를 받았다. 두 사람은 이어 요나고로 보내졌는데 이곳에서도 심

문을 받았고, 심문 사실은 돗토리번에 보고되었다. 번에서는 파발마를 에도로 보내 그곳에 체재 중이던 돗토리 번주에게 보고했다. 번주에게서 보고받은 막부는 1693년 5월 다케시마에 관해 조사하도록 번에 지시하는 한편, 두 사람을 나가사키봉행소로 보내 처리하도록 했다. 외국인은 나가사키봉행소에서 처리하도록 되어 있기 때문이다. 두 사람을 나가사키로 보내는 방법은 육로와 해로가 있지만 육로를 택하도록 지시했다.

1693년 5월 7일, 두 사람은 이나바를 출발하여 5월 29일 돗토리 성하鳥取城下로 들어갔다가 가로家老(번주의 가신 중 최고 직제)의 집에서 일주일간 머문 후 6월 7일 돗토리를 떠나 6월 말 나가사키에 도착했다. 돗토리 성하로 들어갈 때는 가마와 말을 제공받았고, 가로의 집에 머무는 동안에는 4명의 중신重臣들과도 면담했다. 후일 안용복은 조선에서 심문받을 때 일본에서 관백의 서계를 받았다고 진술한 바 있는데, 이는 돗토리번에서 중신들과 주고받은 문서를 가리킨다는 설이 있다. 두 사람을 나가사키까지 데려가기 위해 많은 인원이 동원되었다. 기록에 따라 16명 혹은 90명으로 되어 있어 차이가 크다. 조선인은 가마를 이용하게 했고 요리사와 의사까지 대동했다. 에도 시대 백성들은 두 끼를 먹으며 살고 있었는데 두 사람에게는 반찬이 7～8가지나 제공되었다. 이토록 인질을 극진히 대접한 것은 무사히 목적지까지 인도해야 하는 임무 때문이었지만, 안용복은 이런 후대를 오인하여 일본이 자신을 고관으로 대접했다고 여겼다.

7월 초, 나가사키봉행소는 쓰시마번의 통사를 통해 이들을 심문했다. 두 사람은 선박 통행 증명서 3장과 나무 팻말 2개를 소지하고 있었다. 나무 팻말은 호패를 말하는 듯하다. 단도는 지녔지만 총이나 활은 지니고 있지 않았다. 8월 14일, 두 사람은 쓰시마번 관리에게 인계되어 송환 절차에 들어갔다. 9월 3일 쓰시마에 도착한 이들은 다시 심문받았고, 쓰시마번은 조선 측에 보낼 서계를 작성하며 대처방안을 논의했다. 10월 22일, 외교사절 수석격인 대차사大差使 다다 요자에몬多田與左衛門(조선 측 기록에는 귤진중橘眞重)이 쓰시마에서 부산으로 떠났다. 다다 요자에몬은 11월 1일 부산의 절영도에 도착했고 2일에 왜관에 도착했는데 모두 선단船團 50정 규모였다. 두 사람이 조선 측 관리에게 인계되는 것은 12월 10일이므로 그동안은 부산왜관에 감금되어 있었다. 조선 조정은 일본 측의 서계를 그전에 전달받았다. 숙종은 대신들과 논의한 뒤 홍문관 교리 홍중하를 접위관으로 임명했다. 12월 7일 홍중하는 예조참판 권해의 회답서를 지참하고 동래로 내려왔다.

안용복은 1696년 비변사에서 심문받을 때 "몇 년 전 에도에서 울릉도와 자산도를 조선의 경계로 정한 관백의 서계를 받은 적이 있다"고 진술했다. 관백이란 막부의 쇼군을 안용복이 잘못 말한 것이고 서계란 외교문서를 말한다. 안용복이 이런 문서를 받았다는 것은 사실인가? 『숙종실록』(1694.8.14)에는 안용복을 에도까지 잡아갔다가 돌려보낸 데 대해 감사를 표시한 조선 측 문서가 게재되어 있고, 일본 기록에도 두 사람을 돗토리에서 에도로 보냈다는 기록이 있어 혼란을 주고 있다. 이것이 가능한지는 일본의 정치체제를 거론하지 않더라도 오키에서 나가사키-쓰시마-부산으로의 여정을 보면 알 수 있을 것이다.

안용복과 박어둔이 오키에서 돗토리, 나가사키로 보내졌다가 조선으로 송환되기까지의 여정은 일본 문헌에 자세히 기록되어 있다. 이를 도식화하면 다음과 같다.

울릉도 → 우산도(4.19) → 오키국 도고(4.20~23) → 오키국 도젠(4.23~26) → 이즈모번(4.26) → 호키국 요나고(4.27~5.29) → 돗토리번 이나바국 돗토리 성하(6.1~7) → 나가사키(6.30~8.13) → 쓰시마번(9.3~10.21) → 부산 절영도(10.22~11.1) → 부산왜관에서 인도(12.10)

안용복이 6월 7일 돗토리를 떠나 6월 말에 나가사키에 도착했으므로 돗토리에서 나가사키까지는 23일이 소요되었다. 다시 나가사키를 8월 14일에 떠나 9월 3일에 쓰시마에 도착했으니 나가사키에서 쓰시마까지는 20일 정도가 소요되었다. 만일 안용복이 에도로 간 것이 사실이라면, 돗토리에서 나가사키로 가기 전일 것이다. 돗토리 번주가 에도를 출발하여 번으로 돌아오는 데까지는 통상 13~15일이 걸렸다고 한다. 따라서 이런 일정을 적용해 보면, 안용복이 돗토리에서 에도로 갔다가 다시 나가사키로 오려면 50일 가까운 일정이 소요되어야 한다. 그런데 기록에는 6월 7일 돗토리를 떠나 에도에 갔다가 나가사키에는 6월 30일 도착했다고 했으므로 일정이 도저히 맞지 않는다.

『다케시마기사竹嶋紀事』에 따르면, 처음에 쓰시마번은 안용복이 나가사키를 에도로 착각했다고 여겼다. 그러나 조선과 교섭하는 과정에서 안용복이 이나바를 에도로 착각한 것임을 알게 되었다. 정치체제의 측면에서 보더라도 외국인, 그것도 인질로 데려온 사람을 나가사키봉행소로 보내지 않고 에도로 보내야 할 까닭이 없다. 더구나 외교사절도 아닌, 미천한 신분의 안용복에게 막부가 면담을 허락했을 리는 만무하다. 또한 안용복의 말이 사실이라면, 일본이 조선 어민의 출어를 금지해달라는 서계를 보냈다는 사실과도 정면으로 배치된다. 안용복이 에도행을 언급한 이유는 나가사키나 이나바 같은 도시를 에도로 착각하고 태수를 관백으로 오인했기 때문이거나, 아니면 관백의 서계를 운운해야 죄를 면할 수 있다고 여겨서일 것이다.

양국의 교섭 과정은
어떠했는가?

일본은 안용복과 박어둔을 송환하기 전부터 조선 측에 보낼 서계를 작성했고 실무자를 보내 교섭하게 했다. 양국의 교섭이 일본 측 정관과 조선 측 접위관의 대면으로 이뤄진 것은 12월 10일부터지만, 11월 초부터 조선 측 역관은 쓰시마번이 작성한 서계의 내용을 파악하고 있었다. 그 내용은 '일본땅 다케시마'에 조선인이 출어하는 것을 금지해달라는 것이었다. 서계가 조선 조정에 전해져 접위관 홍중하가 예조참판 권해의 회답서를 지참하고 한성을 떠난 시기는 11월 중순이고, 동래에 도착한 시기는 12월 7일이다. 그 사이 일본 측 사신단은 역관에게서 들은 조선 측 내부 사정을 쓰시마번에 보고하며 의논했다. 12월 10일 양국 대표는 왜관에서 만났고, 안용복과 박어둔은 동래 부사가 배석한 자리에서 인도되었다. 조선 측 회답서가 역관을 통해 일본 측 정관에게 전해진 것은 이듬해 1월 15일이었다. 그 내용은 대략 "우리나라 울릉도일지라도 마음대로 왕래하지 못하게 하는데 하물며 더 먼 섬을 왕래하게 하겠느냐. 귀국 경계인 다케시마에 들어가는 일이 없도록 법을 더 엄히 하겠다"는 것이었다. 정관은 먼저 회답서 사본을 쓰시마로 보내 가로의 지시를 기다렸다. 정관 다다 요자에몬은 역관 박 동지에게 조선이 회답서에 '울릉도'를 명기한 사실을 따졌다. 박 동지는 "다케시마는 조선의 울릉도가 틀림없다. 그러나 하나는 울릉도로, 다른 하나는 다케시마로 정하기로 역관들이 협의했다"고 하며 중재하려 했다.

일본 측 정관은 조선 측 접위관과의 연석회의에서 "우리나라 울릉도"라는 문구를 삭제해줄 것을 요청했지만, 조선 측은 이에 응하지 않았다. 정관은 개작改作된 서계를 받지 못한 채 1694년 2월 22일 귀국길에 올랐다. 이것이 제1차 교섭이다. 이로 인해 쓰시마번에서는 조선 측의 회답서계를 둘러싸고 논의가 분분했다. 결국 쓰시마 번주는 정관을 다시 조선에 보내 고친 서계를 받아오도록 명했다. 이런 사실은 역관을 통해 미리 조선 측에 전해졌으므로 규정 이외의 사신 파견은 곤란하다는 입장을 전했지만, 정관 다다는 '울릉'의 삭제를 요구하는 번주의 서계를 지참하고 다시 부산으로 왔다(1694년 윤 5월 13일).

이에 제2차 교섭이 시작되었다. 접위관 유집일은 동래로 내려와 8월 초에 안용복을 심문한 뒤 조정에 보고했다. 이어 일본 측에는 지난번의 회답서계를 회수해야 고친 서계를 넘길 수 있다고 전했다. 다다는 이전의 회답서계를 되돌려주었다. 유집일은 예조참판 이여 명의의 답서를 받아 다다에게 전했다. 서계를 개작한 대신은 남구만이었다. 남구만이 고친 답서는 "조선인이 어채하던 땅은 본래 울릉도인데 대나무가 나기 때문에 더러는 竹島^{죽도}라고도 한다. 이는 하나의 섬을 두 가지 이름으로 부르는 것이다"라는 것이 주된 내용이었다. 즉 하나의 섬에 두 개의 이름이 있다는, '1도 2명一島二名'의 논리였다. 그 이전에는 "두 개의 섬에 두 개의 이름이 있다"는 '2도 2명二島二名'의 논리를 내세웠었다. 또한 조정은 일본인이 조선 땅에서 조선인을 붙잡아간 잘못을 언급하고 아울러 일본인의 울릉도 왕래를 금지해줄 것을 쓰시마번이 막부에 요청해달라는 내용도 언급했다.

조선 측의 서계가 이전과는 크게 달라진 것이다. 다다는 조선 측의 태도가 강경하게 바뀐 데는 안용복의 공술이 영향을 미쳤기 때문으로 보았다. 다다는 조선 측 답서가 사본이 없는, 밀봉된 본서本書라서 받기 곤란하다는 입장을 밝혔다. 유집일은 규정 외로 온 사신은 접대하지 않는 법이라며 강경한 태도를 고수했다. 유집일이 일본이 답서를 받지 않는다면 동래부사에게 맡기고 철수하겠다는 뜻을 보였지만, 다다는 답서의 개작을 요구하며 왜관에 머물면서 버텼다. 다다가 쓰시마로 서신을 보내 상황을 보고하며 버

티는 사이 1694년 10월 말 4대 번주 소 요시쓰구宗義倫가 서거했고 5대 번주 소 요시미치宗義方가 번주를 계승했다. 그런데 5대 번주는 나이가 어려서 부친이자 3대 번주였던 소 요시자네宗義眞(은퇴 후 관위官位를 따서 형부대보刑部大輔라고도 함)가 새 번주의 후견인 역할을 했다.

결국 쓰시마 번주는 1695년 5월 다다에게 귀국을 명했다. 다다는 1695년 6월 15일을 승선일로 잡아놓고 4개조의 힐문詰問을 동래부사에게 보냈다. 힐문의 내용은 조선이 과거에는 다케시마와 울릉도를 다른 섬으로 여겼는데 이제 와서 같은 섬이라고 하는 등 태도에 일관성이 없음을 따지는 것이었다. 예조는 다시 이에 대한 회답서를 보냈고, 다다는 부산을 떠나 절영도에 계류하고 있던 중에 회답서를 받았다. 그러나 그는 여전히 불만을 표시하며 귀국했다. 이것이 제2차 교섭의 전말이다. 이어 쓰시마번은 막부와 사전 교섭을 해야 할 필요성을 인식했다. 1695년 10월 쓰시마번의 소 요시자네는 막부와 협의하기 위해 에도로 향했다.

에도 막부는 어떻게 대응했는가?

쓰시마번은 조선의 회답서에 불만을 품어 다시 사신을 파견하기로 했다가 7월로 연기했다. 이즈음 번의 유학자 스야마 쇼에몬陶山庄右衛門이 막부와 협의할 것을 제안했으므로 소 요시자네는 1695

년 10월 가로과 함께 에도로 향했다. 요시자네는 쇼군 도쿠가와 쓰나요시德川綱吉를 배알한 뒤 노중 아베 분고노카미阿部豊後守와 협의했다. 요시자네는 그동안 조선과 왕복했던 서계와 조선 측 문헌 등을 제출했다. 막부는 조선과 일본 양국이 도해하는 절충안을 내놓았지만, 오히려 쓰시마번이 이에 반대하며 섬을 나눠 이용할 수 없다는 기조를 유지했다.

이에 막부는 좀 더 자세한 내용을 알아보기 위해 요나고 지역을 관할하는 돗토리번에 '다케시마' 관련 보고서를 제출하도록 명했다. 실제 다케시마(울릉도)로 도해한 사람들이 속한 지역이 돗토리번 관할 지역이었기 때문이다. 막부는 돗토리번에 모두 7개 항의 질문을 했다. 다케시마는 언제부터 돗토리번의 영지였는지, 어느 정도의 크기인지, 사람이 살고 있는지, 다케시마 외에 돗토리번에 소속된 섬이 있는지 등을 물었다(12.24). 이 가운데 주목할 만한 것은 첫 번째 질문 즉 "인슈因州(이나바)와 하쿠슈伯州(호키)에 속한 다케시마가 언제부터 양국兩國(이나바와 호키)에 속했는지, 선조가 영지를 받기 전부터인지"에 관한 것이다. 일본에서 구니國는 행정지역을 가리킨다. 이는 막부가 다케시마를 돗토리번의 관할 지역으로 전제하고 있을 때 나올 수 있는 질문이다. 그러나 돗토리번은 "다케시마는 이나바나 호키에 부속된 섬이 아니다. 두 가문이 어로하는 것은 쇼군의 봉서를 받아서이며, 그 이전부터 도해한 사실에 대해서는 잘 모른다"(12.25)는 취지로 답변했다. 돗토리 번주가 막부의 전제를 부정한 것이다.

주목할 만한 또 하나의 질문은 "다케시마 외에 양국에 부속된 섬이 있는지, 있다면 그 섬에도 양국 사람들이 어렵을 하러 가는지"에 관한 것이었다. 이에 대하여 돗토리번은 "다케시마와 마쓰시마뿐만 아니라 그 외에 두 지역(이나바와 호키)에 부속된 섬은 없다"는 취지의 답변을 했다. 이 질문에서 특기할 점은 막부는 '다케시마'에 관한 질문을 했을 뿐인데, 돗토리번은 다케시마뿐만 아니라 마쓰시마(독도)에 관한 내용까지 보고했다는 사실이다. 이 답변에 근거하여 막부는 울릉도가 조선 영토라는 결론을 내렸다. 1696년 1월 9일, 막부의 노중은 쓰시마번의 가로를 불러 이런 의중을 전했다. 결론을 내린 후에도 막부는 돗토리번의 답변서에 등장한 마쓰시마에 대해 추가 질문을 했다. 질문서는 현재 전하지 않지만, 답변서가 전하므로 이를 통해 질문을 짐작할 수 있다.

돗토리번이 제출한 답변서에는 "후쿠우라에서 마쓰시마까지는 80리 정도, 마쓰시마에서 다케시마까지는 40리 정도, 조선에서 마쓰시마까지는 80~90리 정도"라고 되어 있다. 또한 돗토리번은 "마쓰시마에 어렵하러 가는 것은 다케시마로 갈 때 가는 길에 있기 때문에 들러 어렵을 하는 것"이라고도 답변했다. 막부는 마쓰시마에 대한 자세한 정보 및 조선과의 관계 등을 질문한 것이다. 돗토리번의 답변서에는 요나고 사람들이 마쓰시마, 즉 독도만을 목적으로 도해하는 일은 없었다는 내용을 담고 있다.

돗토리번에서 자세한 답변을 보고받은 막부는 결국 다케시마 도해금지령(1696.1.28)을 돗토리 번주 앞으로 내렸다. 노중 4명이 나란히 앉은 가운데 쓰시마번의 형부대보에게 도해금지령을 전함과 동시에 돗토리번의 에도 번저藩邸에도 도해금지령을 전했다. 수신자는 돗토리 번주 마쓰다이라 호키노카미^{松平伯耆守}였고 당시 돗토리 번주는 에도에 체재 중이었다. 돗토리 번주가 두 가문에게 도해금지령을 알리게 된 시기는 번으로 돌아간 1696년 8월 이후였다. 이에 앞서 돗토리번은 도해를 허가한 봉서를 2월 9일 막부에 반납했다.

막부가 돗토리 번주에게 귀번 후 직접 도해금지령을 알리도록 지시한 이유는 쓰시마번이 막부에 요청했기 때문이다. 조선 측에 도해금지령을 전해야 하는 쓰시마번의 입장에서는 돗토리 번주가 돌아가 알리기 전에 다른 경로로 먼저 조선 측에 알려지는 것을 원하지 않았기 때문이다. 쓰시마번은 어떤 형태로 전하는 것이 자신들에게 유리한지도 심사숙고한 결과 10월에 조선에서 도해역관이 올 때 그 편에 구두로 전한다는 방침을 세웠다. 그런데 도해금지령이 미처 조선에 전해지기 전에 안용복이 다시 도일하는 일이 발생했다.

막부의 도해금지령은 울릉도에만 해당되는가?

막부가 내린 도해금지령의 내용은 다음과 같다.

예전에 마쓰다이라 신타로가 이나바와 호키를 지배할 때 노중에게 문의한, 호키국 요나고의 조닌 무라카와 이치베와 오야 진키치大谷豊吉의 다케시마 도해는 지금까지는 어렵을 하고 있었다 할지라도 앞으로는 다케시마로 가는 것을 금지해야 한다는 쇼군의 지시가 있었습니다. 그 뜻을 아시기 바랍니다.

위의 문면만을 보면 '마쓰시마(독도)'는 언급되지 않았다. 도해금지령에 마쓰시마가 포함되는지 여부는 도해금지령이 나오기까지의 경위를 보고 문맥으로 판단해야 할 문제다. 막부는 쓰시마번의 요청대로 다케시마(울릉도)가 일본 땅임을 확인해주고자 했다. 그러나 정작 이 섬에 도해하는 지역민을 관할하고 있는 돗토리번은 다케시마가 일본 땅이 아니라고 답변함은 물론 마쓰시마도 일본 땅이 아니라고 답변했다. 돗토리번은 쓰시마번과는 달리 막부가 묻지도 않은 마쓰시마까지 거론하며 두 섬이 모두 일본 영토가 아니라고 답변한 것이다. 막부는 돗토리번의 보고에 의거하여 도해금지령을 냈고, 이는 이전에 막부가 허가했던 도해면허에 대한 최종적 판단이기도 하다. 도해면허가 다케시마에 대한 것이었으므로 도해금지령에서도 다케시마만 언급하면 될 뿐이었다. 마쓰시마는 다케시마로 갈 일이 없어지면 자연히 갈 일이 없어지는 섬이기 때문이다.

이는 다케시마를 왕래했던 오야·무라카와 두 가문의 인식을 통해서도 드러난다. 1696년 이후 다케시마 도해가 금지되자 오야 가문과 무라카와 가문은 생계 수단이 없어졌다. 이에 오야 가문은 1740년 오사카 미곡 운송사업과 나가사키 건어물 운송사업에 참여할 수 있게 해달라고 막부에 탄원한 바 있다. 이 일로 사사봉행

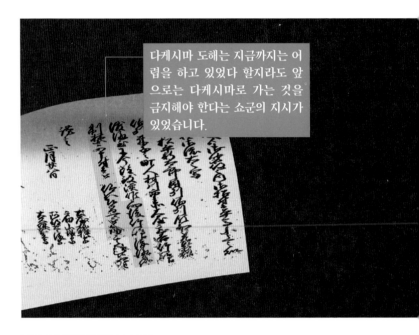

다케시마 도해는 지금까지는 어렵을 하고 있었다 할지라도 앞으로는 다케시마로 가는 것을 금지해야 한다는 쇼군의 지시가 있었습니다.

막부의 도해금지령[1696.1.28]

돗토리 번주가 다케시마(울릉도)와 마쓰시마(독도)가 돗토리번 관할지역이 아니라고 답한 데 근거하여 막부가 낸 도해금지령이다. 이를 두고 일본은 막부가 다케시마로 가는 것만 금지했다고 주장한다. 그러나 일본인들의 목적지는 다케시마였으므로 다케시마 도해를 금지하면 마쓰시마(독도)는 자연히 가지 않게 된다. 당시 일본인들이 이 금지령을 다케시마와 마쓰시마 도해금지령으로 인식한 정황은 여러 문서에 보인다.

寺社奉行(절이나 신사를 담당하는 관직) 4명이 오야 가문과 일문일답을 했다.

이때 사사봉행은 "'다케시마竹島 · 마쓰시마松島 양도兩島 도해 금제'가 내려진 이후 돗토리번 요나고로부터 어떤 지원이라도 있었는지"를 물었다. 이에 대하여 오야 가문은 "다케시마 · 마쓰시마 두 섬의 도해금지를 명받은 후로는 요나고 성주가 도와주어 생계를 유지하고 있다"고 답변했다. 요나고 성주가 오야 가문에게 마을의 도시요리역年寄役(마을의 행정담당자)을 맡겨 생선이나 소금의 도매수수료를 받도록 해준 것이다. 이로써 막부와 오야 가문은 둘 다 1696년의 도해금지령을 '다케시마·마쓰시마 양도 도해금지령'으로 받아들이고 있었음을 알 수 있다. 막부와 돗토리번은 1696년 도해금지령에 두 섬이 포함된 것으로 인식했고, 그러한 인식은 18세기에도 지속되고 있었다.

쓰시마번은 어떤 방식으로 도해금지령을 조선에 전달했나?

1696년 1월 막부는 도해금지령을 쓰시마번에 알리면서 조선 측에 전하도록 했다. 쓰시마번은 이를 어떤 형태로 전했을까? 쓰시마번은 1696년 10월, 쓰시마번 4대 번주의 사망을 조문하기 위해 조선 역관들이 오는 기회를 틈타 구상서 형식으로 금지령을 전하고자 했다. 정식 외교문서로 전하면 후일 울릉도를 되찾아오는 데

걸림돌이 될 것으로 여겼기 때문이다. 그래서 수신인과 발행일도 적지 않았다. 구상서는 정식 외교문서가 아니므로 조선 측에 답서를 요구해서는 안 된다.

쓰시마번은 구상서를 작성할 때 매번 막부와 협의하고 몇 번의 수정을 거쳐 허락받았다. 그리하여 최종 확정된 번주의 구상서에는 "조선까지의 거리는 가깝고 호키에서는 멀다고 하니 다시 이쪽 어민들이 건너가지 말도록 지시해야 할 것이다"라는 막부의 지시가 포함되었다. 다른 한 통의 구상서에는 안용복의 2차 도일 사건도 언급했다. 쓰시마번이 구상서에서 거리를 언급한 것은 막부가 울릉도가 조선 쪽에 더 가깝다는 사실에 의거하여 최종적으로 조선의 영토라고 판단했음을 인용한 것이다. 오늘날에는 거리가 영유권과 아무 관계가 없지만, 근대 이전에는 거리가 영유권 판단 기준의 하나였음을 알 수 있다. 조선 역관은 구상서를 한문으로 써줄 것을 요청하여 구상서 2통과 한문으로 된 서한 2통을 받아 쓰시마번 재판차왜(부정기 외교사절) 다카세 하치에몬高勢八右衛門과 함께 귀국했다.

안용복은 조선에 돌아와서 어떻게 되었는가?

1696년 안용복은 비변사의 진술에서 자신이 일본에서 울릉도와 우산도가 우리 땅임을 주장했음을 강변했다. 그는 자신의 공적을 인정받으리라고 믿었던 것일까? 이익은 『성호사설』에서 안용복이 2년형을 받았다고 기술했다. 실록 등의 관찬 문서에는 이런 내용이 보이지 않으므로 안용복이 과연 2년형을 받았는지 의심하는 경우가 있다. 그러나 이는 일본 측 기록으로 방증할 수 있다. 『다케시마기사』를 보면, 쓰시마번은 역관의 말을 빌려 "(수령이) 다케시마로 건너갔던 7명의 사람들을 옥에 가두고 심문했더니 조선국 울릉도에 갔다고 한다"고 인용했다. 다케시마로 건너갔던 7명이란 1693년에 안용복·박어둔과 함께 갔던 일행을 말한다. 납치되어 일본으로 간 안용복과 박어둔을 제외한 7명은 무사히 집으로 돌아왔으므로 납치된 두 사람의 가족은 이 사실을 관청에 신고했다. 울산 수령은 7명을 옥에 가두고 심문하여 울릉도에 갔다 온 사실을 알았다.

일본 문헌은 투옥 기간을 기술하지는 않았지만 감금 사실을 밝혔다. 이들은 왜 심문받았을까? 해금정책을 어기고 울릉도에 다녀왔기 때문이다. 해금정책을 어긴 이유만으로도 7명이 문책받았는데, 국경을 넘어 일본까지 다녀온 두 사람이 벌을 받지 않았다는 것은 상식적으로도 납득하기 어렵다. 1694년 8월, 2차 교섭을 위해 동래로 내려간 접위관 유집일은 안용복을 심문한 바 있다. 이는 안용복이 그 당시 수감 중이었음을 뒷받침한다. 안용복이 자유인이었다면 출어 중이었을 가능성이 큰데, 유집일이 심문 사실을 언급했기 때문이다.

1696년 봄에 안용복은 또다시 도일했다. 이로 인해 그에게는 사형이 내려졌다. 그가 1차 피랍 이후 아무런 형을 받지 않았다가 갑자기 사형에 처해졌다는 것은 조선의 형법체계를 생각해볼 때 이해하기 어려운 일이다. 더구나 대신들도 안용복의 공적을 인정하는 형국이었는데 도일했다는 이유만으로 단번에 사형을 구형했을까? 그에게 사형이라는 중형을 내린 것은 앞서 2년형을 받았던 사실이 있기 때문이다. 즉 그가 2년형을 치렀음에도 불구하고 또다시 법을 어겼기 때문에 사형을 내렸다고 보는 것이 합리적이지 않을까?

안용복에게 사형이 내려졌지만 안용복의 공적이 그를 사형에서 구했다. 그동안 조선 측이 막부에 보냈던 예물(쌀·면포·종이 등)을 쓰시마번이 중간에서 횡령한 사실을 안용복이 밝혀냈기 때문이다. 조정 대신들은 울릉도를 지키게 된 것도 그의 공적으로 인정했다. 이로 인해 1697년 안용복은 사형을 면하고 유배형으로 감형받았다. 다만 유배지나 그 후의 행적에 대해서는 전해지는 바가 없다.

안용복의 진술 때문인지 일부에서는 안용복의 두 번에 걸친 활동으로 인해 일본의 도해금지령이 나온 것이라는 주장이 있지만, 이는 사실이 아니다. 도해금지령은 1696년 1월에 나왔고, 안용복이 두 번째로 일본에 갔던 시기는 1696년 봄이다. 1696년 1월의 도해금지령은 안용복의 1차 피랍이 계기가 된 것이지, 두 번에 걸친 도일의 결과가 아니다.

안용복이 1696년에 독도에서 일본인을
꾸짖었다는 주장은 사실일까?

안용복에 따르면, 자신은 일본에서 울릉도와 우산도가 우리 땅임을 주장했다. 따라서 이로 인해 처벌받으리라고는 미처 생각하지 못했다. 그러나 그는 국경을 함부로 넘었다는 죄로 송환된 뒤 2년의 수감생활을 견뎌야 했다. 그는 출옥 후인 1696년 봄 일본에 다시 가기로 계획했고, 떠나기에 앞서 만반의 준비를 했다. 80석 크기의 배를 마련했고, 승려 5명, 영해의 사공 등 4명, 양반까지 모두 10명을 규합했다.

승려에게는 울릉도에 가면 큰 이익을 얻을 수 있을 것이라는 말로 유인했다. 승려는 장사하는 중이었다. 일본에서 승려가 학식 있는 자로 존경받는다는 사실을 안용복이 알고 있었는지는 모르지만, 전라도 순천의 승려 뇌헌雷憲이 동행했다. 뇌헌은 당질堂姪인 이인성을 동행시켰다. 이인성은 양반이었는데, 안용복에게 이인성이 필요했던 이유는 소장訴狀을 쓰려면 글을 지을 줄 아는 사람이 필요했기 때문이다.

안용복은 '통정대부 안용복 갑오생(43세) 동래'라고 새겨진 요패를 차고 갔으며 조선팔도지도 8매도 지참했다. 일본 기록에 '朝鮮八道之圖조선팔도지도'로 되어 있으므로 그가 지참한 지도가 전도全圖인지 도별도道別圖인지는 명확하지 않다. 또한 호키에 들어갈 때는 '조울朝鬱 양도 감세장'이라고 쓴 깃발을 배 위에 걸었다. '감세장'이란 두 섬의 세금을 감독하는 관리라는 의미지만 조선에는 이런 관직이 없었다.

안용복은 어머니가 살고 있는 울산에서 사람들을 모아, 1696년 3월 울산을 떠났다. 울릉도에 도착해서 어로하는 동안 일본인들이 나타나기를 기다렸다. 일본인들이 나타난 건 5월이었다. 안용복은 이들을 내쫓는 척하면서 자연스레 일본으로 들어가려 했다. 『숙종실록』은 안용복이 독도에서 일본인을 만난 정황을 다음과 같이 기술했다.

"울릉도는 본래 우리 땅인데, 왜인이 어찌하여 감히 경계를 넘어 침범했느냐? 너희들을 모두 포박해야겠다"라고 하고, 이어 뱃머리에 나아가 큰소리로 꾸짖었습니다. 그랬더니 왜인이 말하기를, "우리들은 본디 松島에 사는데 우연히 고기잡이 하러 나왔다. 이제 본소本所로 돌아갈 것입니다"라고 하기에, "松島는 자산도子山島로서 거기도 우리나라 땅인데 너희들이 감히 거기에 산단 말이냐"라고 하였습니다. 이튿날 새벽에 배를 몰아 자산도에 갔는데, 왜인들이 막 가마솥을 벌여놓고 기름을 달이고 있었습니다. 제가 막대기로 쳐서 깨뜨리고 큰 소리로 꾸짖었더니, 왜인들이 거두어 배에 싣고 돛을 올리고 돌아가기에 제가 바로 배를 타고 뒤쫓았습니다. 그런데 갑자기 광풍을 만나 표류하여 옥기도玉岐島에 이르렀습니다.

위 기록을 보면, 안용복은 독도를 松島와 자산도로 칭했으며, '옥기도玉岐島'라는 표기가 보인다. 옥기玉岐는 안용복이 오키로 발음한 것을 한자로 표기한 것이다. 안용복이 일본인에게 말한 것이 므로 松島 역시 마쓰시마로 발음했을 것이다. 안용복은 1693년에 울릉도에서 우산도에 대해 들었다고 말한 사실이 있는데, 1696년 기록에는 자산도로 되어 있다. 그런데 이런 내용과 관련된 기록이 일본 문헌에서는 전혀 보이지 않는다. 이 때문에 일본 연구자는 안용복이 1696년에 독도에 간 사실이 없으며, 더구나 이미 도해금 지령이 내려진 이후이므로 일본인의 도해 및 안용복과의 만남이 있었을 리 없다고 주장한다.

그런데 2005년 일본 오키섬에서 새로운 문서가 발견되었다. 내용은「겐로쿠 9 병자년 조선 배가 해안에 도착한 일을 적은 한 권의 각서元禄九丙子年朝鮮舟着岸一卷之覚書」줄여서「겐로쿠 각서」이다. 즉 1696년 오키에 들어온 안용복 일행을 오키의 관리가 조사한 내용을 기록한 것으로 안용복 일행이 타고 온 배와 승선자의 신원, 소지품 등이 자세히 적혀 있다. 이 문서에도 안용복이 오키에 오기 전 독도에서 일본인을 만난 사실에 대해서는 아무런 기술이 없다. 따라서 독도에서 일본인을 만나 따졌다는 안용복의 진술은 거짓일 가능성이 크다. 다만 1696년 봄 요나고 지역에는 아직 도해 금지령이 전해지지 않은 단계였으므로 일본인들이 울릉도에 도해 했을 가능성은 충분하다.

안용복은 독도를 우산도로 알았을까, 자산도로 알았을까?

안용복이 칭한 섬 이름으로 우산도와 자산도, 두 가지가 보이므로 그가 어떤 섬을 지칭한 것인지 혼란스럽다. 그와 관련된 문헌상의 호칭을 모두 적어보면 다음과 같다.

① 1693년에 이 섬을 아는 자로부터 于山島라고 들었다

_『다케시마기사』(1693. 11. 1)

② 松嶋는 위의 같은 강원도 안의 子山[ソウサン]이라는 섬이다

_「겐로쿠 각서」(1696. 5)

③ 松島는 子山島로서 거기도 우리나라 땅인데……

_『숙종실록』(1696. 9. 25)

④ 몇 해 전에 내가 이곳에 들어와 울릉도·자산도 등을 조선의 경계로 정하고 관백의 서계까지 있는데……

_『숙종실록』(1696. 9. 25)

⑤ 제가 분을 금하지 못해 배를 타고 곧장 호키주로 가서 울릉 자산 양도 감세장鬱陵子山兩島監稅將이라 가칭하고……

_『숙종실록』(1696. 9. 25)

⑥ 가) 울릉과 우산芋山은 원래 조선에 속해 있으며, 조선에서는 가깝고 일본에서는 멀거늘鬱陵芋山本屬朝鮮 朝鮮近而日本遠……

_『성호사설』(1761)

나) "松島는 본래 우리 우산도"라고 하고 다음 날 芋山島로

달려가니……　　　　　　　　　　_『성호사설』(1761)

⑦ 松島는 바로 芋山島이다. 너희는 芋山이 우리 영토라는 말을
들지 못했느냐……　　　　　　_『동국문헌비고』(1770)

⑧ 조울朝鬱 양도 감세장　　　　_『다케시마고(竹島考)』(1826)

이들 내용을 보면,『숙종실록』과 조선 지도에는 자산도로 되어 있음을 알 수 있다. 이익과 신경준은 실록과 유사한 내용을 기술하되 芋山島^{우산도}로 적었고, 일본 측 기록은 于山島와 子山[ソウサン]을 둘 다 적었다. 이때 'ソウサン'은 '소우산'이라 읽는다. 그렇다면 안용복 자신은 무엇으로 알고 있었을까?『숙종실록』이나『다케시마기사』는 둘 다 안용복의 진술에 근거한 기록이다.

우선『숙종실록』을 보면, 안용복이 세 번에 걸쳐 '자산도'를 언급했는데 그 내용이 모두 실록의 한 기사(1696년 9월 26일)에서 연유한다는 사실에 주목할 필요가 있다. 그런데 실록과 유사한 내용을 기술한 이익과 신경준은 '우산도'로 표기했다. 이익은 '芋山島'라고 명기해 자산도가 아니라 우산도임을 분명히 하고 있다. 이로써 볼 때 다음과 같이 유추할 수 있다. 안용복이 1696년 비변사에서 심문받을 당시는 우산도라고 진술했지만, 실록을 편찬하는 과정에서『비변사등록』을 기본 자료로 했으므로 우산도를 자산도로 잘못 옮겨적었을 가능성이 있다. 다만『비변사등록』가운데 1696년부터 1698년까지의 원본이 현재 남아 있지 않아 이를 확인할 길은 없다.

한편 일본 문헌『다케시마기사』에는 안용복이 우산도로 알

고 있던 정황이 보인다. 안용복은 1693년 일본에 납치되기 전 우산도라는 이름을 들은 적이 있다. 그의 진술에 따르면, 자신이 울릉도에 머무는 동안 이 섬을 두 번 보았고 섬 이름을 아는 자에게서 우산도라고 부른다는 사실을 들었다는 것이다. 안용복은 자신이 직접 이 섬에 가보지는 못했지만 울릉도에서 대략 뱃길로 하루가 걸리는 섬으로 보인다는 진술도 덧붙였다. 그렇다면 그가 목격한 섬은 독도임이 분명하다. 안용복은 일본으로 오기 전 울릉도에서 이미 우산도를 목격했고 섬의 이름도 들은 상태에서 피랍되어 일본으로 오는 도정에서 다시 한번 섬의 존재를 확인했던 것이다. 이런 정황이라면 그가 섬의 이름을 잘못 기억하고 있었을 가능성은 낮다. 더구나 안용복은 문헌으로 접한 것이 아니라 직접 들었다. 따라서 그가 우산도를 잘못 옮겨 쓴 자산도를 접했을 리도 없다.

안용복이 우산도로 알고 있었을 또 하나의 가능성은 역관들이 우산도로 칭했다는 사실에서 유추할 수 있다. 1693년 11월, 조선 조정은 일본이 보내올 서계에 대한 대응책을 강구하기 위해 사역원 역관들을 불러 전후 상황을 물은 적이 있다. 이때 역관들은 일본이 다케시마로 부르는 섬이 조선의 울릉도임을 분명히 알고 있었지만 조정에서는 그렇게 답변하지 않았다. 이들은 조정에서 나온 뒤 상의하여, "그쪽 방향에 섬이 셋 있으며, 하나는 울릉도, 하나는 우산도, 나머지 하나는 이름이 없습니다. 이 중에서 어느 것이든 일본에서 다케시마라고 부르는 것을 다케시마로 정하시고, 그 밖의 섬을 조선국의 울릉도로 삼는다면 조선 조정의 의도와 명분도 서고 일본에서도 좋은 결과를 보게 될 듯합니다"라고 답하기로 정했다. 그리하여 이런 생각을 일본 측 통사에게 전했다. 조선 역관들의 모의를 접한 일본 측은 몰래 섬의 이름을 바꿔 우산도를 울릉도라고 해두더라도 결국 조선 조정이 알게 될 것이므로 좋은 계책이 아니라고 보았다. 당시 쓰시마번 관리들은 『여지승람』의 기술로 보아 우산도와 울릉도는 별개의 섬으로 보이며 조선 지도에도 두 섬으로 그려져 있다는 사실을 언급했다.

이렇듯 양국에서 이 문제와 관련된 사람들은 울릉도 외에 우산도가 따로 있다는 사실을 분명히 인지하고 있었다. 역관뿐만 아니라 쓰시마번 관리들도 우산도라는 호칭을 사용했다. 같은 시기에 안용복은 쓰시마번에 이어 부산왜관에서도 긴 시일 감금되어 있었으므로 일본 측 통사 및 조선 측 역관들과도 접촉했을 것이다. 이런 상황에서 안용복이 혼자 자산도로 칭했다면, 분명 문제가 되었을 것이다. 그런데 이와 관련된 내용이 기록에는 보이지 않는다. 쓰시마번 관리와 통사, 역관이 한결같이 우산도로 칭하고 있던 상황이므로 안용복은 섬의 이름을 우산도로 각인했을 것이다.

그렇다면 「겐로쿠 각서」에 "강원도 안의 子山(ソウサン)'이라는 섬이다"라고 한 것을 어떻게 볼 것인가? 이 내용은 오키 관리가 안용복이 지참한 지도를 본 상태에서 자기들이 다케시마·마쓰시마라고 부르는 섬이 조선 지도에서 어디에 해당되는지를 밝힌 것이다. 오키 관리는 지도의 많은 지명 가운데 8도의 이름만을 적되 한글 발음을 가타카나로 썼고 유독 강원도 부분에만 "이 도道 안에 다케시마竹嶋와 마쓰시마松嶋가 있다"고 부기했다. 이는 관리가 일본에서는 다케시마와 마쓰시마로 칭하는 섬이 조선 지도에 강원도

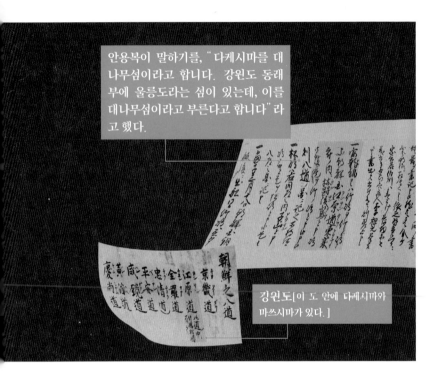

안용복이 말하기를, "다케시마를 대나무섬이라고 합니다. 강원도 동래부에 울릉도라는 섬이 있는데, 이를 대나무섬이라고 부른다고 합니다"라고 했다.

강원도[이 도 안에 다케시마와 마쓰시마가 있다.]

「겐로쿠 각서」(1696)

1696년 오키 관리가 안용복과 그 일행을 심문한 내용이다. 안용복의 통역으로 심문하고 기록했다. 안용복이 지참하고 온 지도를 보고 조선의 팔도명과 우리말 발음을 적었는데, 강원도 부분에만 "이 도 안에 다케시마와 마쓰시마가 있다"고 특기했다. 이는 관리가 자신들이 다케시마와 마쓰시마로 부르는 두 섬을 강원도 소속의 울릉도와 자산도(소우산)에 해당시킨 것이다. 이 기록으로써 1696년 두 번째로 일본에 간 안용복의 행적이 자세히 밝혀졌다. 일본은 안용복의 행적이 대부분 허구라고 주장해왔는데 이 문서가 발견되면서 그의 행적이 대부분 사실임이 드러났다.

소속으로 되어 있음을 확인했다는 의미다. 그런데 오키 관리는 자기네가 마쓰시마라고 부르는 섬이 조선 지도에는 '자산子山'으로 되어 있음을 알게 되었다. 그런데 이를 子山(ソウサン)이라는 형식으로 두 가지 명칭을 함께 적었다. 이는 子山을 ソウサン소우산으로 읽은 것이다. ソウサン이라는 표기는 于山이라는 명칭에서 파생된 '小于山'을 음차한 표기가 아닐까?

그렇다면 '소우산'은 누구의 견해인가? 각서 내용은 오키 관리가 안용복을 통역으로 해서 안용복 일행을 심문한 내용이다. 그러므로 '소우산'으로 기입한 자는 관리일 테지만 그 내용을 일러준 자는 안용복이라는 사실이 성립한다. 「겐로쿠 각서」를 보면, 여러 인명과 지명이 보이는데 한자 옆에 발음이 가타카나로 쓰여 있다. 이를테면 鬱陵嶋라는 한자 옆에는 'ウンロンタウ울롱다우'라고 썼다. 이는 '울릉도'라는 우리말 발음에 가깝게 쓴 것이므로 안용복의 말을 받아 적은 것임을 알 수 있다. 관리가 일본식대로 읽었다면 'ウツリョウトウ우츠료토우'로 썼어야 하기 때문이다. 이런 용례대로라면, '子山'도 안용복이 '자산'으로 읽었어야 하고 이를 받아 적은 관리도 'ザサン'으로 썼어야 한다. 그런데 'ソウサン'으로 표기했다. 그렇다면 이는 안용복이 그렇게 발음했다는 뜻이다. 안용복은 왜 '자산'이라 하지 않고 '소우산'이라고 했을까? 안용복은 우산으로 알고 있었는데 지도에 우산으로 되어 있어 그 의미를 '작은 于山'으로 해석했을 가능성도 있다. 안용복이 한자를 전혀 몰랐다면 어떻게 해석했을까? 안용복이 우산이라고 발음하는 것을 들은 관리가 지도의 子山을 '새끼 우산'이라고 해석하여 그렇

게 적은 것인가? 여러 가지 가능성을 생각해볼 수 있지만, 어느 경우든 이는 안용복이 독도를 우산도로 알고 있었음을 뒷받침한다. 「겐로쿠 각서」에 '소우산'은 없고 '자산'만 보였다면, 지도에도 자산으로 되어 있고 안용복도 '자산'으로 언급한 기록이 있으므로 안용복이 '자산도'로 알고 있었다고 상정할 수 있다. 그러나 「겐로쿠 각서」에는 '소우산'이 함께 보인다. 이런 점을 고려해볼 때, 안용복은 1693년에 각인된 '우산도'로서의 인식을 1696년까지 지속하고 있었다고 생각된다.

안용복은 왜 호키로 들어갔으며, 돗토리번에서는 무엇을 했을까?

1696년 5월 안용복 일행은 오키에서 자신이 온 목적이 호키 태수에게 소송하기 위해서임을 말하고 이를 상부에 전달해달라고 요청하며 기다리고 있었다. 그러나 아무 소식이 없자 직접 호키로 가서 따지고자 했다. 호키로 들어가는 배에는 '조울 양도 감세장 신臣 안安 동지同知 기騎'라고 쓴 깃발을 달았다. 때는 6월 초였다. 안용복은 호키에서 태수(돗토리 번주)를 만났다. 안용복은 당상관의 복장을 하고 검은 갓을 썼으며 가죽신을 신고 가마를 타고 관청에 들어갔다. 다른 사람들은 말을 타고 들어갔다. 태수를 만난 안용복은 이인성이 작성한 소장을 제출했지만 쓰시마 번주의 아버지가 아들이 벌을 받는 것을 두려워하여 간청하는 바람에 그만

두고 그 대신 울릉도로 넘어왔던 일본인들을 처벌하게 했다고 한다. 이는 『숙종실록』(1696.9.25)에 기록된 안용복의 진술이다. 이런 내용이 일본 기록과는 차이가 있으며 이인성의 소장(訴狀)도 전하지 않지만, 소장의 존재에 대해서는 일본도 기록하고 있다.

「겐로쿠 각서」에 따르면, 1696년 안용복과 일행 중 두 사람이 오키 관리의 조사를 마치고 배로 돌아간 뒤 밥쌀을 요청한 적이 있다. 이에 오키 관리는 사실을 알아보도록 촌장을 보냈다. 촌장은 "돗토리의 호키노카미에게 소송하러 왔다고 하면서 쌀도 준비해오지 않은 것은 이상하지 않은가?"라고 물었다. 이 말은 안용복이 자신의 도일 목적이 호키 태수를 상대로 한 소송임을 촌장에게도 밝혔음을 시사한다.

안용복의 도일 목적이 소송에 있다는 사실은 막부에도 전해졌고, 막부 노중은 돗토리번과 쓰시마번 관리를 불러 조선인의 소송을 받아들이라고 지시했다. 돗토리번 관리는 안용복의 소송이 쓰시마 번주와 관련된 일이라고 짐작했지만 노중에게는 말이 통하지 않아 잘 모르겠다는 식으로 둘러댔다. 막부가 필담을 권하자, 돗토리번 관리는 그렇게 되면 소송을 받아들이는 것이 된다며 거부할 의사를 비쳤다. 그리고 나서는 이나바 지역에 통사를 보내 달라고 막부에 요청했다. 이는 쓰시마번이 곤란해질까봐 배려한 행동이었다. 돗토리번 관리는 안용복이 3년 전에 왔던 인물이며 일본어를 할 줄 안다는 사실도 알고 있었지만 막부에 거짓말을 한 것이다.

한편 돗토리번 관리는 쓰시마번 관리에게 3년 전에 안용복을 쓰시마에 가둬놓고 포박한 적이 있었는지를 확인했다. 안용복이 쓰시마에서의 냉대를 폭로했기 때문이다. 이 때문에 안용복이 도일한 목적이 쓰시마의 냉대를 고발하기 위해서라는 견해가 있지만, 이는 사실이 아닌 듯하다. 안용복의 말에 따르면, 두 섬이 조선 땅이라는 관백의 서계를 받았지만 (나가사키에서) 쓰시마번 관리에게 빼앗기고 감금까지 당했으므로 소송으로 되찾으려 했다는 것이다. 이 말이 사실이라면 그 과정에 쓰시마번이 개재된 것은 맞지만 소송의 목적은 빼앗긴 문서를 되찾는 데 있을 뿐, 쓰시마번 관리의 만행을 고발하는 데 있다고 보기는 어렵다. 돗토리번 관리가 쓰시마번 관리에게 "(안용복이) 문서 2~3통을 가지고 쇼군 님께 올릴 문서 혹은 이나바 영주에게 제출할 문서에 대해 말했지만, 어떤 것도 받아들일 수 없다고 했다"고 한 사실로 미루어볼 때, 안용복이 소송하려 했음은 사실로 보인다.

막부는 안용복의 소송 건에 대하여 외국 선박의 소송 건을 처리하던 대로 나가사키봉행소에서 처리하도록 지시했다. 그러자 쓰시마번은 안용복의 소송 건을 받아들이지 않고자 온갖 방안을 강구했다. 쓰시마번은 이번 건이 다케시마에 대한 소송일 것으로 짐작했다. 쓰시마번은 막부의 도해금지령을 아직 조선 측에 전하지 않은 상태에서 안용복의 소송을 받아들이면 문제가 될 것으로 보았다. 이에 쓰시마번은 안용복이 쓰시마를 통하지 않고 직접 소송하는 것을 받아들이면 앞으로도 일이 있을 때마다 직접 소송하려 할 것이라는 이유를 들어 받아들여서는 안 된다고 막부에 진언했다. 결국 막부는 "법을 어긴 자는 접대하지 말고 빨리 쫓아 보내라"고 돗토리번에 지시하는 것으로 마무리했다.

1696년 6월 4일 돗토리번은 호키로 들어온 안용복 일행의 처리를 두고 막부와 의논했다. 그 사이 안용복 일행은 아카사키赤崎, 아오야青谷의 센넨지, 가로賀露의 도젠지, 돗토리 성하, 고아먀이케湖山池 등으로 전전하다가 6월 21일 돗토리번 성하의 정회소町會所(회합을 위한 공공건물)로 옮겨졌다. 7월 초에는 다시 아오지마青嶋로 옮겨졌다. 돗토리번에서는 안용복 일행을 후대하다가 아오지마에서는 식량을 제대로 지급하지 않는 등 태도가 일변했다. 일설에는 조선인들이 아오지마에 있는 동안 뱀을 다 잡아 먹는 바람에 들쥐가 번성했다고 한다.

8월 1일 돗토리 번주는 에도에서 귀국하여 오야·무라카와 두 가문에 막부의 도해금지령을 전했다. 그러나 앞서 쓰시마번이 막부에 안용복의 소송을 받아들이지 말아야 한다고 건의한 것이 받아들여져 막부는 돗토리번에 안용복 일행을 추방하라고 지시했다. 이에 안용복 일행은 8월 6일 가로항을 떠났다. 이들은 8월 말 강원도 양양으로 돌아왔지만 강원도 관찰사 심평에게 적발되었고 김순립을 제외한 10명은 한성의 비변사로 압송되어 심문받았다.

쓰시마번은 안용복 일행이 가로항을 떠날 때까지도 도해금지령을 조선에 전하지 않고 기회를 엿보고 있었다. 그러다가 1696년 10월 4대 번주의 조문과 3대 번주의 재임 축하를 겸해 조선에서 역관이 오자, 도해금지령을 구두로 전했다. 이렇게 해서 쓰시마번은 자신들이 원하는 바를 이뤘지만, 안용복은 돗토리번에서 원하는 바를 이룰 수 없었다.

안용복은
거짓말쟁이였을까?

안용복은 자신을 통정대부·감세장 등으로 사칭하고 관백을 만나 서계를 받았다고 진술한 바 있으므로 일본에서는 안용복의 행적이 허구와 과장으로 가득 차 있다고 비판한다. 과연 그의 진술은 얼마나 믿을 만한가? 그의 진술은 한·일 양국 사료에 기록되어 있다. 동일인의 진술에 근거한 것인데도 양국의 기록이 다른데, 안용복이 심문 장소에 따라 다르게 진술했을 가능성이 있다. 그러므로 이를 감안하고 기록을 살펴볼 필요가 있다. 『숙종실록』의 내용은 안용복이 동래부와 비변사에서 취조받을 때의 진술을 기록한 것이다. 그러므로 그가 벌을 가볍게 받기 위해 자신의 공을 과장하고 일정 부분 거짓말을 했을 가능성을 배제할 수는 없다. 그의 진술 가운데 검증이 필요한 부분은 다음과 같다.

① 1693년에 에도에 가서 관백을 만나 서계를 받았는데 쓰시마번 관리에게 빼앗겼다는 말은 사실인가?
② 1696년에 일본에 다시 간 목적이 소송을 하기 위해서라고 한 것은 사실인가?
③ 1696년에 일본으로 가던 도중 우산도에서 일본인을 만나 질책했다는 것은 사실인가?
④ 호키로 들어갈 때 깃발에 쓴 것은 '울릉자산 양도 감세장'(안용복의 진술)인가, '조울 양도 감세장'인가?

이 가운데 사실로 보기 어려운 것은 ① 에도로 가서 관백을 만났다는 것이다. 안용복은 이나바나 나가사키 같은 도시를 에도로 착각했을 가능성이 있다. 관백의 서계를 받았다고 한 것도 돗토리번에서 중신을 만났을 때 받은 문서를 의미하는 듯하다. 그가 문서를 받은 일과 소장을 제출하려 한 사실은 일본 기록에 남아 있다. 또한 그의 신분은 정3품 당상관이 아니었다. 그가 양반이었다면 소장을 쓰지 못했을 리가 없다. 무엇보다 그가 양반이었다면 울릉도에 어로하러 갔을 리가 없다. 그가 '감세장'을 사칭한 것도 맞다. 다만 그가 사칭한 관직이 정확히 무엇이었는가는 알 수 없다. '조울 양도 감세장'은 아오야에서 일본 관리가 옮겨 적은 것인데다 관리가 '자산도'를 알고 있었을 가능성은 낮다는 점으로 미루어 보면 '조울 양도 감세장'이 맞을 듯하다. '조울朝鬱'은 '조선'과 '울릉도'의 줄임말로 보인다.

그런데 안용복 혼자만이 거짓말을 했을까? 돗토리번과 쓰시마번 관리들은 막부를 상대로 더 큰 거짓말을 했다. 1차 피랍 당시 쓰시마번은 안용복과 박어둔을 잘 대접하라는 상부의 지시를 어기고 쓰시마에 도착하자마자 포박하고 감금했다. 2차 도일에서 돗토리번은 안용복이 일본어를 할 줄 모른다고 막부에 거짓으로 보고했다. 2차 도일사건에 대한 막부의 처리 과정을 보면, 돗토리번과 쓰시마번이 노중에게 수시로 보고하고 지시를 받았다. 노중은 에도에 체재하고 있는 두 번의 가신들을 불러 직접 보고를 받고 지시를 내리기도 했다. 그러므로 어느 한쪽이 거짓말을 하면 드러나게 마련이다. 돗토리번 관리가 노중에게 거짓말을 한 뒤 이런 사실을 곧바로 쓰시마번 관리에게 알려준 것도 이를 염려해서 였다.

그동안 일본은 주로『숙종실록』에 의거하여 안용복의 행적을 비판해왔다. 안용복이 사소한 거짓말을 하거나 공을 과장한 면은 있지만 2005년에 일본에서「겐로쿠 각서」가 발견됨으로써 안용 복의 행적이 자세히 밝혀졌고 대부분의 행적이 사실로 입증되었다.

영유권 교섭을 수행한 쓰시마번의 의도는 무엇인가?

막부는 쓰시마번에 도해금지령을 조선 측에 전달하도록 명했지만 쓰시마번은 시일을 끌고 있었다. 쓰시마번은 정식 외교문서가 아 닌 구두로 전하기로 결정하고 막부의 허락까지 받았다. 1696년 10월, 쓰시마번은 도해 역관이 왔을 때 이를 구두로 전했다. 그러 자 조선 측은 이 내용을 한문으로 써달라고 요구해서 받았다. 역 관이 귀국하는 길에 동행한 쓰시마번 사신은 도해금지령을 내게 된 데 자신들의 역할이 컸음을 생색내고자 했다. 막부로부터 쓰시 마번의 역할을 인정받고자 해서다. 이 때문에 쓰시마번은 사례하 는 서계에 이런 사실을 명기해달라고 조선 정부에 요청했다. 1697 년 2월 동래 부사는 이런 사실을 조선 조정에 보고했다.

조선 측은 1697년 4월 예조 참의 박세준 명의의 서계를 쓰시 마번에 보냈다. 쓰시마번이 원하는 감사 인사를 하고 아울러 울릉도는 우리나라 영토인데 관리가 처음에는 잘못 알았지만 결국에라도 알게 되어 다행이라고 적었다. 서계 사본을 비공식으로 접한 쓰시마번 관리는 예조가 지적한 네 가지 사항을 포함하여 '울릉도'라는 세 글자가 있음을 또다시 문제 삼아 동래 부사에게 개작을 요구했다. 그렇지 않은 상태에서는 막부에 보고하기 어렵다는 이유를 들었다.

그러나 쓰시마번의 실제 의도는 '다케시마'라는 글자만 남겨두고 '울릉도' 세 글자의 흔적을 없애려는 데 있었다. 조선 정부는 쓰시마번이 원하는 대로 자구를 수정하거나 삭제했지만 '울릉도' 세 글자의 삭제는 끝까지 거부했다. 또한 조선 정부는 막부가 도해금지 사실을 사신을 보내 정식 외교문서로 전하지 않고 역관 편에 구상서로 전한 것도 외교적인 결례라고 따졌다. 이에 대하여 쓰시마번은 구상서 형식이라도 정식 외교문서와 같은 효력을 지닌다는 논리를 폈다. 그러나 외교문서가 되려면 적어도 예조 참판·예조 참의·동래 부사·부산포 첨사 등을 수신인으로 하는 서계 형식을 갖추어야 한다.

이렇듯 에도 막부와 쓰시마번은 도해금지령을 성립시킨 후에도 '울릉도' 세 글자를 문서에 담지 않기 위해 2년을 끌었다. 그 사이에 왜관의 일본인들은 함부로 왜관 밖을 나가 서계 개정을 촉구하는 시위를 하기도 했다. 이 시위를 주도한 사람은 쓰시마번의 재판차왜 다카세 하치에몬이었다. 예조 참의 이선부가 1698년 3월자로 수정하여 작성한 서계는 6월에 에도에 전해졌다. 1699년 3월 쓰시마번의 외교사절은 형부대보(3대 번주) 요시자네의 서계를 조선 측에 전하기 위해 부산에 왔다. 이때 막부는 쓰시마번에게 조선의 행태에 대하여 구두로라도 유감을 표시할 것을 지시했다. 이렇듯 일본은 울릉도가 조선 영토임을 인정하는 순간까지도 문서에 '울릉도'라는 세 글자를 남기지 않으려 했다. 그리고 이를 획책한 것은 쓰시마번이었다. 쓰시마번이 집요하게 세 글자의 삭제를 요구한 의도는 언젠가는 울릉도를 일본 영토로 만들겠다는 야심이 있었기 때문이다.

울릉도 쟁계 발생 이후
조선 정부의 대응책은 어떠했는가?

조선 정부는 1693년 울릉도 쟁계로 일본과 분규가 시작되자 울릉도에 관심을 보이기 시작했다. 우선 조선 정부는 일본인들이 왜 울릉도에 큰 관심을 보이는지가 궁금했다. 이에 숙종은 1694년 가을, 삼척 영장 장한상에게 울릉도와 주변 도서를 조사하도록 명했다. 장한상은 군관 최세철을 먼저 보내 8월 16일부터 9월 1일에 걸쳐 사전 답사를 하게 했다. 그 뒤를 이어 장한상은 9월 19일부터 10월 3일까지 조사했다. 장한상이 이끈 조사단은 총 6척의 배와 수행 인원 150명 규모였다.

장한상은 울릉도 중봉(성인봉)에 올라가 사방을 둘러보았다. 이때 독도로 볼 만한 섬의 형상을 언급했지만 그 섬을 우산도로 명명하지는 않았다. 그는 울릉도 동쪽 5리쯤에 있는 섬에 대해서도 언급했다. 댓섬을 가리킨 것이지만, 이 역시 죽도라고 명명하지는 않았다. 그는 울릉도 외에는 다른 섬의 이름을 몰랐던 것이다. 장한상은 배를 대기에 가장 좋은 곳이 어디인지, 왜구를 막으려면 어느 입구가 좋은지, 개간지로는 어디가 적당한지를 중점적으로 살폈다. 그는 조사하는 동안 일본인의 흔적을 발견했지만 오래전에 남긴 흔적일 것으로 추측했다.

장한상의 보고를 받은 숙종은 울릉도를 제대로 관리할 필요성을 느꼈다. 이에 2년 간격으로 수토관搜討官을 파견하기로 방침을 정했고 이 제도는 1699년부터 시행되었다. 이를 우리는 수토정책搜討政策이라고 한다. 수토관은 삼척진 영장과 월송포 만호가 교대로 맡았다. 울릉도로 가려면 삼척의 장오리진이나 울진의 죽변, 평해의 구미진 등지에서 떠나야 했기 때문이다. 수토관의 임무는 울릉도에 사는 주민을 찾아내 육지로 돌려보내고 왜구의 침입이 있었는지를 살피는 것이었다. 일본인을 만날 가능성이 높았기 때문에 수토할 때마다 역관이 동행했다. 수토관은 조사 후 수토 사실을 입증하기 위해 특산물인 붉은 흙과 향나무, 강치가죽 등을 조정에 제출했다. 수토제도는 크게 흉년이 든 경우를 제외하고는 정례대로 실시되었다. 조선 후기로 오면 1년 간격으로, 더 자주 실시되었다. 수토제도가 정식으로 폐지된 것은 1894년 말이다. 이 제도는 조선 정부가 정책적으로 울릉도와 주변 도서를 관리해 왔음을 보여주는 증거이다.

1693년 안용복 피랍사건이 조선 정부에 가져온 파장은 컸다. 조정 대신들은 이 문제로 숙의했고, 숙종은 역관까지 불러들여 사태를 파악하려 했다. 사안이 중대하다고 여겼는지 숙종은 울릉도 쟁계에 관한 문제를 과거시험에 출제했다. 경상북도 의성 지역 선비였던 신덕함의 미간행 문집에 대책對策이 실려 있는데, 울릉도 쟁계와 관련된 시험 문제와 답안지였다. 모두 14장으로 된 필사본 형태로, 그 내용은 숙종이 울릉도 쟁계에 대한 조정 대신들의 의견을 제시한 뒤 응시자들에게 이에 대한 의견을 구하는 형식이었다. 구체적으로는 변방을 안정시키고 나라를 평안히 할 방책을 강구하라는 문제였다. 책문策問과 대책對策이라는 전형적인 책문策文 형식으로 되어 있어 과거시험에 출제된 것임을 알 수 있다. 신덕함은 1684년에 생원시와 진사시 양시에 합격했으나 문과에 실패하여 관직에는 나아가지 못했다. 시험이 출제된 시기는 정확히 알 수 없지만, 숙종이 직접 전시殿試에 참여했던 정황과 울릉도 쟁계를 전후하여 실시된 전시를 조사해보니, 1696년 11월 전시였을 가능성이 높다. 신덕함이 대과에 나아간 사실은 기록에 보이지 않으므로 그가 전시를 볼 경우에 대비하여 작성한 것이거나, 아니면 다른 사람의 대책을 베꼈을 가능성도 있다. 답안 작성자가 신덕함이 아니라고 하더라도 울릉도 쟁계에 대한 당시 사대부의 인식을 보여준다는 점에서 이 책문은 의미가 있다.

시험문제와 답안지를 보면, 당시 조정의 분위기를 알 수 있다. 조정에서는 두 가지 방안을 두고 다투고 있었다. 하나는 우리 쪽에서 울릉도에 군대를 보내 먼저 점거하여 지키자는 것이고, 다른 하나는 일본과의 우호를 지키기 위해 그들의 왕래를 허용하고 변방의 방비를 잘하자는 것이었다. 그러나 숙종은 두 가지 방안 중

결단을 내리지 못하고 과거시험으로 출제하여 사대부들의 의견을 구했던 것이다. 숙종이 일본의 울릉도 왕래를 허용하는 방안을 언급한 것으로 보건대, 일본의 다케시마 도해금지령이 조선에 전달되기 전으로 추정된다. 신덕함(답안 작성자)은 두 가지 방안을 모두 비판하고 자신의 방책을 심세득인審勢得人, 즉 "형세를 잘 살피고 적임자를 얻어 잘 처리하는 것"으로 개진했다.

이러한 책문의 존재는 당시 울릉도 쟁계가 중대한 국가적 현안이었음을 보여준다. 보통 과거시험 문제는 국가 경영의 방도를 구하기 위해 개혁의 방책에 대해 묻는 경우가 많았고, 답변은 대체로 유학 사상에 의거한 원칙론이 많았다. 그런데 숙종은 울릉도 쟁계라는 구체적 현안을 출제했다. 이는 한편으로는 숙종을 비롯한 조정 대신들이 일본의 울릉도 침탈에 적극 대응하려 했음을 보여준다.

막부의 도해금지령 후에도
일본인들은 울릉도를 왕래했을까?

에도 막부가 도해금지령을 낸 1696년 이후 일본인들의 울릉도 도해가 당분간은 없었을 것이다. 그러나 돗토리번 지역민들은 울릉도에 대한 미련을 버리지 못했다. 막부 역시 1720년대에 울릉도에 다시 관심을 보인 적이 있다. 이에 막부는 돗토리번에 관련 문서를 제출할 것을 요구했는데 돗토리번이 제출한 것은 주로 겐로쿠 연간(숙종 연간)의 자료와 지도였다. 1720년대만 해도 과거에 울릉도에 도해했던 사람들이 생존해 있었다. 1724년 돗토리번은 1690년대에 도해했던 생존자를 찾아 과거를 회상하게 하고 수목과 조수鳥獸, 강치에 대해서도 조사하여 막부에 보고했다. 그러나 1720년대에 돗토리번 사람들이 울릉도 도해를 다시 시도한 흔적은 기록상으로는 보이지 않는다.

일본인들은 덴포天保 연간(1830~1843)에도 울릉도 도해를 시도했다가 발각된 적이 있다. 이를 '덴포 다케시마 일건天保竹島一件'이라고 한다. 하마다번의 운송업자 이마즈야 하치에몬이 울릉도에 도해하기 위해 번의 관리에게 청원하자 관리가 도와주고 번이 묵인하여 울릉도에 도해한 사건이다. 울릉도 도해는 1833년에서 1836년 사이에 있었고 도해가 발각된 시기는 1836년이다. 이 사건으로 인해 이마즈야와 그를 도와준 하마다번 가로의 가신 하시모토 산베橋本三兵衛는 사형에 처해졌고, 중신들은 조사받기도 전에 할복했다. 이 외에도 연루자 전원에게 각각의 죄에 맞게 관직박탈, 중추방, 연금軟禁, 무거운 질책, 벌금 등의 형벌이 내려졌다. 사건 주모자인 하치에몬은 진술서『다케시마 도해 일건기』를 남겼고, 막부의 최고사법기관인 평정소評定所도 사건 관련 기록『조선 다케시마 도항 시말기朝鮮竹島渡航始末記』를 남겼다. 막부는 이 사건 이후 1837년 2월 전국적으로 '다케시마 도해금지령'을 냈다.

겐로쿠 시대와 마찬가지로 에도 막부는 도해금지령을 내기 전인 1836년 7월, 쓰시마번에 두 섬의 소속에 관해 물은 적이 있다. 질문 가운데는 "다케시마와 마쓰시마가 모두 조선의 울릉도蔚

^{陵嶋}인가, 아니면 다케시마는 울릉도이고 마쓰시마는 조선 외의 땅인가?"라는 것이 있었다. 이에 대하여 쓰시마번은 "다케시마 근처에 마쓰시마가 있어 일본인들이 어로했다고 한다. 다케시마와 마찬가지로 일본인의 도해가 금지된 섬인 것처럼 보이지만 확정짓기는 어렵다"는 취지로 답변했다. 이때 쓰시마번은 조선 지도에 울릉^{蔚陵}·우산^{于山} 두 섬이 있다는 답변도 했다. 이는 일본인에게 울릉도와 우산도가 조선 영토로 인식되고 있었음을 보여준다. 그동안은 이 사건을 하치에몬이 도검 등을 싣고 울릉도에 가서 (조선인과) 밀무역을 한 사건으로 간주했었다. 그러나 막부의 조사 결과, 하치에몬이 울릉도로 건너가 목재와 인삼 등을 싣고 왔지만 외국인과 교역한 사실은 없었다는 사실이 밝혀졌다.

하치에몬 당시 일본은
독도를 어떻게 인식했을까?

17세기에 '다케시마 일건'이 일단락되었으므로 일본인이 울릉도에 도해하는 일은 빈번하지 않았다. 그렇다면 그 후로는 일본인들은 독도를 어떻게 인식했을까? 막부가 울릉도에 몰래 건너간 하치에몬에게 사형을 언도한 것은 겐로쿠 연간의 '다케시마 일건' 이래 줄곧 두 섬을 조선의 속도로 인식해왔다는 사실을 재확인시켜준다. 실제로 도해했던 일본인들도 마찬가지였다. 하치에몬의 진술이나 그림지도가 이를 말해준다. 하치에몬은 직접 울릉도

다케시마(울릉도)

마쓰시마(독도)

「다케시마방각도竹嶌方角圖」

1830년대에 독도에 간다는 명목으로 울릉도에 도해했던 하치에몬의 진술에 근거하여 막부 관리가 그린 지도이다. 다케시마(울릉도)와 마쓰시마(독도)가 그려져 있되 조선과 동일하게 분홍색으로 칠해져 있어 조선 소속으로 보고 있었음을 알 수 있다. 오키는 일본 본토와 같은 노란색으로 채색되어 있다. 이 지도를 수정한 지도가 막부 최고사법 기관의 기록에 그대로 실려 있다. 여기에도 다케시마와 마쓰시마가 조선과 같은 붉은 색으로 채색되어 있다.

에 관한 그림지도를 그렸지만 현재 전하지는 않는다. 그의 진술에 근거하여 봉행소의 관리가 그린 「다케시마방각도竹嶋方角圖」가 남아 있는데, 여기에는 울릉도(다케시마)뿐만 아니라 독도(마쓰시마)도 그려져 있다. 지도에 그려진 두 섬은 조선과 동일하게 채색되어 있다. 반면 일본 지역과 오키 제도諸島는 동일하게 채색되어 있지 않다. 따라서 채색만으로도 두 섬의 소속 관계를 알 수 있다. 이를 모사한 후대의 그림지도 역시 마찬가지였다. 이로써 일본은 1830년대에도 울릉도와 독도를 한 묶음으로 인식하고 있었으며 조선 소속으로 인식하고 있었음을 알 수 있다.

그럼에도 일본 정부는 과거(1956)에 "竹島(울릉도) 도해금제 후에도 松島[오늘날의 竹島]로의 도항은 아무런 문제가 없었다는 것을 나타내고 있다"고 주장한 적이 있다. 그러나 하치에몬과 관련된 그림지도에 언제나 두 섬이 함께 그려져 있는 것으로 알 수 있듯이 일본인들은 두 섬을 분리해서 인식한 적이 없었다. 따라서 울릉도 도해를 금지했다면 당연히 독도 도해도 금지되었다고 볼 수 있다.

1696년과 1837년의 도해금지령은 어떤 차이가 있는가?

일본은 두 차례에 걸쳐 일본인에게 도해금지령을 내렸다. 둘 다에도 막부가 발령한 것이라는 사실 외에 어떤 차이가 있는가?

1696년의 도해금지령은 적용 대상을 돗토리번 지역의 두 가문에 한정해 내렸다. 특히 무라카와 가문과 오야 가문의 도해를 금지한다고 명기했다. 이에 비해 1837년의 금지령은 "막부의 직할령에는 대관이, 사령私領에는 영주 및 지두地頭(소규모 영주)가 포구 및 정촌町村에 모두 빠짐없이 공지하"도록 했다. 이는 도해금지 지역의 범위를 요나고뿐만 아니라 일본 전역으로 확대했다는 뜻이다. 다음은 1837년 2월 21일자 도해금지령의 주요 내용이다.

(다케시마를) 예전에는 하쿠슈伯州 요나고米子 사람들이 도해하여 어렵을 했다고 하지만, 겐로쿠元禄 때 조선국에 건네주신 이후 도해를 정지하도록 명하신 곳이다. 무릇 이국異國 도해는 엄중히 금지된 일이니 앞으로 다케시마도 마찬가시임을 명심히여 도해하지 말라. 물론 각 지방의 회선廻船(운송선) 등은 해상에서 이국선과 만나지 않도록 항해 등을 주의하도록 이전에 지시한 대로 엄수해야 하며, 이후로는 되도록 먼 바다로 항해하지 않도록 해야한다. ……

이 금지령은 목판에 새겨져 전국의 포구와 마을에 게시되었다. 도해금지령에 "겐로쿠 때 조선국에 건네주신 이후로"라고 명기했듯이 덴포기의 금지령은 겐로쿠기의 결정에 근거하여 내려졌음을 알 수 있다. 17세기 막부의 결정이 19세기까지 그 근거로서 원용되고 있었던 것이다. 1830년대에 세워졌던 고찰高札의 일부가 일본의 해변가에서 발견되었는데, 그 가운데 하나가 현재 부산 한국해양박물관에 전시되어 있다.

18~19세기 조선 정부의 울릉도 정책은 어떠했는가?

울릉도 쟁계 이후 조선 정부는 일본이 울릉도를 노린다는 사실을 알고 적극 대처하면서, 수토정책을 시행하기 시작했다. 이 정책은 어떻게 진행되었는가? 1694년 장한상의 조사 이후 조선 정부는 2년 간격으로 수토관을 파견하여 울릉도와 주변의 섬을 조사하기로 했다. 수토 시기는 5월이 가장 좋다고 판단되어 주로 이때 실시되었다. 수토관은 삼척진 영장과 월송포 만호가 교대로 맡았고 100명이 넘는 수행 인원의 식량 및 물자는 강원도 지역민이 부담했으며, 역관이 항상 대동했다. 수토관은 주로 울진의 대풍소^{待風所}에서 바람을 기다렸다가 울릉도로 향했다.

1699년 6월 월송포 만호 전회일이 첫 수토관으로 파견되었다. 이때부터 수토가 정식^{定式}이 되어 큰 흉년이 들지 않는 한 거의 200년간 지속적으로 실시되었다. 수토관들은 울릉도를 직접 답사하여 지형과 산물, 거주 여부, 일본인의 흔적 등을 조사했다. 보고서는 수토관에 따라 차이가 있지만 초기에는 울릉도에 사람이 거주한다는 보고가 주를 이뤘다. 이에 비해 후기에는 거주자 관련 보고가 별로 없다. 그런데 1769년 잠상^{潛商}에 의한 인삼 채취가 성행하고 강원도 관찰사와 삼척 영장까지 결탁했다는 실록 기사로 보건대, 사람들의 거주와 왕래가 끊이지 않았음을 알 수 있다. 사람들의 거주가 일시적인 체류였는지 영구 거주였는지 분명하지 않지만, 수토관의 보고서에 등장하는 지명이 증가하고 있음을 볼 때 사람들의 거주가 단절되지 않았음은 분명해 보인다. 지명의 증가 상황을 보면, 1694년에 장한상이 거론한 지명은 중봉(성인봉)뿐이고 1711년 박석창은 왜강창倭舡倉(왜선창)을 거론하는 정도였다. 그런데 1786년 김창윤은 저전동·왜선창·장작지·천마구미·방패도·현작지·추산·죽암·공암·황토구미 등을 거론할 정도로 지명이 크게 증가했다.

프랑스 탐험가 라 페루즈는 1787년 5월 27일자 일지에서 울릉도에 사람들이 거주하며 배를 만들고 있는 모습을 멀리서 목격했다고 기록했다. 이와 멀지 않은 시기인 1794년 한창국은 황토구미·중봉·통구미진·장작지포·저전동·방패도·죽도·옹도·가지도·죽암·후포암·공암·추산 등의 지명을 기록했다. 김창윤(1786)과 한창국(1794)의 시간적 간격이 크지 않기도 하지만, 두 기록에 동일하거나 유사한 지명이 보인다는 것은 영구 거주자에 의해 지명이 계속 전승되고 있었음을 의미한다.

그럼에도 수토관들은 사람이 살던 터를 확인했다고 했을 뿐 사람을 만났다고 보고한 경우는 없었다. 수토관들은 왜 사람들을 만난 사실을 정부에 보고하지 않았을까? 사람을 만나면 이들을 육지로 돌려보내야 하는 일도 수토관의 임무였다. 거주민이 크게 증가하여 이들을 전부 육지로 돌려보낸다는 것이 불가능했기 때문일까? 더구나 19세기 순조와 헌종 연간에 오면 수토가 1년 간격으로 행해질 만큼 빈번했다. 그에 비하면 수토관의 보고는 매우 소략하다. 한편 수토관들은 자신의 이름을 돌에 새겼다. 이 각석문들은 현재까지 울릉도 곳곳에 남아 있다.

수토가 형식적이 되어가는 동안 일본인의 불법 입도는 증가했다. 고종은 울릉도를 개척할 것인지를 결단해야 하는 상황에 직면했다. 울릉도 상황을 알아보기 위해 고종은 1882년 이규원을 울릉도 검찰사로 파견했다. 이규원은 특명을 띠고 파견된 만큼, 울릉도를 육로와 해로를 통해 두루 조사했다. 그러나 그는 독도에는 가지 않았다. 수토정책은 이규원의 특별 조사와는 관계없이 1894년까지 이어졌다. 이때는 울릉도의 상황이 복잡해져서 수토관 외에도 선전관, 검찰사 등의 직함을 띤 관리들을 수시로 파견해 조사했다. 조정은 울릉도의 행정을 안정시키기 위해 삼척 영장이나 평해 군수에게 도장島長을 겸직하도록 했다. 수토제가 폐지되기 전까지 울릉도 도장을 역임한 사람은 8명 정도이다. 수토제가 폐지된 뒤에는 전임 도장을 따로 두었다. 도장은 이후 도감島監으로 바뀌었다가 다시 군수로 바뀌었다. 군수는 1915년에 울릉도가 군제郡制에서 도제島制로 바뀜에 따라 도사島司로 바뀌었다.

울릉도와 독도의 관계

울릉도와 독도를 어머니와 아들 관계의 섬으로 비정하는 경우
가 있다. 그 근거는 무엇인가? 이병도는 울릉도와 독도의 관
계를 "본도[모도母島]와 속도[자도子島]관계" 혹은 "본속도적本
屬島的, 모자도적母子島的 관계"로 보고, 이를 호칭의 유래로 설명
할 수 있다고 했다. 이병도는 본도를 어머니 섬, 속도를 아들
섬과 같이 다루었다. 본속本屬 관계와 모자母子 관계를 동일시한
것이다. 그러나 울릉도와 독도를 본도·속도 관계로 보는 것과
모도·자도 관계로 보는 것은 차원이 다른 것이 아닐까? 본속
관계를 모자 관계와 동일시할 수 있다면, 그 기준은 무엇인가?
섬의 크기로 보자면, 독도의 총면적은 101필지 18만 7,554m²
이고 울릉도는 7,260만 m²이다. 울릉도가 훨씬 크므로 이를
본도로 보는 데는 이의가 없을 것이다. 그러나 생성 연대로 보
자면, 독도가 울릉도보다 적어도 200만 년 이상 먼저 형성되었
으므로 울릉도를 모도라고 하기는 어렵다. 따라서 울릉도와 독
도를 모자관계로 보기보다는 본속관계로 보는 것이 더 타당할
것이다. 조선 고지도와 중국에서 제작된 조선지도와 서양에서
제작된 조선지도에는 모두 울릉도와 독도가 나타나 있지만, 울
릉도가 더 크게 그려져 있다. 이 또한 독도를 울릉도의 부속
도서로서 다루고 있었음을 의미한다.

수토사와 수토관

고려 조정은 울릉도에 사람이 살 수 있는지를 몇 번이나 조사했지만, 사람이 살 수 없다는 결론에 이르렀다. 조선 시대 초기 조정은 왜구의 침입 가능성에 대비하는 차원에서 사람들을 살지 못하게 했으므로 세종 7년(1425) 부역을 피해 울릉도로 들어갔던 사람들이 적발되는 일이 있었다. 이후 울릉도의 거주민을 찾아내는 일은 조선 왕조 내내 지속되었다. 조선 시대 조정의 방침은 울릉도에 사람이 살지 못하게 하는 것이었다. 그러므로 사람이 살고 있으면 찾아내서 데리고 나오는 이른바 '쇄환정책'을 시행했다. 부정기적으로 실시되던 이런 방침은 조선 후기에 오면 수토정책으로 제도화되었다. 수토정책은 울릉도뿐만 아니라 멀리 떨어진 곳에 위치한 다른 섬들에서도 실시되었다.

특수 임무를 위해 부정기적으로 파견되던 관리의 직함은 안무사·경차관·순심경차관 등으로 시기에 따라 달랐다. 특히 안무사는 그 지역 출신의 사람이 맡는 경우가 많았는데, 김인우는 삼척 사람이었다. 경차관은 중앙정부에서 파견하는데, 삼봉도 경차관 박종원이 이에 해당된다. 이들은 조선 전기의 직함이었고, 조선 후기에는 수토관으로 불렸다. 수토정책을 시행하기 위해 파견되는 수토관은 주로 삼척진 영장과 월송포 만호가 교대로 맡았다. 『중종실록』(1516.8.7)에는 '왜선倭船 수토군관

搜討軍官'이라는 직함이 보이며, 신석호는 수토군과 수토관을 병
칭한 바 있다. '수토'는 거주민이나 일본 선박을 찾아내 돌려보
내는 행위이며, 수토관은 이를 위해 정기적으로 파견된 관리의
직명이다.

그런데 2008년에 한국의 한 고고학 연구자가 수토사搜討使로 처
음 칭하자 역사학자가 이를 따라 칭했고, 양국의 연구자 대부
분이 여전히 수토사로 칭하고 있다. 1711년 울릉도를 수토한
박석창이 「울릉도 도형」에 기입한 직함은 '수토관 절충장군 삼
척 영장 겸 수군 첨절제사 박석창'이었다. 그런데 왜 사료에도
보이지 않는 '수토사'라는 직함이 확산되고 있을까?

'수토사'라는 용어는 일제강점기에 간행된 잡지와 언론에서 처
음 등장한다. 1934년 『별건곤』이라는 잡지는 세종 시대의 수
토관을 '울도鬱島 수토사搜討使'라고 했고, 같은 해 『조선중앙일
보』는 "3년만큼식 수토사搜土使란 밀사를 보내여"라고 했다.
같은 해의 문헌에 '토'의 한자가 다른 것을 보면, 그 인식이 불
분명했음을 알 수 있다. 역사 용어는 사료에서 칭한 대로 칭해
야 할 것이다.

공도정책

'공도정책空島政策'이란 섬을 비우는 정책, 즉 빈 섬으로 만드는
정책이다. 그런데 이 용어는 올바른 용어일까? 누가 처음 사
용했을까? 학계의 일각에서는 이 용어를 써야 한다는 측과 써

서는 안 된다는 측이 맞서고 있다. 이 문제를 해결하려면 그 유래를 알 필요가 있다.

조선시대 사료에 '공도' 혹은 '공도정책'이라는 용어는 보이지 않는다. 다만 "쇄출거민刷出居民 공기지空其地, 즉 거주민을 데리고 나와 그 땅을 비게 한다"라고 쓴 것이 보인다. 그러므로 이를 일러 '쇄출정책'이라고 칭하는 것은 맞지만, 땅을 비게 한다"는 결과를 가지고 '공도정책'이라고 칭하는 것은 본말이 전도된 논리다. 정책의 목적은 거주민의 보호였지 빈 섬을 만드는 것이 아니었기 때문이다. 조선 시대에 해금정책을 펴기는 했지만 사람이 거주 가능한 도서에서의 거주까지 금지한 것은 아니었다. 관찬 지리지마다 해도海島의 수를 파악하여 기록한 것은 오히려 주민의 진출을 도모하기 위해서였다. 그 예외 지역이 바로 울릉도처럼 육지에서 멀리 떨어져 있어 왜구의 침략을 받을 위험이 있는 낙도였던 것이다.

'공도제'라는 용어는 기타자와 마사나리北澤正誠의 『다케시마고증竹島考證』(1881)에서 처음 보인다. 그는 태종 연간 안무사 김인우가 그 땅을 비우도록 한 사실을 일러 '공도제'라고 칭했지만, 그 유래를 이수광의 『지봉유설』의 "태종조太宗朝 견안무사遣按撫使 쇄출유민刷出流民 공기지空其地"라는 데 두었다. 그런데 실록의 태종 17년(1417) 2월 8일자 기사를 보면, "무릉거인武陵居人 물령쇄출勿令刷出 …… 의이김인우宜以金麟雨 잉위안무사仍爲安撫使 환입우산무릉등처還入于山武陵等處 솔기거인출륙率其居人出陸"이라고 하여 쇄출刷出과 출륙出陸에 관한 언급은 보이지만 공도空島나 공기지空其地에 관한 언급은 보이지 않는다. 또한 『만기요람』

(1808)은 『동국문헌비고』(1770)의 기록을 인용하여 "신라취지新羅取之 후공도왜위구後恐導倭爲寇 쇄출거민공기지刷出居民空其地"라고 했다. 『만기요람』은 울릉도에 사람이 살지 못하게 한 시기를 신라 시대로 보았고, 쇄출이 조선 시대 태종 연간 김인우에게서 도출된 것이 아닌 듯 기술했다. 그러므로 '공도제'라는 용어에는 본래 그 정책을 펴게 된 목적이 사장된 측면이 있다.

현대에 와서는 1948년에 신석호가 "울릉도를 완전히 공도空島로 만들어놓았다"고 했지만 '공도제'로 명명하지는 않았다. 1953년에 최남선이 '공광책'이라는 용어를 썼는데, 1965년에 이선근이 이를 '공도정책'으로 변환시켰다. 다만 이선근은 공도정책이 소극적 방어책일 뿐, 영토 포기가 아님을 분명히 했다. 그렇다면 '공도정책'이라는 용어가 이선근에게서 유래한 것인가? 저자가 조사한 바에 따르면, 1953년 다가와 고죠가 "이조 초기 이래 본도에 대하여 공도정책을 시행해왔음은 명확한 사실이다"라고 한 것이 최초이다. 다가와는 일제강점기에 『조선사』 편찬에 관계했고, 일본 정부가 한국 정부 견해(1953.9)에 대한 반박서를 작성할 때 동원되었던 학자이다. 그의 영향 때문인지는 모르겠지만, 1956년 9월 20일자 왕복 문서에서 일본 정부는 조선 시대에 울릉도가 공도空島가 된 것은 조선 정부가 사실상 방기한 것이라고 주장하면서, 공도정책을 운운했다. 1962년에도 일본 정부는 공도정책을 거론했다. 다가와 고죠와 함께 조선사편수회에 참여했던 나카무라 히데타카中村榮孝도 1961년에 "조선이 15세기 이래 공도정책, 즉 거주금지 방침을 확인"했다고 썼다. 곧 '공도정책'이라는 용어는 다가와 고죠의 언급에서 비롯한 것으로 볼 수 있다. 1913년 쓰다 소키치津田左右吉의 글에서 유래했다고 보는 경우도 있지만, 그의 글에는 이 용어가 보이지 않는다.

조선 초기 정부가 울릉도에 안무사를 파견하여 "주민들을 육지로 내보내고 울릉도를 비워둔" 이유는 왜구의 침략에서 자국민을 보호하려는 목적에서였다. 또한 왜구 외에 조선인과 일본인의 입도 사실을 감지한 정부는 이후 수토관을 보내 정기적으로 점검하고 주민을 쇄환했다. 이는 엄연한 도서 관리정책으로, 결코 영토를 포기한 정책이라고 할 수 없다. 그럼에도 일본은 관리정책의 실시로 '공도'하게 된 결과에 초점을 맞춰 악의적으로 '공도정책, 쇄환공도정책'이라고 칭했고, 우리 학계는 이에 대한 비판적 검토 없이 받아들였다. 1980년대와 1990년대에 국사편찬위원회와 한국정신문화연구원 등이 기획한 연구서에도 이런 경향이 보인다. 이제는 이를 바로잡아 조선 전기에 대해서는 '쇄환정책', 후기에 대해서는 '수토정책'으로 칭하는 것이 어떨까 한다.

팩트체크 4

일본은 독도가
조선 영토임을 인정했다

대한제국은 칙령 제41호를 통해 독도가 대한제국의 관할 구역임을 명시했다.

『조선국 교제 시말 내탐서』에는 「다케시마와 마쓰시마가 조선에 부속하게 된 경위」라는 항목이 있다.

1880년 일본 해군성은 울릉도를 실지 조사했다.

일본은 태정관 지령을 통해 울릉도와 독도가 일본과 관계없다고 인정했다.

19세기에 일본이 새로 발견했다는 섬은
울릉도일까 독도일까?

1837년 에도 막부가 도해금지령을 전국에 내려 먼 바다에 대한 도해를 금지하자, 울릉도에 대한 관심은 잠시 소강상태로 들어갔다. 그러자 자연히 이 섬에 대한 인식과 정보가 희박해졌다. 그러던 중 막부 말기에 새로운 섬을 발견했다는 이른바 신도설新島說이 나타났다. 메이지 유신(1868) 이후 일본인 가운데 무역 때문에 나가사키와 블라디보스토크를 왕래하는 자가 늘어나면서 새로운 섬에 대한 관심도 증가했다. 일본인이 오키에서 울릉도로 올 때는 독도를 경유하지만 나가사키에서 블라디보스토크로 갈 때는 울릉도만 목격하고 독도를 목격하기는 쉽지 않다. 그러므로 메이지 시대 일본인들이 새로 발견했다는 섬은 대부분 울릉도였다. 그런데 사람들은 이 섬이 에도 시대에 칭하던 '다케시마'인지 '마쓰시마'인지 헷갈렸다. 에도 시대에는 울릉도를 다케시마로 칭했지만, 메이지

시대에는 마쓰시마로도 칭했기 때문이다. 특히 과거 울릉도와 연관이 있던 시마네현 지역을 제외한 지역인 도쿄·블라디보스토크·나가사키·아오모리에서는 이런 혼돈이 더욱 심했다.

울릉도의 풍부한 자원은 이 섬을 매력적인 섬으로 인식하게 했으므로 이 섬을 목격한 사람들은 저마다 자신이 개척할 수 있게 해달라고 청원했다. 개척 대상을 칭하는 호칭으로 마쓰시마와 다케시마가 혼용되고 있었다. 개척 방식도 섬에 가옥을 짓고 거주하겠다거나, 벌목을 하고 항구와 등대를 만들겠다는 등 다양했다. 청원서가 청원자의 지역에서 각각 따로 제출된 만큼 처리기관도 내무성·외무성·도쿄부 등으로 각각 달랐다.

청원서는 대부분 허락되지 않았다. 한편 청원서를 처리해야 하는 부서, 특히 외무성은 사람들이 개척하겠다는 섬이 어느 나라 소속의 섬인지를 확정할 필요성을 느꼈다. 울릉도가 과거의 다케시마를 가리킨다는 사실을 알고 있던 외무성 기록국장조차 "소위 마쓰시마라는 것이 다케시마라면 저 나라(조선)에 속하는 것이고, 다케시마 외에 마쓰시마라는 섬이 있다면 우리에게 소속시켜야 하는데, 결론을 내릴 만한 사람이 없다"고 할 정도로 혼돈이 심했다. 기록국장이 말한 '소위 마쓰시마'는 사람들이 개척 대상으로 지목한 울릉도였다.

외무성은 당시 지도와 해도에 나타난 다즐레섬, 리앙쿠르 락스, 호넷섬을 대조해보았지만 혼돈을 겪을 수밖에 없었다. 결국 외무성은 신도가 어느 섬인지 확인하기 위해 해군 함선을 보내 조사하기로 결정했다. 이에 1878년 6월 해군성은 아마기함을 보내 울릉도를 실지實地 조사하고 이 섬을 '마쓰시마松島'로 명명했다. 그런데 아마기함은 마쓰시마(울릉도) 동쪽으로 작은 섬 하나가 더 있음을 발견했다. 『수로잡지』는 이를 '竹嶼죽서'라고 표기하고 'Boussole Rx'를 병기했다. 이는 해군성이 다케시마竹島와 죽도竹島(댓섬)를 혼동하지 않고 있었음을 보여준다. 그런데 외무성 관리는 다케시마를 죽도로 보아 혼동을 겪고 있었다. 외무성 안에서 섬의 소속을 둘러싼 논란이 그치지 않자 해군성은 1880년 9월 이 섬을 또 한번 실지 조사했다. 그 결과 마쓰시마가 울릉도라는 사실과 죽서의 존재를 재확인했다.

해군성의 조사보고를 접한 외무성 관리 기타자와 마사나리는 마쓰시마가 울릉도로 판명되었으므로 과거의 다케시마는 죽서일 것으로 보았다. 그리하여 기타자와는 죽서를 다케시마에 해당시켰다. 이렇게 해서 과거 울릉도 호칭이던 다케시마가 댓섬에 붙게 된 것이다. 그 결과 울릉도 호칭으로는 마쓰시마가 자리잡게 되었다. 당시 외무성 관리들의 주요 관심은 오로지 마쓰시마(울릉도)에 있었다. 마쓰시마가 울릉도를 가리키는 호칭으로 정착해갔지만, 그에 보조를 맞춰 다케시마가 독도 호칭으로 바뀌어간 것은 아니었다. 해군 함대의 조사는 결과적으로 다케시마를 죽도, 즉 댓섬을 가리키는 호칭으로 만들었다. 이 때문에 에도 시대에 마쓰시마로 표기해오던 독도 호칭은 '리양코루토 열암'이라는, 프랑스가 붙인 호칭을 빌려 표기할 수밖에 없는 비역사적인 상황이 빚어졌다. 1890년대 초기까지도 외무성에서는 울릉도를 가리키는 호칭으로 다케시마와 마쓰시마를 혼용하고 있었다. 한편 내무성과 학계에서는 다케시마(울릉도)와 마쓰시마(독도)에 대한 전통적인 인식이 여전히 강하게 남아 있었다. 이런 와중에 내무성은 지적地籍 편찬 사업을 구상하고 있었다.

메이지 유신 당시 일본은 울릉도와 독도를 어떻게 인식하고 있었나?

일본은 1858년 미국과 통상조약을 체결함으로써 개국을 시작했고, 1868년에는 메이지 유신을 단행하여 근대 국가로 전환하기 시작했다. 일본은 조선 측에 막부체제에서 천황체제로의 변환을 알려오면서 외교관계를 새로 수립하고자 했지만, 조선은 서계 접수를 거부했다. 1869년 12월, 일본은 외무성 관리 세 명을 쓰시마와 부산왜관에 파견하여 현지 사정을 엿보도록 했다. 세 명은 쓰시마에서 먼저 자료를 조사하고 그 내용을『다이슈 조선 교제 취조서對州朝鮮交際取調書』로 작성했으며 지도와 왜관을 그린 그림도 첨부했다. 보고서는 14개 항목에 걸쳐 조사한 내용을 싣고 있는데, 14번째 항목이 '다케시마 일건竹島一件'에 관한 기술이다. 17세기에 조선과 일본 사이에 있었던 '다케시마 일건'에 관한 내용 중 쓰시마번과 조선 정부 간에 주고받은 서간을 주로 인용하고 있다.

1870년 2월, 세 명의 외무성 관리는 다시 부산왜관으로 가서 조사했다. 그리고 그 결과보고서를『조선국 교제 시말 내탐서朝鮮國交際始末內探書』(1870.4.15)로 제출했고 이 보고서에『다이슈 조선

교제 취조서』와 지도를 첨부했다. 현재 지도와 왜관 그림은 전하지 않는다.

『조선국 교제 시말 내탐서』는 모두 13개 항목에 걸쳐 조사한 내용을 담고 있다. 외무성이 조사를 명한 항목은 조·일 간 외교의 역사, 통신사 파견, 조공 여부, 조선의 자주성 여부, 좋은 항구의 유무 여부, 러시아와의 관계, 군사 수준, 내치內治 정도, 무역과 세견선 문제, 표류민, 일본인의 여행 문제 등에 관한 것이었다. 세 명은 이를 정탐하여 밝혀냈는데, 이 가운데 13번째 항목이「다케시마竹島와 마쓰시마松島가 조선에 부속하게 된 경위」이다. 두 섬이 어떻게 해서 조선 소속이 되어 있는지를 알아보라는 것이다. 제목만으로도 외무성이 두 섬을 조선 소속으로 보고 있음을 알 수 있다. 외무성이 조선과의 외교관계 수립을 위해 옛 문헌을 조사했다면, 내무성은 지리료를 중심으로 해서 '다케시마 일건' 관련 문서를 별도로 조사했다. 그렇게 해서 성립한 것이『이소타케시마 각서磯竹嶋覺書』(1875)이다. 주로 겐로쿠 연간의 '다케시마 일건' 관련 문서를 수록하고 있다.

이렇듯 외무성과 내무성은 각각 17세기의 '다케시마 일건'과 관련된 자료를 재조사하고 있었다. 조사할 때만 해도 다케시마와 마쓰시마에 대한 조선의 영유를 인정하고 있었다. 그 판단 기준으로 작용한 것은 '다케시마 일건'이었고, 그 인식의 귀착지가 바로 태정관 지령(1877)이다.

태정관 지령이 나오게 된 경위는
어떠한가?

일본은 근대국가로서의 체계를 갖추기 위해 1876년부터 내무성 주관으로 지적地籍 편찬사업을 추진했다. 내무성 관리는 각 지역을 순회하며 지적 편찬을 위한 조사에 착수하던 중 시마네현에서 '다케시마'에 관해 조회했다. 내무성 관리는 시마네현과 협의한 후 시마네현 관할로 보이는 '다케시마'를 지적에 어떻게 편제할 것인지 옛 기록과 지도를 첨부하여 내무성에 문의해줄 것을 요청했다(1876.10.5). 이에 시마네현은 내무성에 '다케시마 외 일도'를 지적에 편입하는 건을 어떻게 판단해야 할지를 문의했는데(1876.10.16), 그 문서가 「일본해에 있는 다케시마 외 일도를 지적에 편찬하는 방법에 대한 문의日本海內竹島外一島地籍編纂方伺」(약칭 「편찬방사」)이다. 이때 고문서와 고지도(「이소타케시마 약도」)도 첨부했다. 시마네현의 생각에, 17세기 초부터 오야와 무라카와 두 집안이 막부의 허가를 받아 다케시마(울릉도)에 가서 동식물을 가져와 팔았으므로 오키국에 속한다고 여겨지지만 판단이 잘 서지 않았기 때문이다.

내무성 관리가 처음에 시마네현에 조회를 요청한 것은 '오키국 모처의 다케시마'에 대해서였는데, 시마네현은 여기에 '일도'를 추가하여 내무성에 문의했다. 시마네현은 왜 내무성 관리가 묻지도 않은 '일도'를 추가하여 문의했을까? 그 이유는 시마네현이 예로부터 다케시마와 마쓰시마를 한 묶음으로 인식해왔기 때문이다. 시마네현이 문의서에서 '다케시마와 마쓰시마'라고 하지 않고 '다케시마 외 일도'라고 했지만, 그 '일도'가 어디를 가리키는지는 첨부한 「이소타케시마 약도」를 보면 분명하다. 문의서에서 언급한 '일도'는 마쓰시마, 즉 독도이다.

내무성은 시마네현이 제출한 옛 기록(주로 돗토리번 문서)과 지도를 검토하는 데 그치지 않고 쓰시마번의 문서를 아울러 검토했다. 이어 내무성은 태정관에 문서들을 제출했는데 그것은 "겐로쿠 9년(1696) 정월, 제1호 구 정부 평의評議의 주지主旨, 2호 역관에게 하달한 문서, 3호 조선이 보내 온 서한, 4호 일본의 회답서 및 구상서" 등이다. 이들은 도해금지령이 나오게 된 경위를 기록한 문서와 1696년 도해금지령 이후 조선과 주고받은 외교문서이다.

내무성은 태정관에 문서를 제출하기 전에 두 현의 문서를 검토했고, 두 섬이 일본 영토와 관계없다는 결론에 도달했다 (1877.3.17). 그러나 이 문제는 영토 문제로, 내무성이 독단으로 결정할 수 없다고 판단하여 국정을 통할하는 최고기관 태정관에 결정을 내려줄 것을 요청했다. 내무성이 별지로 외교문서를 첨부한 이유도 태정관이 결정하는 데 도움을 주기 위해서였다. 내무성이 외교문서를 태정관에 제출했다는 사실은 이 문제를 대외적인 문제로 인식했음을 보여준다.

그렇다면 태정관이란 어떤 기관인가? 일본은 막부체제에서 천황체제로 전환하면서 국정을 총괄하는 기구로서 태정관제를 신설했다. 1869년에 신설된 태정관제는 1885년 내각제도가 성립되면서 폐지될 때까지 몇 번의 직제개편을 겪었지만 만기를 총괄하는 최고의 권력기관으로서 존속했다. 태정관은 최고국가기관·국가최고기관·최고행정기관·최고의결기관 등 논자에 따라 다양하게 칭하고 아직도 통일된 명칭이 없지만, 국정 최고기관임을 의미한다는 데는 모두 동의한다. 내무성의 문의에 회신하기 위해 태정관 본국本局은 1877년 3월 20일 지령안指令按을 작성했고, 27일 우대신 이와쿠라 도모미岩倉具視와 참의가 이를 결재·승인했다.

최종적으로 승인된 문서명은 「일본해에 있는 다케시마 외 일도를 지적에 편찬하는 건」이다. 시마네현이 내무성에 제출할 때는 「일본해에 있는 다케시마 외 일도를 지적에 편찬하는 방법에 대한 문의」였다. 지령안은 3월 29일에 지령으로 확정되었다. 지령은 내무성의 문의에 회답하는 형식으로 내려졌고, 4월 9일에 내무성은 시마네현에 지령을 하달했다.

**태정관 지령안과 지령의
차이는 무엇인가?**

지령안(1877.3.20)의 내용은 다음과 같다.

　서면의, 다케시마 외 일도 건은 본방과 관계없음을 명심할 것
　　書面竹島外一嶋之義本邦關係無之義ト可相心得事

승인된 지령(1877.3.29)의 내용은 다음과 같다.

문의한, 다케시마 외 일도 건은 본방과 관계없음을 명심할 것

伺之趣竹島外一島之義本邦関係無之義ト可相心得事

지령안은 말 그대로 초안이다. 입안된 안은 관련 대신과 참
의의 승인을 받은 뒤에야 지령으로 확정된다. 태정관 본국이 작성
한 지령안에는 "서면의, 다케시마 외 일도 건은 본방과 관계없음
을 명심할 것"이라고 되어 있었다. 그런데 승인을 받는 과정에서
지령안의 '서면' 부분에 붉은 글씨로 '문의한'이라는 표현이 덧붙
었다. 그리하여 '書面竹島外一嶋之義本邦關係無之義ト可相心得
事'로 되었다. 결재 과정에서 표현을 수정하라는 지시를 받았고,
그 결과 지령에서 '서면의書面'가 '문의한伺之趣'으로 바뀐 것이다.
그렇다면 지령안과 지령의 차이가 문면상의 차이로 그치지는 않
을 것이다. 법적인 효력 면에서는 어떤 차이가 있을까?

지령은 지령안을 최종 확정한 법령이다. 그런데 우리나라 외
교부 홈페이지에는 태정관 지령을 설명하면서 지령안을 사료로
제시하고 있다. 이에 대하여 혹자는 지령안에는 대신과 참의의 인
장이 있지만 지령에는 인장이 없기 때문이라고 한다. 즉 인장이
있는 문서가 법적인 효력 면에서 우월하기 때문이라는 것이다. 이
런 설명은 마땅한 것인가? 지령안에 태정 우대신과 참의의 직인
이 있는 것은 맞다. 이는 결재절차를 밟은 공문서임을 보여준다는
점에서 의미가 없는 것은 아니다. 그러나 직인 여부만 두고 지령
안의 법적 효력을 지령보다 상위에 두는 근거로 삼을 수는 없다.
최종 확정된 법령은 지령이기 때문이다.

지령안에 직인이 있으므로 지령보다 법적 효력이 우월하다는 논리를 적용한다면,『태정류전』에 대해서는 어떻게 설명할 것인가? 지령은『공문록』과『태정류전』에 둘 다 실려 있다.『태정류전』에는 "일본해에 있는 다케시마 외 일도를 판도 밖으로 정함日本海內竹島外一島키版圖外卜定ム"이라는 내용을 실었다.『공문록』은 내무성의 문의에 회신하는 형태로 지령을 실었는데, 이는 내무성이 상신한 기안서에 회답하는 형식을 갖춰야 했기 때문이다.

『공문록』은 태정관이 접수한 각 청의 왕복 문서를 구분하여 편찬된다. 이에 비해『태정류전』은『공문록』을 포함하여 각 성부省府에서 태정관에 제출한 문서 가운데 법령을 뽑아 편찬한 것이다. 두 문헌은 편찬 체재가 다른 만큼 기술 방식도 다르지만, 둘 다 법령인 점에서 그 효력은 같다. 그러니『공문록』과『태정류전』에 실린 법령 가운데 어느 것이 더 법적인 효력 면에서 우월하다고 할 수는 없다. 직인을 운운한 논리대로라면,『태정류전』에 실린 문서도 직인이 없기는 마찬가지다.

그렇다면 태정관 지령의 법적 효력은 어떠한가? 태정관이 발포하는 법령은 1885년 내각제로 바뀌어 1886년 2월에 법률, 칙령勅令, 성령省令, 각령閣令으로 바뀌기 전까지는 포고布告, 포달布達, 어달御達, 지령指令, 정정定, 통첩通牒, 결재決裁 등으로 나왔다. 기재 순서로 알 수 있듯이 지령은 포고, 포달, 어달에 비하면 하위법령에 속한다. 포고와 포달, 어달은 공포하지만, 지령은 공포하지 않는다. 지령의 의미는 본래 하관의 질품서 및 청원서에 대하여 지시하는 것, 즉 하급 관청의 문의에 대하여 발하는 명령 혹은 구체적인 지시를 말한다. 그러므로 내무성이 상신한 문의서에 태정관은 회답 형식으로 지령을 내려주어야 했던 것이고, 그로써 지령은 효력을 발한다. 다만 1877년의 이 지령은 포고 등에 비하면 하위법령이고 국내법이지만, 그 내용이 한국 영토와 관련된다는 점에서 우리와 관계가 있다.

그런데 최근 일각에서는 국내 법령으로서의 태정관 지령이 국경조약의 성격을 지닌다고 해석하는 경우가 있다. 태정관 지령에 대한 일각의 해석을 정리하면 다음과 같다.

> 태정관 지령은 조·일 양국이 주고받은 많은 교환공문에 의거하여 성립한 울릉도 쟁계의 결과로 이뤄진 1699년 조·일 간 국경조약의 국내적 수용에 해당하므로 그 효력은 일본 전체에 미친다. 지령은 헌법의 영토조항에 상당하는 가치와 법률적 효력을 지니고 현재까지 그 효력을 유지하고 있으므로 1905년의 각의결정과 독도 편입은 이 지령에 위배된다. 행정명령에 해당하는 각의결정으로 태정관 지령을 변경 또는 무효화하는 행위는 상위법을 위반하는 것이므로 원인무효에 해당한다. 1905년의 일본의 독도편입을 사실로 전제하고 작성된 샌프란시스코조약 제2조 a항에 대한 해석은 변경을 요할 수밖에 없다.

그러나 이러한 해석에는 몇 가지 의문이 남는다. 17세기 울릉도 쟁계와 관련하여 양국이 주고받은 문서를 양자 간 명시적 합의에 의한 조약으로 격상시킬 수 있는가? 조약은 국내에서는 법률적 효력을 지니지만, 역으로 국내법이 조약이 된다고 할 수는 없다. 지령의 법적 성격이 분명한데 이를 상위법인 헌법을 적용하여 해석할 수 있는지도 의문이며, 또한 내각제는 태정관제가 폐지된 후에 성립한 제도인데 이를 비교하여 태정관제의 하위에 위치 지을 수 있는 것인지도 생각해보아야 할 문제다. 더구나 지령을 법령과 법률, 조약의 모든 성격을 포함하는 것으로 규정하기는 어렵다. 법률·조약·법령·교환공문은 그 성격이 다르기 때문이다. 위의 해석은 그 차이를 무시하고 무리하게 단선적으로 연결한 논리이다. 국제법 학자들의 적극적인 검토가 있기를 기대한다.

시마네현은 어떤 문서와 지도를 내무성에 제출했나?

1876년 시마네현은 옛 기록을 첨부하여「편찬방사」에 대한 판단을 내무성에 문의했고, 내무성은 이를 참조하여 판단했다. 시마네현이 별지로 제출한 옛 기록은 이른바「원유原由의 대략」이라는 고문서와 오야 가문이 소장하던「이소타케시마 약도」다. 시마네현이 제출했지만, 본래는 오야가의 문헌과 그에 근거하여 돗토리번이 다시 작성한 문서와 지도였다.「원유의 대략」은 다케시마·이소타케시마의 유래, 도해허가서, 도해금지 경위, 막부의 도해금지령 등 여러 개의 문서로 이루어져 있다. 모두 에도 시대에 돗토리번이 소장하고 있던 자료들에서 발췌한 것이다. 시마네현은 이 문서들을 내무성에 제출할 때 과거 막부가 도해금지령을 낸 데 대한 아쉬움도 함께 드러냈다.

태정관 지령은 1987년에 일본인 학자가 발표한 바 있지만, 「이소타케시마 약도」의 존재가 세상에 알려진 것은 2005년이다. 약도의 표제는 시마네현이 옮겨 그리면서 붙인 것으로 보인다. 약도는 1696년을 전후하여 오야·무라카와 집안이 소장하고 있던 그림지도를 1724년에 돗토리번이 필사한 것을 시마네현이 다시 축소하여 필사한 것이다. 1876년에 시마네현은 약도에 이소타케시마(울릉도)만 그린 것이 아니라 다른 한 섬을 더 그리고 이를 '마쓰시마松島'라 했다. 나아가 도면 안에서 두 섬과 양국에서의 거리관계도 기술했다. 약도에 그려진 두 섬의 형상과 명칭, 거리관계로 볼 때 다케시마와 일도(松島)는 울릉도와 독도를 가리키는 것이 분명하다.

1876년과 시기적으로 가까운 그림지도로는 1830년대에 하치에몬이 그린 지도와 그 계열의 모사 지도가 있다. 그럼에도 시마네현은 하치에몬 계열의 지도를 제출하지 않고 17세기 '다케시마 일건' 당시의 지도를 모도로 한 약도를 그려 제출했다. 그리고 내무성은 이를 그대로 수용했다. 이는 시마네현과 내무성이 17세기 요나고 지역민의 다케시마(울릉도)·마쓰시마(독도) 도해 사실과 그로 인해 성립한 결과를 중시하고 있었음을 의미한다.

태정관 지령에는
독도가 포함되는가?

1877년 태정관 지령에서 "문의한, 다케시마 외 일도 건은 본방과 관계없음을 명심할 것"이라고 했을 때 다케시마가 울릉도를 가리킨다는 사실에 이의를 제기할 사람은 없다. 문제는 '일도'가 어디인가이다. 우리나라는 '일도'가 독도를 가리킨다고 주장한다. 일본 정부는 공식적으로 태정관 지령을 언급한 적이 없다. 이는 태정관 지령이 그만큼 일본에 불리한 문서임을 방증한다. 지령을 언급하는 일본 연구자가 일부 있기는 하지만 논자에 따라 '일도'가 독도임을 부인한다. 또한 '일도'가 독도임을 인정하는 경우에도 "본방과 관계없다" 혹은 "판도 밖으로 정한다"고 한 것이 곧바로 조선 영토라고 규정한 것은 아니라는 주장을 하기도 한다.

이 문제는 지령이 나오기까지의 경위를 보면 분명해진다. 내무성은 시마네현이 제출한 과거 돗토리번 문서와 막부의 문서를 검토한 뒤 막부 문서만을 태정관에 제출했다. 그러므로 이 문서들의 맥락을 보면, 지령에서 언급한 '일도'가 마쓰시마가 아니라고 하기도, 조선과 무관한 문서라고 하기도 어렵다. 더구나 첨부된 약도에는 이소타케시마 외에 다른 한 섬 마쓰시마를 명기했고 양국에서의 거리관계까지 명기했으므로 마쓰시마가 독도임은 자명하다.

이에 근거하여 내무성이 "두 섬이 일본 영토와 관계없다"는 결론을 내렸으므로 이는 다시 말하면 "두 섬이 조선 영토다"라고

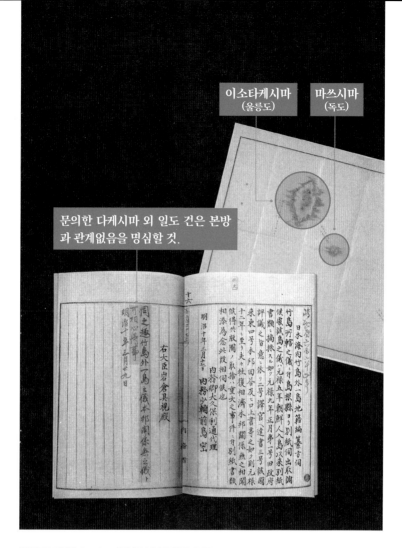

이소타케시마
(울릉도)

마쓰시마
(독도)

문의한 다케시마 외 일도 건은 본방
과 관계없음을 명심할 것.

태정관 지령(1877.3.29)과「이소타케시마 약도」

태정관 지령은 일본의 국정을 통할하는 최고기관 태정관이 내무성의 문의에 답한 지
령이다. 여기서 다케시마는 울릉도를 가리키고, 일도는 마쓰시마(독도)를 가리킨다.
일도가 독도임은 첨부지도인「이소타케시마 약도」로 알 수 있다. 이는 17세기 조선과
일본이 주고받은 외교문서에 근거하여 나온 지령이므로 메이지 시대에도 일본 정부
가 두 섬을 조선 영토로 인정한 문서로서 효력이 있다.
약도에는 두 개의 섬이 그려져 있는데 하나는 이소타케시마(울릉도), 다른 하나는 마
쓰시마라고 쓰여 있다. 그러므로 지령에서 말한 다케시마는「약도」의 이소타케시마
이며, '일도'는 마쓰시마이다. 마쓰시마에서 이소타케시마까지의 거리를 40리 정도라
고 적었으므로 일도(마쓰시마)가 독도임을 분명히 보여주고 있다.

언명한 것이나 마찬가지다. 만일 내무성이 시마네현이 제출한 문서와 지도에 보인 '마쓰시마'에 대해 의구심을 품었다면 그와 관련한 문의를 했을 것이다. 또한 내무성은 시마네현이 제출한 '다케시마 외 일도'로 명기한 문의서를 수용하지도 않았을 것이다. 그랬다면 결과적으로 문의서가 태정관에 제출되는 일도 없었을 것이다.

내무성은 시마네현이 제공한 정보로 다케시마 외에 다른 한 섬, 즉 마쓰시마의 존재까지 알게 되었고, '다케시마 도해금지령'에 마쓰시마도 포함되는 것으로 인식했다. 다만 시마네현이 '다케시마 외 일도'라고 하고 '다케시마와 마쓰시마'라고 하지 않은 이유를 굳이 찾는다면, 조·일관계에서 문제로 부각된 섬은 다케시마였고 이 때문에 막부도 도해금지령에서 다케시마만 언급했기 때문일 것이다. 양국이 다케시마를 문제시했을 뿐 왕복문서에 마쓰시마를 언급하지 않았다는 사실을 들어 일본이 마쓰시마의 존재를 몰랐다거나 조선 영토임을 부인했다고 주장하기는 어렵다. 이는 돗토리번의 많은 기록들이 증명하고 있다. 1877년에 메이지 정부 역시 "본방(일본)과 관계없다"고 하는 섬이 '다케시마'만을 가리키는 것으로 인식했다면, 「편찬방사」와 지령에서 "다케시마 외 일도는 본방과 관계 없다"가 아니라 "다케시마는 본방과 관계 없다"라고 명기했어야 한다.

☑ · 해도 · 수로지와 영유권

해도와 수로지는 영유권과 관계없다는 주장이 한편에서 있다. 이는 사실일까? 본래 해도와 수로지는 전 세계의 해안과 도서, 해류와 조류 등 해양에 관한 기본 정보를 수록하여 모든 함정과 일반 선박에 제공함으로써 안전한 항해에 도움을 주기 위해 발간되는 것이다. 그러므로 그 섬이 속한 국적이 드러나 있지 않다. 그러나 해도와 수로지를 보면, 대부분 작성자가 이 섬을 어느 나라 소속으로 인식하고 있는지가 드러난다. 1904년 나카이 요자부로는 강치잡이 사업을 독점하기 위한 방안을 강구하던 중 해도를 보고 독도가 조선의 판도版圖에 속한다고 여겨 한국 정부에 독점 허가를 청원하기로 결심했다고 후에 밝힌 적이 있다. 그가 말한 해도는 「조선전안朝鮮全岸」(1896)을 가리킨다. 「조선전안」은 「조선동해안도」(1875)와 이를 개정한 「조선동안」(1893)에 이어 개정된 해도이다. 당시 해도는 일반인에게도 판매되었으므로 나카이도 쉽게 구입할 수 있었다.

이에 대하여 일본은 수로부가 특히 영국 해군의 해도를 모방해서 제작한 것이므로 해도에 나타난 도명島名은 영유권의 귀속과는 관계없다고 주장한다. 일본은 「조선전안」에 마쓰시마(울릉도)와 리앙코루도암(독도)이 보이지만 국경선이 표시되지 않았으므로 두 섬의 소속관계가 명확하지 않다고 주장했다. 이를 비판한 한철호에 따르면, 수로부가 1896년에 「조선전안」을 간행할 때 독도를 포함시켰다가 1906년에 일본의 독도 편입 상황을 반영하여 의도적으로 제외시킨 것은 역설적으로 1905년 2월 이전에는 독도를 한국령으로 인식했음을 보여준다는 것이다. 독도를 어느 국가에 포함시킬지 여부가 수로부의 인식과 판단에 의해 결정되는 만큼, 해도는 섬의 소속에 대한 수로부의 인식을 반영하고 있다는 뜻이다.

수로지도 마찬가지다. 1954년 2월 10일자 외무성 각서에서 일본 정부는 1933년에 발행한『조선 연안 수로지』와『일본 본주 연안 수로지』에 '다케시마'가 기재되어 있음을 들어, 수로지의 기재는 영토·영해와는 관계가 없으며, 항행상의 안전을 기할 목적으로만 존재한다고 견해를 밝힌 바 있다. 이에 대하여 한국 정부는 수로지는 국가영토별 혹은 국가별 관할 단위로 편찬되었을 뿐 아니라 섬에 대한 국가별 소속 인식이 담겨 있는 것이라고 비판했다. 일본이 독도 편입 후에 간행한『환영수로지』와『조선수로지』의「조선동안」에 울릉도와 독도를 포함시킨 반면,『일본수로지』에는 1907년판에 와서야 독도를 포함시킨 사실이 이를 뒷받침한다.

수로지와 영유권과의 관계는 일찍이 일본 학자 호리 가즈오堀和生가 밝힌 바 있다. 그는 섬의 국가별 소속은 그 해설서인 수로지를 중시해야 한다고 전제했다. 이어 그는 '리앙코루도 열암'이 게재된『환영수로지』가 세계 수로지이므로 그 소속을 결정하는 수단이 되지는 않지만, 일본의 영토·영해에 한정된『일본수로지』(1892)는 일본의 영토·영해에 한정한 수로지라고 보았다. 호리는 여기에 독도가 제외되어 있는 반면『조선수로지』(1894, 1899)에 독도가 실려 있다면, 이는 적어도 수로부가 독도를 한국령으로 인식하고 있었음을 보여주는 명백한 증거라고 보았다.

이케우치 사토시池內敏는 일본의 해도나 수로지를 보면, 1880년 대부터 1905년 이전까지는 적어도 일본 해군 수로부가 울릉도와 리앙쿠르도 열암을 일본령으로 보고 있지 않았음을 알 수 있다고 인정했다. 그는 해도와 수로지가 영토·영해를 나타내는 것을 목적으로 하는 것은 아니지만, 영토·영해 의식을 읽어낼 수 있다는 점에는 동의했다. 그럼에도 이케우치는 이런 인식은 일본의 인식일 뿐 조선의 인식은 아니라고 주장한다. 즉 일본이 간행한 해도와 수로지에 두 섬이 기재되었는가로 조선 측의 인식, 나아가 조선 측의 영유를 논할 수는 없다는 것이다. 그의 논지는 "일본령으로 보고 있지 않았다"는 사실이 곧바로 "조선령으로 보고 있었다"는 의미는 아니니, 조선령으로 보고 있었는지 여부는 우리 스스로 입증하라는 것이다.

제2차 세계대전 후 연합국 지도 속 독도 표기

제2차 세계대전이 끝난 후 연합국 군대의 최고사령관은 전후 처리를 위해 1946년 1월 29일, 각서 형식의 지령을 내렸다. 그것은 「일본으로부터 일정 주변지역을 통치 및 행정상 분리하는 것에 관한 지령Governmental and Administrative Separation of Certain Outlying Areas from Japan」이다. 이를 통상 SCAPIN-677이라고 한다. 이 지령은 제1항에서 일본 정부로 하여금 일본 이외의 어떤 지역에서도 통치권 또는 행정권을 행사하지 못하도록 규정했다. 제3항에서는 "본 지령의 목적상, 일본 영토는 네 개의 주도主島와 쓰시마 및 류큐 제도를 포함한 북위 30도 이상의 약 1,000여 개의 인접하는 여러 소도小島로 구성된다"고 규정했다. 그러면서 "인접하는 여러 소도"에 포함되지 않는 지역, 즉 일본 영토에 포함되지 않는 지역에 제주도·울릉도·독도를 명기했다.

또한 지령에는 지도가 첨부되어 있다. 연합국 군대의 행정구역을 점선으로 표시했는데 울릉도(원문은 OULLUNG)와 독도(원문은 TAKE)를 일본 영토와 분리해 표시했다. 이때 독도를 'TAKE'로 표기한 것은 1946년 시점에 연합국이 일본 측 호칭인 다케시마를 원용하고 있었음을 보여준다. 그러나 이 지령은 제6항에서 "이 지령의 조항 중 어떤 것도 포츠담선언 제8항에 언급된 '여러 소도the minor islands'의 최종 결정에 대한 연합군의 결정을 의미하는 것으로 해석해서는 안 된다"는 단서를 붙였다. 그러므로 이 지령에 따라 독도가 일본 영토에서 분리되어 한국에 귀속되었다고 보기는 어렵다. 더구나 패전 후 일본 영토의 범위는 대일평화조약에 따라 최종적으로 결정되어야 한다. 그러므로 이 지령은 일본의 영토 처리와 직접적인 관련은 없다고 할 수 있다. 다만 연합국은 일본의 통치 및 행정 구역에서 울릉도와 독도를 배제하고 선을 그었다. 이는 연합국이 두 섬을 조선 영토로 인식하고 있었다는 의미다.

팩트체크 5

일본은 독도를
비밀리에 편입했다

☑
□ 체크리스트

고종은 배계주를 울릉도 초대 도감으로 임명하고 관보를 통해 알렸다.

일본은 러일전쟁 당시 울릉도와 독도를 전략적으로 활용했다.

일본 어업가의 요청으로 일본의 독도 '편입' 작업이 시작되었다.

일본은 무주지인 독도를 편입했으므로 국제법상 효력이 있다고 주장한다.

일본은 독도 '편입' 전 한국에 사전 조회를 하지 않았으며, 편입 사실을 통고하지도 않았다.

울릉도는 언제 정식으로
개척되었을까?

1837년 막부의 도해금지령 이후 일본인들의 울릉도 도해는 공식적으로 금지되었다. 그러나 일본인들은 계속해서 몰래 도해했고, 이런 사실은 결국 조선 관리에게 적발되었다. 근대에 들어와 일본인의 왕래 사실이 조선 정부에 보고된 것은 1881년이다. 일본인의 벌목 장면을 목격한 수토관이 강원도 관찰사에게 보고했기 때문이다. 국내외의 군국기무를 총괄하는 통리기무아문統理機務衙門은 일본 외무성에 항의하는 한편, 검찰사를 파견하여 조사할 것을 고종에게 건의했다. 조선 정부의 항의를 받은 일본 외무성은 일본인의 도항금지 건으로 태정관의 승인을 받아 철수시키겠다고 약속했지만, 일본인들은 철수하지 않았다. 조선 정부가 항의하면 일본 외무성은 철수를 약속하는 회신만 반복할 뿐이었다.

고종이 이규원에게 검찰사라는 직함을 주어 울릉도를 조사하도록 명을 내린 것은 1881년 5월이다. 이규원은 이듬해인 1882년 4월 초순 3척의 배에 100여 명을 거느리고 떠났다. 이규원 일행은 4월 30일 울릉도에 도착하여 5월 10일까지 조사하는 동안 140여 명의 조선인을 만났다. 이 가운데 115명이 전라도 사람이었다. 일본인은 70명이 넘게 있었는데 그들 중 일부와 필담을 나누었고, 이규원은 그들에게 철수를 촉구했다. 고종은 이규원이 출발하기 전에 임무를 주었다. 그것은 "송죽도松竹島·우산도芋山島가 울릉도 옆에 있는데 서로 간의 거리가 얼마나 되며 어떤 산물이 있는지" 조사해 오라는 것이었다. 이에 대하여 이규원은 "우산도는 바로 울릉도이며 우산은 옛 국도國都의 명칭입니다. 송죽도는 하나의 작은 섬으로 울릉도와 30리 떨어져 있습니다"라고 답변했다. 고종은 울릉도 주변 도서에 대한 인식이 불분명하니 조사해야 한다고 역설한 것이지만, 이규원은 울릉도와 우산도를 동일시하는 인식에 갇혀 있었다. 이규원의 인식은 조사 후에도 바뀌지 않았고, 개척 가능성에 대해서만 긍정적으로 보고했다.

1883년 정부는 울릉도 개척민을 두 차례 모집하여 전부 16가호 54명이 울릉도에 들어갔다. 지역별로는 강원도가 7가구, 경상도가 7가구, 충청도가 2가구, 경기도가 한 가구였다. 개척되기 전에는 전라도 사람의 왕래가 많았지만, 개척 후에는 강원도와 경상도 사람이 주로 들어갔다. 울릉도를 다스릴 사람이 필요해지자, 8월에는 울릉도에서 10년째 거주하며 약초를 캐던 함양 사람 전석규를 도장에 임명했고, 개척 사업은 평해 군수에게 주관하도록 했다. 전석규가 10년째 거주 중이라는 사실은 개척 이전부터 사람들이 들어가 살고 있었음을 방증한다. 정부가 개척민에게 필요한 물자를 대주고 면세정책을 펴는 등 우대했으므로 이주자는 점차 증가했다. 1895년 청일전쟁 후에는 일본인의 입도가 급격히 늘어 났다. 기록에 따라 차이는 있지만, 1897년 조선인 가호는 390호 1,134명이었고, 1899년에는 500가호 3,000명, 1900년에는 400여 호 1,700여 명, 1901년에는 3,000명, 1902년에는 500호 2,000여 명이었다. 일본인은 1901년에는 550명이었지만 1905년에는 95 가호, 302명으로 일정하지 않다. 일시적으로 체류하는 통어자 통 계에서 차이가 있기 때문이다.

1882년 고종이 검찰사보다 먼저 군관을 비밀리에 파견한 이유는 무엇인가?

1882년 고종은 검찰사 이규원에게 울릉도와 주변 도서를 조사시 키기에 앞서 군관 이명우에게 사전 조사를 명했다. 이규원에게는 정식 직함을 주어 조사시켰으므로 실록 등에 기록이 있지만 이명 우의 조사 기록은 관찬 문서에는 없고 개인 문집에만 보인다. 그 의 「울릉도기鬱陵島記」를 보면, 고종이 밀지를 내려 몰래 조사시킨 것으로 되어 있다. 이명우는 강원 감영으로 가서 관찰사 임한수에 게서 고종의 밀지를 받았고, 1882년 3월 16일 길을 떠났다. 이어 이규원이 고종에게 하직인사를 한 시기가 4월 7일이며, 길을 떠난 시기가 4월 10일이다. 그러므로 두 사람이 길을 떠난 시간은 그리

많은 차이가 나지 않는다. 이명우는 1882년 9월에 전 별선 군관, 1885년 4월에 한성부 주부主簿에 임명된 사실이 『승정원일기』에 보이므로 울릉도 조사 후에 군관에 임명된 것으로 보인다. 이명우는 6일 정도를 육로로 조사했다. 이규원은 지방의 부사와 수령을 지내다가 1882년 검찰사에 임명되었는데, 6박 7일의 육로 조사와 1박 2일의 해로 조사를 했다.

고종은 왜 두 사람을 따로 파견했을까? 또한 왜 이규원에게는 공개 조사를 명하고 이명우에게는 비밀 조사를 명했을까? 그 의도를 정확히 알 수는 없지만, 중대 사안인 울릉도 개척 문제에 관해 혹여 거짓 보고를 할까봐 교차검토를 원했던 것으로 추측된다. 이명우는 4월 15일에 울릉도에 도착해서 4월 22일까지 조사했고 5월 8일 고종에게 복명했다. 「울릉도기」로 추정해보면, 그의 조사는 주로 울릉도의 지형적 특성과 산물, 경작지와 주거지 개발 가능성에 집중된 듯하다. 이명우는 울릉도에 제대로 집을 짓고 사는 사람은 없고 미역 채취를 위해 온 전라도 사람과 약상藥商만이 잠시 움막을 짓고 살고 있는 것으로 보았다. 그도 일본인을 목격하고 문답했다고 하지만 자세한 기록은 없다.

그의 글만으로 고종의 의도를 전부 파악하기는 쉽지 않다. 다만 고종이 밀지를 내려 이규원과 별도로 울릉도를 조사시켰다는 사실은 고종이 울릉도 개척 방법을 다각도로 모색하고 있었음을 보여준다. 이명우보다 뒤에 조사하러 온 이규원은 1882년 4월 30일 오후 울릉도 서쪽 소황토구미에 도착하여 조사를 시작했고, 고종에게는 6월 5일 복명했다.

개척 초기 울릉도는 누가 다스렸을까?

울릉도를 개척한 이후 정부는 도장島長을 두어 섬의 행정과 치안을 맡겼다. 그런데 도장이 비리를 저질렀고, 이 때문에 삼척 영장이 울릉도 첨사(종3품 무관 첨절제사의 약칭)를 겸하는 체제로 바뀌었다. 그러다가 다시 평해 군수가 겸직하도록 바뀌었고, 월송포 만호가 도장을 겸직하는 체제로 바뀌는 등 변화가 심했다. 삼척 영장과 평해 군수, 월송포 만호는 모두 육지 사람으로 울릉도에는 일시적으로 체류했으므로 이들이 부재할 때는 도민 가운데 한 사람을 도수島首·島守로 정해 치안을 맡겼다. 미역 채취와 납세를 둘러싼 문제가 발생하자, 중앙 정부는 전담 관리(선전관)를 특별히 파견하여 문제를 해결하도록 했다.

이렇듯 울릉도의 상황이 복잡한 데다 수토제가 유명무실하자 결국 폐지했고, 이 때문에 울릉도를 전적으로 다스릴 관리가 필요해졌다. 그 결과 1895년 1월 전임 도장을 두었지만, 전임 도장제는 1895년 8월 다시 도감제로 바뀌었다. 정부는 9월에 배계주를 초대 도감島監에 임명했으며 이를 관보에도 게재했다. 도감 배계주는 일본인의 불법 벌목을 정부에 자주 보고하고 그 대책을 강구하도록 촉구했다. 다만 도감에게는 정부가 월급을 지급하지 않았으므로 행정에 필요한 경비를 자력으로 조달해야 했다. 그렇지만 울릉도는 아직 개척 중이었으므로 도민에게 세금을 부과할 상황이 아니었고 개척 초기에 이미 면세를 약속한 바가 있었다. 이에 도감은 목재와 곡물을 일본으로 수송하는 일본인에게서 경비를 충당할 수밖에 없었다. 따라서 이러한 방식의 수세收稅가 관행으로 성립했다.

울릉도 목재는
일본인만 노렸을까?

울릉도의 목재는 주변국 모두 탐내는 자원이었다. 이를 일본인이 무단으로 벌목해서 가져가는데 주변 국가들이 모른 체했을까? 1883년 3월, 조선 정부는 수신사 일행과 함께 일본에 갔다가 돌아온 김옥균을 동남제도東南諸島 개척사開拓使에 임명했다. 이어 그에게 울릉도 목재를 담보로 일본에서 차관을 도입하도록 지시했다. 그러나 갑신정변이 일어나는 바람에 김옥균은 일본으로 망명했고, 정부는 1884년 12월 이규원을 동남제도 개척사에 임명했다. 이규원은 김옥균의 계획을 이어 목재를 일본에 판매하려 했지만, 이미 일본인들이 목재를 몰래 반출한 상태였다. 이에 조선 측은 항의하여 목재의 압류를 요청하고 공매 대금을 받아냈다.

일본인의 불법 벌목과 반출을 목격하고 있던 러시아는 아관파천을 계기로 조선에 몇 가지 이권을 요구하기 시작했다. 이에 조선 정부는 1896년 9월 러시아 블라디보스토크의 상인 브린너에게 함경도 두만강, 평안도 압록강, 강원도 울릉도의 삼림 벌채권을 특별히 허가하기로 약정을 맺었다. 정부는 강원도 관찰사에게 훈령을 내려 러시아인의 벌목을 막지 말도록 지시했다.

러시아 정부는 일본인의 벌채에 대응할 것을 한국 정부에 요구하는 한편, 주일 러시아공사에게는 러시아인의 특허권을 주지시켰다. 그러자 일본의 외무 대신 아오키 슈조靑木周藏는 1899년 8월 하야시 공사에게 사실 여부를 확인하도록 훈령을 내렸고, 하야시 곤스케林權助 공사는 러시아의 벌채권이 1896년에 허가되었음을 확인했다. 그럼에도 하야시는 대한제국에게는 특허권에 대해 알지 못하는 척하며 특허장 사본을 요청하는 등 이중적인 태도를 보였다. 그러나 결국 일본 정부는 러시아의 요구를 수용하지 않을 수 없었다. 1899년 9월, 일본 정부는 일본인을 철수시키기 위해 원산 영사관의 다카오 겐조高雄謙三를 울릉도에 파견하여 11월 말까지 일본인을 철수시키는 임무를 부여했다. 다카오는 일본인 대표 두 사람에게서 철수하겠다는 각서를 받아냈지만, 일본인들은 끝내 철수하지 않았다. 오히려 이를 계기로 일본 정부는 태도를 바꿔 자국민의 거주권을 주장하고 나섰다.

이에 앞서 대한제국은 도감 배계주의 보고에 의거하여 부산 세관에 세무사로 파견되어 있던 프랑스인 라포르트에게 배계주와 함께 울릉도로 가서 현황을 조사하게 했다. 조사는 1박 2일에 걸쳐 이뤄졌다(1899.6.29~30). 당시 배계주는 일본에 소송하러 갔다가 돌아와서 부산에 머물고 있다가 지시를 받았다. 일본은 러시아의 동향에 주목하여 러시아가 울릉도에 병영을 설치할 것이라고 짐작했다. 일본은 러시아가 울릉도의 목재뿐만 아니라 이 섬의 위치가 지니는 전략적 가치에 주목하고 있다고 판단했기 때문이다. 1899년 말, 러시아 조사단 30여 명은 원산을 경유하여 울릉도에 와서 일본인의 상황과 섬의 지형을 조사했다. 일본인들이 도감의 허가증을 내세워 무단벌목이 아니라고 진정하자, 결국 러시아 조사단은 물러갔다.

러일전쟁은 울릉도·독도와 어떤 관계가 있는가?

러시아가 울릉도 삼림을 두고 일본과 다투던 중 러일전쟁이 일어났다. 일본은 울릉도와 독도를 어떻게 전략적으로 활용했는가?

1903년 8월 중순, 러시아 조사단 20여 명은 블라디보스토크에서 울릉도로 와서 9월 2일부터 11일까지 체재했다. 이때 이들은 벌목권을 주장하는 한편, 일본이 경찰관 주재소를 설치했다는 사실도 파악했다. 조사단은 수목의 숫자와 포구 지형 등을 조사했고 군수 심흥택과도 면담했다. 이들은 삼림벌채권이 러시아에게 있는데 왜 군수가 한·일 양국인의 벌채를 금지시키지 않았는지를 따졌다. 일본 경부 아리마 다카요시有馬高孝는 이 사실을 부산영사관에 보고했다. 그리고 1904년 2월 러일전쟁이 발발했다. 전쟁의 발발은 일본이 만주로 가는 전략적 거점으로서 압록강·두만강과 울릉도의 중요성을 양국에 각인시켰다. 일본은 한국 정부가 러시아인이나 회사에 허가한 울릉도 벌목 특허권을 취소할 것을 요구했고, 결국 고종 황제는 1904년 5월 18일 이 사실을 칙선서勅宣書

형식으로 발표했다.

이어 1905년 2월, 일본은 독도를 자국 영토로 불법 편입했다. 전쟁 수행을 위해 독도에 망루를 건설하여 러시아함대를 감시하는 편이 유리하다고 판단하고 있던 차에 한 어업가가 영토 편입을 청원하자 이를 기회로 삼은 것이다. 『황성신문』 1905년 8월 10일자 기사에 따르면, 편입 후인 1905년 5월 말, 러시아 병선 드미트리 돈스코이Dmitri Donskoi호는 울릉도 근해에서 일본 순양함과 전투하던 중 선체가 크게 손상당해 울릉도에 상륙했다. 돈스코이호는 울릉도 앞바다에 정박하여 군인들을 상륙시키고 스스로 침몰했다. 러시아군이 항복하자, 일본 함선 가스가호春日丸는 저동으로 와서 항복한 러시아 병사들을 실어갔다.

일본은 울릉도와 독도를 전쟁에 어떻게 활용했나?

1904년 6월, 러시아 블라디보스토크함대가 일본 수송선을 침몰시키자, 일본 해군은 한국의 요충지에 망루를 건설하고 해저전선으로 연결하고자 했다. 이에 일본은 울릉도에 우편수취소를 설치했고, 1904년 7월에는 망루 건설을 결정하여 8월 초에 착공했다. 8월 8일 일본 해군은 건설지를 조사하여 울릉도 안에서 도동과 현포가 적합하다고 보고했다. 드디어 망루가 완성되어 9월 2일부터 활동을 시작했고 도동과 현포에 각각 6명을 배치했다. 죽변에서 울릉도에 이르는 해저전선도 9월 8일 공사를 시작해서 9월 25일 완성시켰다. 이로써 일본은 울릉도 망루에서 사세보의 해군 진수부와 직접 교신할 수 있게 되었다.

당시 해저전선 공사는 오키나와호가 맡아 수행했다. 호위군함 니타카호는 오키나와호에 탔던 사람들을 수용하여 공사를 마친 함대를 이끌고 울릉도를 떠났다. 이때 작성된 니타카호의 일지(9.25)에는 「마쓰시마松島에서 리앙코루도 암岩을 실제로 본 자에게서 들은 정보」가 기술되어 있다. 일본은 울릉도에 두 개의 망루를 건설했지만 울릉도와 독도 근해에서 러시아의 발틱함대와 전투가 전개됨에 따라 울릉도의 석포에도 망루를 하나 더 건설하고자 했다. 석포 망루와 시마네현의 마쓰에 사이를 잇는 해저전선은 1905년 11월 9일 완성되었다.

일본은 독도에도 망루를 건설할 계획을 세웠다. 계획은 1904년 5월부터 세우고 있었지만 울릉도 망루 설치 이후로 연기되고 있었다. 1904년 11월 해군은 쓰시마호에 독도 망루 건설의 타당성 여부를 조사하도록 했다. 군함 쓰시마호는 동도와 서도에 각각 한 곳의 후보지가 적합하다고 보고하면서 독도의 지형이 특이하며 식수와 식량, 연료가 없다는 사실도 함께 보고했다. 독도에 망루를 건설하려던 계획은 연기되다가 1905년 5월 30일에야 확정되었다. 7월 14일 착공하여 8월 19일부터 활동에 들어갔고, 배치 인원은 4명이었다. 독도와 시마네현 마쓰에를 잇는 해저전선은 러시아와 강화조약이 성립한 후인 1905년 11월 9일 부설되었다. 이렇게 해서 죽변 – 울릉도 – 독도 – 마쓰에를 잇는 군용 통신선이 완성되었고, 그 사이인 1905년 2월에 일본은 독도를 불법으로 편입한 것이다.

일본은 왜
독도 편입을 감행했을까?

독도에 망루를 설치한다면 울릉도에 설치된 망루보다 러시아 함대를 감시하는 데 분명 유리하다. 1904년 2월 한·일 양국이 체결한 한일의정서에 따르면, 일본은 전략상 필요한 지점을 어디든지 이용할 수 있었다. 그렇다면 일본은 영토 편입을 하지 않고도 독도에 망루를 설치할 수 있었는데, 왜 편입을 감행했을까? 박병섭은 그 이유를 일본이 독도에 망루를 설치하려면 이 사실을 한국 정부에 통고해야 하고 그렇게 될 경우 군사적 기밀이 누설될 우려가 있었기 때문으로 추정했다.

일본은 영토 확장의 야욕을 심화해가고 있었다. 그런데 마침 전쟁 중이었으니 외무성 관리 야마자 엔지로山座圓次郎의 말처럼 외무성은 전쟁 수행에 유리한 일 이외에는 다른 사항을 고려할 필요가 전혀 없었다. 이런 환경 아래서 외무성은 전략적인 판단만 하면 되는 상태였는데, 마침 나카이 요자부로라는 어업가가 영토 편입을 신청했으므로 좋은 구실을 제공받은 셈이다. 이후 일본은 열강과의 관계에서도 제2차 영일동맹(1905.8)으로 한국을 세력권에 두는 일을 양해받았고, 미국과는 전비戰費를 조달받고 가쓰라－태프트 밀약(1905.7)을 맺었다.

일본의 독도 편입은
어떻게 이뤄졌을까?

일본의 독도 편입은 일본인 어업가 나카이 요자부로의 청원을 계기로 해서 이루어졌다. 나카이를 비롯해 그를 도운 사람들은 독도를 어느 나라 땅으로 인식하고 있었을까? 나카이는 본래 돗토리현 출신으로 1891년부터 러시아 블라디보스토크 부근에서 잠수기를 사용하여 해삼을 채취하는 일에 종사하다가 일본과 조선 연안으로 이동하여 해삼과 전복 등을 채취하는 일을 하고 있었다. 1903년에 독도강치를 잡기 시작했는데 1904년부터는 잠수기 어업을 그만두고 강치잡이에만 집중했다. 당시 강치의 가죽은 소가죽 대용으로 방한도구를 만들 수 있었고 기름은 등불에 사용할 수 있었으며 고기도 활용할 수 있었으므로 좋은 이원利源이었다.

1903년에 나카이는 동향同鄕 사람인 오하라小原 보병 하사와 시마타니 곤조島谷権藏 등 8명과 함께 독도에 가서 움막을 짓고 강치잡이를 시도했지만 별다른 이익을 얻지 못했다. 이때는 다른 어업자들도 있었다. 이듬해인 1904년에는 더 많은 어업자들이 독도로 몰려들었다. 1904년에 나카이가 포획한 강치는 대략 2,500마리였다. 봄부터 여름까지 어로기가 끝나자 나카이는 혼자 강치 포획을 독점할 방안을 구상했다. 그가 1911년에 오키 도청에 이력서를 제출할 때 첨부한 문서(「사업경영 개요」)에 따르면, 나카이는 '리양코도'가 한국 영토라고 생각되기에 통감부로 갈 계획이었으나 수산국장의 말을 듣고 한국 영토가 아닐 수도 있다고 여겼다는 것이다. 1904년에는 통감부가 없었으므로 착오한 것이지만 그가 독도를 한국 영토로 생각했었다는 것을 알 수 있다.

1904년 가을, 나카이는 도쿄로 가서 지인인 농상무성의 수산국원 후지타 간타로藤田勘太郎를 만나 일을 도모한 뒤, 다시 수산국장 마키 나오마사牧朴眞를 만났다. 마키는 나카이에게 해군성 수로부에 섬의 소속을 확인할 것을 요청했다. 마키는 1903년 1월에 출간된 『한해통어지침韓海通漁指針』의 발간사를 쓴 사람인데, 이 책에는 "울릉도의 동남쪽으로 약 30리……맑은 날에는 울릉도 산봉우리의 높은 곳에서 이를 볼 수 있다"는 내용이 기술되어 있다. 울릉도 산봉우리에서 볼 수 있는, 30리 떨어진 섬은 독도를 가리킨다. 따라서 이 책에 서문을 써준 마키가 독도가 한국령임을 몰랐을 리는 없다.

나카이는 이어 해군성 수로부장 기모쓰키 가네유키肝付兼行도 만났다. 기모쓰키는 이 섬이 한·일 양국에서의 거리를 측정하면 일본 쪽이 10해리 정도 더 가까우며 일본인이 이 섬을 경영하는 이상 일본 영토로 편입하는 것이 당연하다고 했다. 이로 인해 나카이는 독도를 일본 영토로 믿게 되었다. 기모쓰키는 1879년에 오키를 포함한 북서 해안의 측량 책임을 맡았던 인물이다. 그리고 그가 작성한 보고서에는 오키의 범주에 독도가 포함되어 있지 않다. 그는 1905년 2월 이전에 간행된 『조선수로지』와 『환영수로지』의 서문을 쓰기도 했는데, 여기에는 울릉도와 독도가 조선 동 안에 포함되어 있다. 이렇듯 수로지 제작에 직접 관여한 기모쓰키 가 독도를 일본 영토로 알고 있었을 리도 없다. 그럼에도 기모쓰 키는 러일전쟁 중임을 기회로 나카이에게 영토 편입을 청원하도 록 사주한 것이다.

나카이는 결국 기모쓰키의 말에 힘입어 9월 29일 「리양코도 영토편입 및 대하원貸下願」을 내무성·외무성·농상무성 세 대신 앞 으로 제출했다. 청원서의 제목으로 알 수 있듯이 나카이는 독도를 '리양코도'로 호칭하고 있었다. 나카이는 일본 정부가 이 섬을 편 입하여 자신에게만 10년간 사용권을 달라고 요청했다. 나카이는 청원서를 관철시키기 위해 내무성과 외무성 관리들을 찾아가 사 정을 설명하고 설득했다. 제일 먼저 찾아간 사람은 내무성 지방국 의 이노우에井上 서기관이었다. 그러나 이노우에는 전쟁 중에 아무 쓸모없는 암초를 편입하는 것은 일본의 야욕을 의심받기 쉬운 일 임을 들어 부정적 태도를 보였다.

나카이는 다시 마키 수산국장을 찾아갔으나 그 역시 부정적 이었다. 나카이가 다시 동향 사람인 구와타 구마조桑田熊藏를 만나 상의하자, 구와타는 외무성 정무국장 야마자 엔지로에게 지참하 고 갈 소개장을 써주었다. 나카이를 만난 야마자는 "이런 시국이 니만큼 시급히 영토로 편입할 필요가 있다. 망루를 세우고 무선 또는 해저전신(해저전선)을 설치하면 적함敵艦을 감시하는 데 안성 맞춤이 아닌가? 외교상의 일은 내무성처럼 특별한 고려를 할 필 요가 없으니 청원서를 본성(외무성)에 신속히 회부해야 한다"고 말했다. 야마자는 "외교상의 일은 다른 부서가 관여할 바가 아니다. 작은 바위섬을 편입하는 일은 아주 작은 일이지만, 지세상·역사상·시국상으로 보더라도 지금의 영토 편입은 커다란 이익이 된다"고 하며 편입에 적극적이었다. 야마자는 『최신한국실업지침最新韓國實業指針』(1904)의 서문을 쓴 바 있는데, 이 책에는 울릉도와 함께 강원도에 소속된 '양코도'에 대한 설명이 나온다. 그러므로 그역시 독도가 한국 땅임을 알고 있었다.

외무성은 편입 청원서를 처리하기 위해 시마네현청에 의견을 구했고, 현청의 내무부장 호리 신지堀信次는 1904년 11월 15일 다시 오키 도청에 의견을 구했다. 이에 오키 도사島司 히가시 분스케東文輔는 11월 30일자로 "울릉도를 다케시마竹島라고 하지만 사실은 마쓰시마松島이며, 해도海圖로 보더라도 명백하다. 다케시마를 신도新島에 붙이는 것이 당연하다"고 답신했다. 나아가 오키 도사는 새섬의 명칭을 다케시마라고 명명하고 시마네현 오키 도사의 소관으로 할 것을 제안했다. 그 사이인 1904년 11월, 해군은 쓰시마호로 하여금 독도에 망루를 건설하는 일의 타당성 여부를 조사하도록 했고, 쓰시마호는 적당한 후보지에 대하여 보고했다.

해군의 이런 움직임과는 별개로 시마네현은 오키 도사의 의견을 토대로 내무성에 보고했다. 내무성은 이에 근거하여 1월 10일 「무인도 소속에 관한 건」이라는 청의서를 각의閣議에 올렸다. 1월 12일, 내무 차관 야마가타 이사부로山縣伊三郎는 내각서기관장 시바타 가몬柴田家門에게 청의서 건을 알리고 회신을 요청했다. 1월 28일, 각의에서 이 청의서가 승인되면서 영토 편입이 결정되었다.

각의결정 후 내무 대신은 이 사실을 시마네현 관내에 고시하도록 마쓰나가 다케요시松永武吉 지사에게 2월 15일자로 훈령했다. 이에 시마네현 지사는 2월 22일 현 고시 제40호로 편입 사실을 공시했고, 같은 날 오키 도청에도 이 사실을 알렸다.

일본 각의는 무엇을 근거로 편입을 결정했는가?

일본의 각의결정은 내무 대신의 청의서를 심사하여 확정지은 것이다. 그 근거가 된 것은 무엇일까? 1905년 1월 10일자 내무 대신이 청의한 「무인도 소속에 관한 건」의 내용은 다음과 같다.

> 북위 37도 9분 30초 동경 131도 55분 오키도에서 서북으로 85해리浬에 있는 무인도는 타국이 이 섬을 점유했다고 인정할 만한 형적이 없고, 지난 메이지 36년(1903) 본방 사람 나카이 요자부로가 여기에 어사漁舍를 만들고 인부를 데려가 사냥도구를 갖춰 강치海驢잡이에 착수했다. 이번에 영토 편입 및 대하貸下를 출원했으니 이참에 소속 및 도명島名을 확정할 필요가 있어서 이 섬을 다케시마竹島라고 이름 짓고 지금부터 시마네현 소속 오키 도사의 소관으로 하기로 각의에 부친다.

이에 대한 1905년 1월 28일자 각의결정의 내용은 다음과 같다.

별지로 내무 대신이 청의한 「무인도 소속에 관한 건」을 심사하니, 북위 37도 9분 30초 동경 131도 55분 오키도에서 서북으로 85해리에 있는 무인도는 타국이 이 섬을 점유했다고 인정할 만한 형적이 없고, 지난 메이지 36년(1903) 본방 사람 나카이 요자부로가 여기에 어사를 만들고 인부를 데려가 사냥도구를 갖춰 강치잡이에 착수했다. 이번에 영토 편입 및 대하를 출원했으니 이참에 소속 및 도명을 확정할 필요가 있어서 이 섬을 다케시마라고 이름 짓고 지금부터 시마네현 소속 오키 도사의 소관으로 하기로 한다.

이에 심사한 결과, 메이지 36년 이래 나카이 요자부로라는 자가 이 섬에 이주하여 어업에 종사한 것이 관계 서류로 명백하니 국제법상 점령의 사실이 있다고 인정되므로 이를 본방 소속으로 하여 시마네현 소속 오키 도사의 소관으로 해도 지장이 없다고 생각한다. 이에 청의한 대로 각의결정되었음을 인정한다.

이 내용으로 알 수 있듯이 각의결정문은 내무 대신의 청의서를 그대로 인용한 뒤 그 심사 결과를 밝힌 것이다. 심사 근거로 삼은 것은 나카이 요자부로가 무인도에서 어로한 사실이 국제법상 점령에 해당된다는 것이었다. 즉 편입의 근거는 '무인도 점령'이었다. 내무 대신의 청의서를 보면, '무주지, 고유영토, 고유영토의 재확인' 등을 언급한 구절은 어디에도 없다. 다만 '무인도, 점령'을 운운했다. 그러나 무인도와 무주지는 엄연히 다른 개념이다. 무인도는 말 그대로 사람이 살지 않는 곳을 의미하지만, 사람이 살

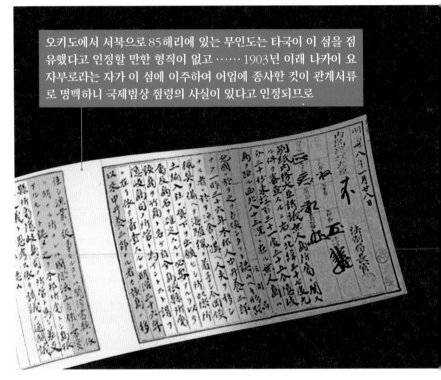

> 오키도에서 서북으로 85해리에 있는 무인도는 타국이 이 섬을 점
> 유했다고 인정할 만한 형적이 없고 …… 1903년 이래 나카이 요
> 자부로라는 자가 이 섬에 이주하여 어업에 종사한 것이 관계서류
> 로 명백하니 국제법상 점령의 사실이 있다고 인정되므로

각의결정문(1905.1.28)

나카이 요자부로라는 어업가가 독도에서 강치 포획을 독점하고자 「리양코도 영
토 편입 및 대하원」을 제출했다. 내무 대신은 이 건을 내각에 제출했고, 내각은 영
토 편입을 결정했다. 이를 두고 일본은 무주지를 선점한 것이라고 주장하지만, 독
도는 무주지가 아니었다. 각의결정은 비공개였고 편입 사실은 관보에도 게재되지
않은 채 시마네현에만 고시되었다.

지 않는 곳이라고 해도 국가의 주권은 미친다. 국가 주권의 대상이 되기 위해 '정주'나 '거주'라는 요건을 충족시켜야 하는 것은 아니기 때문이다. 이에 비해 무주지terra nullius는 주인 없는 땅을 의미한다. 국제법적으로 무주지는 어느 국가의 영유도 아닌 지역을 말하므로, 선점의 대상이 될 수 있다. 그러나 독도는 무인도지만 무주지는 아니었고, 대한제국이 실효적으로 지배하고 있던 영토였다. 일본 각의의 주장대로 "타국이 이 섬을 점유했다고 인정할 만한 형적"이 없으니 '무주지 점령'에 해당된다고 말할 수 있는 것인가? 이것이 판명된다면 일본 편입의 합법성 여부도 자연히 드러날 것이다.

시마네현 고시 제40호란 무엇인가?

1905년 2월 22일, 시마네현 지사가 공시한 고시 제40호의 내용은 다음과 같다.

> 북위 37도 9분 30초, 동경 131도 55분, 오키도隱岐島에서 서북 85해리에 있는 도서를 다케시마竹島로 칭하고, 이제부터 본 현(시마네현) 소속 도사의 소관으로 정한다.

이 고시에서 밝힌 독도 경위도는 오쿠하라 헤키운奧原碧雲이 1906

년에 인용한, 미국 수로부 고시 제43호(1902.10)와 같다. 위 고시는 현 지사로 하여금 각의결정을 관내에 고시하도록 한 내무 대신의 훈령을 따른 것이다. 현 지사는 시마네현 관내뿐만 아니라 오키 도청에도 고시했다. 현의 고시란 각의에서 편입을 결정한 사실을 현민에게 널리 알리기 위한 방법이다. 그러므로 고시문에는 각의결정의 근거를 기술하지 않고, 새로 편입한 도서의 이름과 소관 부서를 알려주는 데 그친다.

시마네현 고시는 각 정촌町村에 하달되었다. 1905년 당시 시마네현은 1시市, 70정町, 242촌村이었으므로 300여 개 마을에 고시된 것이다. 그런데 당시 하달된 고시문은 지금은 대부분 없어져 4개 마을에 남아 있는 정도이다. 이때 고시의 원본이라는 것이 있었는가? 있었다면 어떤 의미가 있는가? 일각에서는 고시 원본이 시마네 현청에 있었는데 화재로 없어졌으니 고시 자체가 무효라고 주장한다. 원본이 있었다면 그것과 각 정촌에 내려진 고시의 법적 효력이 다른가?

고시 원본이 없다면 '편입'이라는 역사적 사실이 없어지는가?

일본이 독도를 자국 영토로 편입한 사실의 정당성은 차치하고 절차적 측면만을 따져본다면, 시마네현 고시 제40호에 이르는 과정은 다음과 같다.

나카이 요자부로의 대하원 → 내무 대신의 청의서 → 각의결정
→ 내무 대신의 훈령 → 시마네현 지사의 고시

이는 공문식의 절차를 밟은 것이다. 나카이가 청원한 정부 부처는 내무성·외무성·농상무성이었지만 이를 청의서 형식으로 내각 총리 대신에게 제출한 부서는 내무성이었다. 그리고 편입은 각의결정을 통해 이뤄졌다. 일본의 각의는 본래 비공개로 이뤄지며 만장일치가 원칙이다. 따라서 의사록은 없고 각의결정문만 존재한다. 의사록이 없다 할지라도 내무 대신의 청의서에 대한 결정문이 있으므로 절차에 하자가 있다고 하기는 어렵다. 각의결정에 이르는 문서를 공개하지 않는다고 비판하는 경우가 있는데 이는 각의결정의 성격을 오인한 것이다.

그러나 이를 대한제국 칙령 제41호와 비교해보면, 공문식의 절차를 밟았다는 점은 공통되지만 여러 가지 측면에서 차이가 있다. 우선 시마네현 고시는 대한제국 칙령과 같이 최고통치권자에 의해 제정된 법령이 아니었다. 공시 방법에도 차이가 있어, 대한제국은 칙령 제41호를 관보에 게재하여 반포하는 절차를 밟았지만, 일본은 이런 절차를 밟지 않았다. 일본은 관보에 게재하는 대신 현 지사에게 훈령을 내려 고시하도록 하는 데 그쳤다. 국가적 결정 사항이나 공식 문서는 관보에 게재하여 국내외로 알리는 것이 통상적이지만, 일본은 시마네현 지역에 한정해 고시하는 방법을 취했다. 따라서 고시만으로는 외국 정부나 자국 내 외국 공관이 일본의 의사표시를 인지할 수 없다.

일본은 독도 '편입 사실'이 당시의 신문(『산인신문山陰新聞』, 1905.2.24)이나 잡지에 실려 널리 알려졌다고 주장한다. 하지만 지방 고시가 정부기관에 의한 대외적 공표, 즉 관보 게재와 효력이 같다고 하기는 어렵다. 더구나 신문에 보도했다고 하지만 일본이 보도한 신문은 주요 중앙지가 아니었다. 일본 학자도 "시마네현이라는 하나의 지방자치체의 공표는 국가의 대외적 의사표시가 아니다"라고 비판한 바 있다.

고시 원본의 문제는 어떠한가? 고시란 시마네현 지사가 관내 마을과 소관 부서인 오키 도청에 알리는 것을 의미한다. 그러므로 고시만 하면 그 소임을 다한 것이다. 1962년에 일본은 고시가 현보縣報에 게재되었다고 주장했지만(7월 13일자 '일본정부견해 4'), 지금까지 알려진 바에 따르면 현보는 존재하지 않았다. 다만 1905년에 각 촌村에 고시했던 문서가 현재까지도 남아 있으므로 원본의 존재 여부를 문제 삼는 것은 무의미하다. 일본이 다툼의 소지가 있는 영토를 편입하면서 관계국가인 대한제국에 조회하지 않고 일방적으로 편입했으며 무주지가 아닌 영토를 편입했다는 점에서 그 불법성과 무효를 주장할 수는 있다. 그러나 고시라는 제한된 절차에 따라 공시했다는 것만으로는 편입의 무효를 주장하기가 어렵다. 물론 일본이 편입 사실을 관보에 게재하지 않고 지방 차원의 고시로 알리는 데 머물렀으므로 그 범위가 제한적인 것은 분명하다. 그러나 고시 원본의 부재를 곧바로 편입 무효의 근거로 삼기는 어렵다.

일본은 한국 측에
사전 조회 혹은 사후 통고를 했는가?

나카이 요자부로가 독도를 한국령으로 생각했을 정도니, 당시 일본 측에서도 독도 소속을 자신하지 않았음은 분명하다. 소속이 명확하지 않은 섬을 어느 국가가 편입하려 했다면 당연히 관계국가에 사전에 조회照會하거나 편입 후 정식으로 통고하는 절차를 밟았어야 한다. 일본은 이런 절차를 밟았는가?

국제법 학자들은 일본이 영토 취득의 전통적 방식 중 하나인 '선점'으로 독도를 취득했다면, 그것은 "공공연히publicly and openly 이루어지고 그런 사실이 널리 공표되거나 이해 관계국에게 통고 notification되었어야 한다"고 주장한다. 그런데 이해 관계국에 대한 통고가 의무적인가에 대해서는 학자 사이에서도 이견이 있다. 일본은 '선점'으로 영토를 편입할 때는 다른 나라에 통보할 의무가 없다고 주장한다. 다시 말해 1905년의 독도 편입은 무주지 편입이므로 이 절차는 시마네현 고시로 충분하고 대한제국에 사전 조회하거나 사후 통고를 할 필요가 없다는 것이다.

그러나 일본 학자 가운데는 일본이 편입 전에 한국 측에 사전 조회를 하지 않은 것은 상대국을 무시한 행위라고 보는 경우도 있다. 고시로 공표한 것이 국제법에 비춰 합법적이라는 일본의 주장은 너무 배려 없는 주장이라는 것이다. 이케우치 사토시는 만일 일본이 각의결정을 하기 전에 한국 측에 조회했다면 증거 제시나 확인 작업이 필요했을 것이므로 1905년 1월의 각의결정은 성립할 수 없었을 것이라고 한다.

1904년에 나카이 요자부로가 독도를 한국령일지 모른다고 의심했던 정황이 기록에 남아 있다. 그러니 일본 학자의 말대로 당시 일본은 대한제국이라는 이해 관계국과 소통해야 마땅했지만, 일본은 대한제국에 사전 조회를 하지 않았다. 내무성도 편입에 대해 우려하는 의견을 냈지만 외무성은 이를 고려하지 않았고, 오히려 러일전쟁 중이라는 시국을 편입의 호기로 이용했다. 외무성의 획책에 따라 내각은 나카이 요자부로라는 한 개인의 행위를 국제법상 '점령'에 해당시켰고, 이로써 '편입'을 단행한 것이다.

1906년에 편입 사실을 알게 된 한국 정부와 관료, 언론의 반응을 보면, 당시 독도를 한국 땅으로 당연시하고 있었음을 알 수 있다. 그러므로 일본 정부가 한국 정부에 편입 사실을 미리 조회했다면 각의결정은 성립하지 못했을 것이다. 일본은 각의결정 후에도 한국 정부에 정식으로 통고한 적이 없다. 1905년 8월, 시마네현 지사는 이른바 다케시마(독도) 편입을 한국 측에 알리지 않고 몰래 시찰하고 돌아갔다. 1906년 3월, 울릉도에 왔던 대규모 시찰단도 군수에게 편입 사실을 일방적으로 통보하고 돌아갔다.

통고와 통보는 다르다. 일반적으로 통고는 사실이나 의사의 통지를 의미하지만, 국제법에서 통고는 무주지의 선점과 관계된다. 즉 무주지를 선점할 때 통고의 요건을 충족하지 못했다면 그 선점은 무효가 된다. 1885년에 체결된 베를린의정서는 통고의 의무를 규정하고 있지만, 당사국이 아닌 국가에게도 이 의무가 있는 것인지에 대해서는 논란이 있다. 1905년 전후에는 통고가 선점의 요건이 아니었다는 견해도 있다. 그러나 일본이 무주지 선점을 하면서 당사국이 분명한 한국에 편입이라는 중대한 결정을 통고하지 않은 것은 제국주의적 시각을 드러낸 행위라고 할 수 있다.

일본은 편입 후 독도를 '다케시마'로만 칭했는가?

일본은 과거 울릉도 호칭이던 '다케시마'를 1905년에 독도의 명칭으로 삼았다. 그 직전에는 '리양코도'로 부르고 있었다. 그렇다면 편입 뒤에 '다케시마'라는 호칭이 정착했는가? 1905년 일본은 독도를 편입하면서 나카이 요자부로가 칭했던 '리양코도'에서 '다케시마'로 명칭을 바꾼 뒤 지적地籍 조사 작업에 착수했다(1905. 5. 3). 이에 오키 도사는 5월 17일 약도를 첨부하여 보고했는데, 오키 도사가 보고한 독도 면적은 23정町 3반反 3묘보畝步였다. 그러나 지리지와 수로지, 관보 등에서는 새로 명명한 다케시마 대신 여전히 '리앙코루 락스'나 '량코도'로 표기되고 있었다. 1905년 5월 29일, 러일전쟁의 상황을 알리는 관보 역시 연합함대 사령장관 도고 헤이하치로東鄕平八郎의 보고를 기재하면서 독도를 '리양코루도 암'이라고 기재했다. 그러다가 명칭이 잘못되었음을 알고 6월 5일자 『관보』에서 다케시마로 정정했다.

　　1905년 7월 31일, 부산영사관보 스즈키 에이사쿠鈴木榮作는 「울릉도의 현황」을 외무성에 보고했는데, 독도를 '량코도'라고 칭했다. 이 보고는 9월 18일자 관보에도 실렸다. 영사관 관리가 새로 편입한 영토의 명칭을 잘못 기술했다는 것은 그만큼 편입이 은밀하게 이루어졌음을 의미한다. 해군 수로부도 『조선수로지』(1907)와 『일본수로지』(1907·1911·1920)에서 독도를 '리앙코루토 열암'으로 칭하거나 '다케시마[Liancourt rocks]'처럼 두 호칭을 병기했다. 한편 돗토리현 지역에서는 1905년 이후에도 울릉도를 여전히 다케시마로 칭했고, 1909년의 돗토리현 통계서도 울릉도를 다케시마로 칭했다. 인근의 시마네현이 1905년에 독도를 다케시마로 명명했지만 이런 사실이 돗토리현에는 알려지지 않았던 것이다.

지리지에서는 『최신 조선지지最新朝鮮地誌』(1912)에 "이 (울릉도) 부근에 일본해전으로 이름이 알려진 로크(rock) 리앙코루도가 있다"고 하여 'rock Liancourt'를 사용하고 있다. 오쿠무라 료는 식민지 시대의 울릉도 생활을 회상하면서 조선인이 일본인과 대화할 때는 '랑코도'라고 칭했다고 했다. 이렇듯 에도 시대까지 울릉도를 다케시마, 독도를 마쓰시마로 부르던 일본은 서양 호칭이 유입되면서 혼란을 겪고 있었다. 그래서 한동안 고유 호칭 대신 서양 호칭을 사용했다. 이는 그만큼 일본이 독도를 고유영토로 인식하는 경향이 미약했다는 뜻이다.

대한제국은 일본의 '편입' 조치에
어떻게 반응했을까?

일본은 독도 편입 사실을 시마네현 고시로 공시했고 지역 신문에
도 보도했다. 하지만 대한제국은 이를 알 수 없었다. 정식으로 통
고하거나 관보에 게재한 사실이 없기 때문이다. 일본 시마네현은
1906년 3월 말 45명으로 구성된 관민시찰단을 파견했다. 이들은
먼저 독도를 시찰한 뒤 울릉도로 건너와 군수 심흥택에게 편입 사
실을 일방적으로 통보했다. 이때는 일본이 한국에 통감부를 설치
한 뒤이다.

이에 앞서 1905년 8월, 시마네현 지사가 3명의 수행원과 함
께 독도를 시찰하고 돌아간 적이 있지만, 울릉도에는 오지 않았으
므로 군수는 시찰 사실도, 편입 사실도 알지 못했다. 1906년 3월
말, 관민시찰단 45명 가운데 10여 명이 군수 관아를 방문하여 편
입 사실을 알린 것이 처음 접한 소식이다. 심흥택은 독도 편입 사
실을 알자마자 다음 날 바로 상관인 강원도 관찰사 서리이자 춘천
군수인 이명래에게 보고했다. 이른바 심흥택 보고서(1906.3.29)
다. 이 보고서의 존재에 대해서는 1947년 『대구시보』(1947.6.20)
가 처음으로 알렸고, 같은 해 8월 조선산악회가 파견한 조사단이
울릉도청에서 부본副本을 발견했다. 조사단의 일원이던 신석호가
그 내용을 1948년 『사해史海』 창간호에 발표했다. 1954년 한·일
양국이 독도문제로 논쟁할 때 한국 측은 보고서 원본이 공문서철
에 보관되어 있다고 했지만, 지금은 전하지 않는다.

이 보고서의 내용을 그대로 전재한 문서를 1978년 한국근대 사자료연구협의회의 송병기가 규장각에서 찾아냈다. 그것은 이 명래가 울도 군수 심흥택의 보고 내용을 그대로 의정부 참정대신 박제순에게 알린「보고서 호외」(1906.4.29)와 참정대신의 지령 (1906.5.10)이다. 이명래가 호외로 보고한 것이 매우 긴급한 현안 으로 받아들였음을 보여준다. 보고서 호외는 "본군 소속 독도가 외양 100여 리 밖에 있는데 이달 초 4일(양력 3월 28일)"로 시작했 다. 첫머리만 보아도 군수 심흥택이 독도를 울도군의 소속으로 당 연시하고 있었음을 알 수 있다. 이 보고서는 한국에서 처음으로 '독도'라는 호칭을 사용한 문서로 평가받고 있다. 의정부는 이명 래의 보고서를 5월 7일 접수했고, 참정대신은 5월 10일자로 지령 을 내렸다. 지령은 "보내온 보고는 다 보았다. 독도를 영지로 한 다는 말은 전혀 근거가 없으니 그 섬의 형편과 일본인의 행동을 다시 조사하여 보고할 것"이라는 내용이었다. 의정부는 당시 국 정을 총괄하는 최고기관이었다. 지령의 문면을 보더라도, 정부가 일본이 독도를 영지로 삼았다는 사실을 전면 부인하고 있었음을 알 수 있다.

일본의 독도 '편입'이 매우 충격적인 사건이었음은 당시 언론 의 반응으로도 알 수 있다. 『대한매일신보』와『제국신문』은 5월 1일자로,『황성신문』은 5월 9일자로 관련 보도를 했다. 『대한매 일신보』는 군수가 내부에 보고하여 지령을 받은 사실을,『제국신 문』은 내부가 군수에게 훈령을 내린 사실을,『황성신문』은 군수 가 내부에 보고한 사실을 위주로 보도했다. 「보고서 호외」에 따르면, 강원도 관찰사가 군수의 보고를 접한 뒤 참정대신에게 보고하여 지령을 받은 것으로 되어 있다. 그러나 언론 보도에 따르면, 군수도 내부 지령을 받았음을 알 수 있다. 그렇다면 군수가 관찰사뿐만 아니라 내부 대신에게도 보고했다는 의미다. 군수의 보고 시기는 4월 29일과 5월 1일 사이로 보이지만, 내부에 제출했다는 보고서는 현재 전하지 않는다.

『제국신문』 기사에는 "일본이 점령했다는 말은 그럴 리가 없으니, 만일 다툴 일이 생기게 되면 일본 이사와 교섭하여 처리하라고 했다"는 내용이 있다. 내부가 통감부 이사청과 교섭하려 했음을 보여주는 대목이다. 이와 관련된 문서도 현재는 남아 있지 않다. 당시는 을사늑약(1905.11.17)으로 외부(외교부)가 폐지되어 (1906.1.16) 외교적인 교섭이 불가능했으므로 내부가 통감부와 교섭하려 했던 것으로 보인다. 그러나 통감의 승인 없이 대한제국이 독자적으로 할 수 있는 것은 아무 것도 없었다. 이런 상황에서 내부가 통감부 이사청과 교섭하려 했다 한들 과연 이사청이 접수했을까? 설사 이사청이 접수했다 하더라도 본국 외무성의 의사에 반하여 영토문제를 처리했을 리가 만무하다. 의정부 참정대신 박제순은 이명래의 보고서를 접하자마자 지령 제3호를 내려 일본의 편입 사실을 부정하고 조사를 지시했다. 이 과정은 대한제국 정부가 편입 사실을 알게 되자마자 얼마나 민첩하게 대응했는지를 잘 보여준다.

• SCAPIN

독도와 관련된 홍보물을 접하다보면 자주 눈에 띄는 것이 'SCAPIN - 677'이라는 용어이다. 그러나 정작 'SCAPIN'이 무엇의 약자이며 그 의미가 무엇인지를 정확히 알고 쓰는 경우는 드물다. SCAPIN은 'Supreme Commander for the Allied Powers Index Number'의 약어이다. 즉 '연합군 최고사령관 지령 색인번호'라는 의미다. 종래는 SCAPIN을 'Supreme Commander for the Allied Powers Instruction'의 약어로 잘못 썼었다. 또한 'SCAP(Supreme Commander for the Allied Powers의 약칭) Instruction'의 의미로 해석하여 '연합국 총사령부 지령' 혹은 '연합국 총사령부 훈령', '연합국 최고사령관 지령'으로 번역하기도 했다.

제2차 세계대전 후 패전한 일본을 점령 통치하게 된 연합국 군대는 1946년 1월 29일 「일본으로부터 일정 주변지역을 통치 및 행정상 분리하는 것Governmental and Administrative Separation of Certain Outlying Areas from Japan」에 관한 지령을 최고사령관 이름으로 일본 정부에 내렸다. 이를 줄여서 'SCAPIN - 677'이라고 하는데 지령을 각서Memorandum 형태로 내렸기 때문에 이를 '연합국 최고사령관 각서'로 칭해왔던 것이다. 그러나 최고사령관이 내리는 지령Instruction에는 각서Memorandum, 통보Notice 및 성명Message, 보고서Report 등 여러 형태가 있으므로 상위 개념인 '지령'으로 칭하는 것이 맞지 않을까 한다.

'Allied Powers'는 통상 '연합국'으로 번역하는데, 엄밀히 말하면 연합국 군대를 의미한다. 줄여서 '연합국군' 혹은 '연합군'이라고 한다. 그러나 명령의 주체(최고사령관)로서 언급할 때는 '연합군'이라는 말이 성립하지만 교섭 주체로서 언급할 때는 적절하지 않을 때가 있다. 이에 이 책에서는 명령 주체로서 언급할 때는 '연합군'으로, 교섭 주체로서 언급할 때는 '연합국'으로 칭했다. 하지만 이런 구분이 모든 경우에 다 들어맞는 것은 아니다.

연합군 최고사령관 총사령부는 'General Headquarters Supreme Commander for the Allied Powers'에서 온 말이다. 줄여서 '연합군 총사령부' 혹은 'GHQ/SCAP'으로 칭한다. 이를 '연합국 최고사령부', '연합국 최고사령부 총사령관'으로 칭하는 경우가 있는데 이 또한 바른 호칭은 아니다. 바른 호칭은 '연합군 최고사령관 지령 제677호' 혹은 'SCAPIN-677'이다. 따라서 'SCAPIN 제677호'나 'SCAPIN 677호'로 표기하는 것도 바르지 않다.

본래 SCAPIN-677은 미국 정부의 점령방침을 연합군 총사령부(SCAP)에 지시하기 위해 만들어진 통합참모본부가 연합군 총사령부에 명령한 '기본지령'을 실천하기 위한 지령 가운데 하나이다. 통합참모본부는 연합군 총사령부에 일본의 행정권을 분리하는 조치를 취하도록 직접 지시했는데, SCAPIN-677은 행정권이 분리되어야 할 지역을 구체화한 것이다. 연합군 총사령부가 일본에서 행정권이 분리되어야 하는 지역을 구체화해야 했던 이유는 중의원 선거를 앞두고 선거 실시 지역을 확정해야 했기 때문이다.

그렇다면 'SCAPIN - 677'은 왜 독도문제를 거론할 때마다 언급되는가? 그 이유는 지령의 제1항 및 제3항과 관계가 있다. 제1항의 주요 내용은 일본 정부가 일본 이외의 어떤 지역에서도 통치권 또는 행정권을 행사하지 못하도록 규정한 것이다. 제3항에서는 "본 지령의 목적상, 일본이라 함은 네 개의 주도main islands들과 쓰시마 및 류큐를 포함한 북위 30도 이북의 약 1,000개의 인접 도서들을 포함하는 것으로 정의된다"고 규정하고, 일본 영토에서 제외되는 몇 개의 섬을 거론했다. 거기에 제주도·울릉도·독도가 언급된 것이다. 따라서 이는 연합국이 독도를 한국 영토로 인식했음을 분명히 보여준다.

그러나 제6항에서 "본 지령의 어떠한 부분도 포츠담선언 제8조에서 언급된 '소도들the minor islands'의 최종 결정에 관한 연합국 측의 결정을 의미하는 것으로 해석되어서는 안 된다"고 했다. 지령은 연합국이 독도를 한국 영토로 인식하고 있었음을 보여주지만 그것이 영토에 관한 최종 결정을 내려준 것은 아니라는 사실도 아울러 밝힌 것이다. 연합국은 일본 영토를 최종적으로 결정할 권한이 없으며, 영토에 관한 최종 처리는 대일평화조약으로 결정되는 것이 국제법의 원칙이었다. 이를 염두에 두고 지령의 의미를 되새겨볼 필요가 있다.

팩트체크 6

독도는
무주지가 아니었다

☑
☐ 체크리스트

도감 배계주는 울릉도 산물에 세금을 부과했다.

일본 측 관리들은 일본인의 울릉도 납세를 '수출세'로 보았다.

대한제국은 칙령 제41호에서 울릉도 군수의 징세권을 인정했다.

대한제국은 「울도군 절목」으로 울릉도와 독도를 행정관리했다.

일본인들은 독도강치에 대한 수출세를 울릉도 군수에게 납세했다.

영토분쟁에 대해 국제재판소가 '실효적 지배'에 의거하여 판결한 사례가 있다.

독도는 무주지가 아니므로 선점의 대상에 해당되지 않는다.

개척령이 내려진 후
울릉도와 독도는 어떻게 관리되었는가?

1882년 고종이 사람의 거주를 금지했던 울릉도에 이주하도록 명함에 따라 1883년부터 입도가 시작되었다. 이해에 울릉도에 정식으로 들어온 사람은 강원도·경상도·충청도 사람들로 남성이 36명, 여성이 18명이었다. 정부는 이들에게 목수와 대장장이를 동행시켰고, 곡물 종자와 암숫소, 총검과 화약 등의 물자도 지급했다. 5년 동안 세금을 면제해주는 정책을 폈는데 이 정책은 5년 후에도 지속되었다. 우대정책 덕분에 개척민들이 속속 들어와 여러 지역에 흩어져 살며 농토를 개간했고, 점차 터전을 잡아갔다. 이들은 주로 농업에 종사했고 어업에 종사한 자는 거의 없었다. 미역은 개척 이전부터 전라도 사람들이 와서 채취해 가던 상태였고, 미역에는 세금을 부과하되 정부가 관장하고 있었다.

  개척이 진행되면서 주민을 보살피고 관리할 사람이 필요했다. 그래서 10년째 살고 있던 약초상 전석규에게 도장島長이라는 직책을 주었으나 독직사건으로 파면당했다. 이어 평해나 삼척에서 군관과 하급 관리들이 와서 관리했지만, 도민島民들에게 콩이나 보리를 징수하는 폐단이 있었다. 게다가 일본인의 입도도 함께 증가하고 있었기 때문에 전담 관리가 필요해졌다. 이에 정부는 정기적으로 섬을 점검하던 수토제를 폐지하고 전임 도장을 두기로 결정했다. 도장제는 1895년 도감제로 바뀌었고 초대 도감에 배계주가 임명되었다. 배계주는 치안뿐만 아니라 일본인의 침탈을 저지하는 책무도 함께 맡았다.

일본인들은 개척 이전부터 왕래하고 있었지만, 양국이 1883년에「조일통상장정」, 1889년에「조일통어장정」을 체결한 후로는 일본 선박의 울릉도 연안 출입이 빈번해졌고 숫자도 크게 늘어났다. 대부분 어업면허를 지니지 않은 채 불법으로 도항한 선박이었다. 일본인들은 울릉도 연안에서 전복을 채취했고 도동으로 들어와 그릇 등을 한인의 곡물과 교환하기도 했으며, 일부는 집을 짓고 거주하기 시작했다.「조일통상장정」제41조에 따라 조선은 조선 4개도에서 일본인의 연안 어업을 허가하고 해산물 매매를 허용했지만 화물 교역은 금지했다.

어업세는 2년간 시행한 뒤 다시 협의하기로 했다. 그러나 일본인들은 이를 지키지 않았고 도감은 이를 처벌하고 싶어도 치외법권 때문에 처벌할 수 없었다. 더구나 일본인들은 울릉도에 거주하면서 삼림을 무단으로 베어 일본으로 반출하고 주민들의 곡물 등과도 교역하기 시작했다. 이때 도감은 일본인들에게 벌목료를 징수했고 위반자에게는 벌금을 물렸으며, 반출하는 화물에도 세금을 부과했다. 도감에게는 월급도 없었고 도민에게는 육지와 교통할 선박이 없었으므로 어쩔 수 없이 불법 거래를 묵인해준 것이다.

도감 배계주는 일본인의 무단 벌목에 어떻게 대응했는가?

초대 도감島監 배계주는 섬을 개발하고 일본인의 침탈을 저지하고자 애쓴 인물이지만 그에 대한 평가는 엇갈린다. 배계주는 인천 영종도 출신으로 알려져 있으며, 입도 시기는 확실하지 않으나 개척기 전후로 보인다. 1895년 8월, 그는 초대 도감에 임명되었다. 1898년에는 일본의 산업을 시찰하여 울릉도 개발에 적용하고자 했고, 한편으로 일본인의 무단 벌목에 맞서기 위해 마쓰에지방 재판소에 소송했다. 소송하는 동안 잠시 도감직에서 물러났지만 1899년 5월에 다시 임명되었다. 1899년 6월 하순, 재판을 마치고 부산에 머물고 있던 그에게 정부는 부산세관 세무사 라포르트와 함께 울릉도로 들어가 현지 상황을 조사하라고 명했다. 조사 후 그는 일본인의 불법 행위를 정부에 자주 보고했고, 정부는 그때마다 일본 외무성에 항의하고 일본인의 철수를 요청했다. 그러나 일본인들은 퇴거하지 않았고 러시아 전함이 울릉도에 상륙하는 일까지 있었다.

일본인의 침탈이 근절되지 않자 1900년 6월, 한·일 양국은 공동조사단을 파견하여 실태를 조사하기에 이르렀다. 이후에도 배계주는 울릉도 상황을 강원도 관찰사 혹은 정부에 직접 지속적으로 보고했다. 정부는 배계주의 직책을 도감에서 감무로 바꿨다가 1900년 10월에는 군수로 격상시켰다. 초대 군수 배계주는 부임하자마자 학교를 설립하고자 했다. 그는 학교 설립과 양잠·제염사업, 육지를 왕래할 선박을 구비하는 일을 급선무로 여겼다.

한편 일본인들은 1898년의 재판 비용을 배계주에게 변상하라고 요구했고, 배계주는 이를 도민에게 변제하도록 했다. 그런데 정부가 마련해준 선박이 파손되어 그 배상금 또한 도민에게 전가할 수밖에 없었다. 그렇게 되자 군민은 배계주를 고소했고, 이 사건으로 인해 그는 1901년 10월 군수직에서 면직되었다. 배계주 이후 강영우가 신임 군수로 임명되었지만 강영우는 부임하지 않았고, 1902년 3월 배계주가 다시 군수에 임명되었다. 그러나 군민 김찬수가 배계주를 고소했고, 이로 인해 서울 평리원(최고법원)에 구금된 적이 있었다. 평리원이 조사해보니 그동안 정부가 재정적 지원을 해주지 못해 배계주가 약간의 재목을 매매한 비용으로 충당하고 교역에 대한 세금도 거두었다는 사실을 알아냈다. 결국 그의 행적은 정부의 양해를 받은 것으로 인정받아 법부의 선처를 받았다. 배계주는 1903년 1월 면직되었고, 그 뒤를 이어 심흥택이 군수에 임명되었다.

배계주는 일본어가 가능했지만, 학식이 높지는 않았다. 그가 1898년 7월 사카이경찰서장에게 쓴 고발장을 보면, 대부분의 문장은 한문투로 썼지만 조사는 언문으로 썼으며 어순 또한 맞지 않는다. 그러나 그가 일본인에 맞서 소송까지 불사하고 도쿄로 가서 주일공사 등을 면담하여 울릉도 개발을 도모한 정황은 울릉도 개척에 대한 열의와 진정성을 보여준다.

배계주는 일본인을 상대로 소송을 벌였다. 그 구체적인 전개 과정을 살펴보자. 1895년 일본이 청일전쟁에서 승리하자, 그 세력을 믿고 울릉도에 입도하는 자들이 증가했고 자연히 벌목꾼과 어로자도 증가했다. 1897년까지 한국인은 선박을 제대로 갖추지 못하고 있었으므로 일본 상선商船의 힘을 빌려 육지로 출입해야 했고, 의복과 소금은 일본인의 공급에 의존해야 했다. 배계주에게는 월급이 없었으므로 정부에 상납하던 미역세를 사용해도 좋다는 정부의 허락을 받았다. 미역세는 주로 전라도 사람들에게 징수하던 세금이었다. 일본인들의 벌목에는 벌목료를 부과했고 이를 어길 때는 벌금을 부과했으며 도감의 부재 시에는 대리인을 시켜 징수하게 했다. 그러나 대리인이 횡포를 부리는 일도 있었다. 배계주는 일본인이 몰래 목재를 반출하자 이를 되찾아오기 위해 일본에 소송을 제기했고, 1898년 8월부터 1899년 5월 사이 세 차례 일본을 왕래했다. 그의 보고에 따르면, 1898년에 울릉도 가호는 277호, 인구는 1,137명이었다.

1898년 배계주는 일본으로 건너가 요시오 만타로吉尾萬太郎 등 3인을 사카이경찰서장에게 고발했다. 배계주가 사카이 지역의 상인 이시바시 유자부로石橋勇三郎와 목재 매매 계약을 맺었는데 요시오가 몰래 일본으로 반출했기 때문이다. 요시오는 경찰서에서 취조를 받으면서 배계주의 고발이 근거 없는 날조라고 진술했고, 사건은 결국 9월에 마쓰에지방재판소 사이고지청으로 넘겨졌다. 배계주는 재판을 위해 일본에 간 김에 도쿄까지 가서 주일공사 이하영, 박영효 등을 만나 일본인의 불법 행위를 알리고 외무성도 방문했다. 그가 소송을 제기한 사건은 예심豫審에 부쳐졌으나 결국 증거 불충분을 이유로 면소免訴 결정이 내려졌다. 다만 이 사건은 민사사건으로 성립하여 법원은 피고 요시오에게 원고 배계주가 청구한 규목槻木 32매를 반환하고 소송비용을 부담하라는 판결을 내렸다.

1898년 말, 배계주는 다시 후쿠마 효노스케福間兵之助를 상대로 고소했다. 1898년 12월 초 후쿠마가 규목 95매를 몰래 반출하여 시마네현 사기우라鷺浦에 입항시킨 일이 있기 때문이다. 이 사건은 형사소송으로 다뤄져 후쿠마에게 중금고重禁錮 3개월, 벌금 10엔圓, 감시 6개월에 처하라는 판결이 내려졌다. 배계주의 승소 사실은 당시 『황성신문』에도 보도되었다. 그러나 후쿠마는 항소했다. 배계주는 귀국했고 이전에 매매 계약을 맺었던 이시바시 유자부로石橋勇三郎를 소송대리인으로 내세웠지만 결국 패소했다. 이 사건 이후 일본인들은 철수하지 않았고 날이 갈수록 횡포도 심해졌다. 배계주의 보고에 근거하여 한국 정부는 일본인의 철수를 요구했지만, 도리어 하야시 주한 일본공사는 도감이 벌목을 묵인했음을 들어 일본인의 거주권을 강하게 요구하기 시작했다.

도감의 징세 사실은
어떻게 드러났나?

일본인들이 울릉도에서 벌목·어로·교역 행위를 하고 있었음은 여러 문헌에 기록되어 있다. 과연 일본인들은 자신들의 경제 활동에 대해 아무런 대가를 치르지 않고 불법 행위를 자행할 수 있었을까?

일본인들은 입도 초기에는 주로 벌목을 했으나 주민들이 곡물을 생산하기 시작하자 일본에서 일용품을 들여와 주민들의 곡식과 교환하기도 했다. 울릉도는 비개항장이므로 원칙적으로는 모든 교역이 금지되어 있다. 그럼에도 일본인들이 아무런 제지 없이 경제 활동을 할 수 있었던 이유는 양국인의 이해관계가 맞아떨어졌기 때문이다. 교역은 벌목료·벌금·수수료·수출세 등 여러 명목으로 이뤄졌지만, 일본인들은 이를 세금의 일종으로 받아들였다.

배계주는 일본인의 벌목과 교역을 허용해주는 대가를 징수했지만, 정부의 허가를 받은 것은 아니었으므로 징수도 본래는 불법이다. 그럼에도 양국인은 도감의 묵인 아래 경제 활동을 지속하고 있었고, 배계주는 벌목료를 납부하지 않으면 일본 재판소에 고소했다. 일본 재판소가 그의 소송에 응했으므로 자국민의 행위가 불법임을 인정한 것이나 다름없다. 배계주의 징세 대상은 목재에서 차츰 화물로 확대되었고, 이는 점차 관행이 되었다. 도감의 징세와 일본인의 납세 사실은 1899년의 현지조사에서 구체적으로 드러났다.

배계주는 1898년 일본에 소송을 제기한 공을 인정받아 1899년 5월, 도감에 재임명되었다. 정부는 그를 도감에 임명하면서 부산세관 세무사 라포르트와 함께 이틀 동안 울릉도의 진상을 조사하도록 했다. 조사에는 부산세관 소속 한국인 관리와 일본인 관리도 한 명씩 동행시켰다. 라포르트는 한국인 농민과 상인에게는 세금이 없는 대신 미역에만 10%의 세금을 징수했고, 선박 건조와 관련해서도 한 척당 징세하고 있다는 사실을 알아냈다. 또한 그는 "물품 매매를 돕는 중개인과 중간상인에게 주는 2%의 수수료를 제외하고 일본인들은 세금을 내지 않는다"는 사실도 알아냈다. 세관의 입장에서 보면 2%의 수수료는 정식 관세가 아니었으므로 라포르트는 일본인들이 세금을 내지 않았다고 본 것이다.

1899년 9월, 일본 외무성은 원산영사관 외무 서기생 다카오 겐조를 울릉도로 파견하여 자국민의 철수 임무를 맡겼다. 철수민을 싣고 가기 위해 동원된 해군 선박에는 중위 후루카와 신자부로古川鈂三郞도 승선하고 있었다. 두 사람은 각각 상부에 조사 결과를 보고했는데, 여기에도 징세 사실이 보인다. 외무성의 다카오는 "이 섬에서 생산되는 콩은 매년 4,000~5,000석에 달한다고 한다. 도감이 콩에 대해 징수하는 수출세액이 100석에 2%의 비율로 과징한다고 한다"고 보고하여 '수출세'를 언급하고 있다. 해군성의 후루카와는 "현재는 본방인(일본인)이 도감과 협의하여 수목을 벌채하고 콩을 매수하는 등 모두 이익 예상금의 100분의 2를 세금으로 선납하여[작년까지는 100분의 5였다고 한다] 실행하고 있다"고 보고했다. 두 사람의 조사에서 공통적인 것은 일본인들이 2%

의 세금을 도감에게 납부하고 있었다는 사실이다. 그런데 해군 중위에게 조사받은 일본인이 "작년까지는 100분의 5를 세금으로 냈다"고 한 것은 「조일통상장정」(1883)에 부속한 「해관세칙」에서 종가세 5%로 규정하고 있음을 의식한 진술이었다.

1900년 6월에도 한·일 양국은 울릉도에 조사위원을 파견했다. 조사위원의 심문에 대하여 후쿠마 효노스케는 "저희들은 3년 전에 이 섬에 와 머물면서 수목을 함부로 베거나 병기를 사용한 적이 없었습니다. 그리고 화물을 내갈 때 도감이 매번 사람을 파견하여 적발하여 100분의 2를 세금으로 납부했으니 이는 화물을 몰래 운송한 것이 아닙니다"라고 진술했다. 후쿠마가 말한 3년 전이란 1897년경을 가리키며, 그도 100분의 2를 세금으로 납부했다고 주장했다. 도감이 화물에 징세했다고 하지만 1899년의 조사로 볼 때 화물은 주로 콩 등의 곡물을 가리킨다. 도감의 징세는 1897년을 전후해서 이루어지고 있었지만, 그런 사실은 1899년과 1900년의 조사에서 양국 관리에 의해 정식으로 확인된 것이다.

**일본인들이 도감에게 납부했다는
2% 세금의 정체는 무엇인가?**

일본인들은 벌목과 교역을 하면서 도감에게 2%의 세금을 납부했다고 주장했고, 외무성은 이를 '수출세'라고 주장했다. 반면 세관 관리는 이를 '수수료'라고 주장했다. 과연 2%는 어떤 성격의 세금인가?

1899년과 1900년의 조사로 일본인들이 도감에게 2%의 세금을 납부한 뒤 콩을 수출하고 있다는 사실이 밝혀졌다. 그런데 양국이 체결한 「조일통상장정」(1883)에 따르면, 수출 화물은 개항장인 부산항에서 수출관세를 납부한 뒤 수출해야 하고 하역지에서는 다시 수입관세를 납부해야 한다. 수입 화물도 마찬가지 과정을 거쳐야 한다. 「해관세칙」에 따르면, 한국으로의 수입화물은 대체로 10%의 종가세, 일본으로의 수출화물은 5%의 종가세를 부과하도록 되어 있다.

1899년 4월, 오상일은 일본인들의 무역에 대하여 2%의 납세를 허락한다는 약조문을 일본인 상인 24명에게 발급한 적이 있다. 오상일(기록에 따라 오성일)은 배계주가 재판 때문에 일본에 가 있는 사이 도감직을 대리하고 있었다. 1899년 6월, 부산세관의 라포르트는 울릉도에서 이뤄지는 세금의 종류를 해채세(미역세)·조선세造船稅와 중개수수료로 구분했다. 같은 해 9월에 조사한 외무성 관리는 콩에 대해서는 '수출세'를, 목재에 대해서는 '밀수출'을 언급했다. 조사에 함께 참여했던 해군 중위는 일본인에게서 세금이 "작년까지는 100분의 5였다"는 진술을 들었다. 이는 일본인들이 1898년까지는 5%의 세금을 납부하다가 1899년부터 2%의 세금을 납부했다는 것을 의미하지만, 이들이 5%를 납부했다는 증거는 어디에도 없다. 일본인들은 왜 5%를 운운하며 거짓말을 했을까? 당시 수출관세가 5%의 종가세라는 사실을 알고 있었기 때문이다. 개항장의 정식 관세는 5%인데 자신들은 2%만 납부하고 있으므로 5%를 납부한 것처럼 거짓말한 것이다.

이런 불법성 때문에 도감은 2%만 받고 묵인해준 것이다. 2%가 정식 관세율에 미치지 못한다는 사실은 외무성 관리도 인지하고 있었다. 그럼에도 이들은 한결같이 2%를 수출세라고 강변했다.「조일통상장정」을 의식하고 수출관세로 포장한 것이다. 대한제국 정부가 1887년부터 통상조약과 세칙을 묶어 지방관서에 배포했으므로 지방 관리들도 이 규정을 잘 알고 있었다. 배계주는 콩으로 세금을 징수한 사실이 불법임을 알기에 문책이 두려워 영수증을 발행하지 않았음을 1900년 조사 당시 시찰관 우용정에게 고백한 바 있다. 일본인들이 2%의 수출세를 언급한 사실은 여러 문헌에 보이지만, 수입세를 언급한 사실은 보이지 않는다. 1900년에 외부 대신 박제순도 이 사실을 지적했다.

1899년 부산세관 관리가
울릉도를 조사하고 밝혀낸 사실은 무엇인가?

1899년 5월 일본에서 돌아와 부산에 체재 중이던 배계주는 도감에 재임명되었다. 그리고 그는 세관의 세무사와 함께 울릉도를 조사하라는 명을 받았다. 1899년 6월 말 이틀에 걸쳐 울릉도를 조사한 세무사 라포르트는 총세무사 브라운Brown, J. McLeavy에게 7월 6일자로 보고서를 제출했다. 총세무사는 이를 외부 대신 박제순에게 7월 30일에 제출하기 전에 먼저 주한 영국공사 조단J. N. Jordan에게 비밀리에 제공했다. 조단은 본국의 총리 겸 외무장관 솔즈베리

Robert Gascoyne-Cecil, 3rd Marquess of Salisbury에게 7월 24일자 서신과 함께 라포르트 보고서 사본을 동봉하여 보냈다.

조단의 서신에 따르면, 울릉도 관리가 일본인에게 당하고 있는 가혹 행위를 서울에 와서 호소했기 때문에 한국 정부가 총세무사에게 조사를 요청했다는 것이다. 울릉도 관리란 배계주를 가리킨다. 배계주는 일본인의 불법 행위를 문서로 보고했을 뿐만 아니라 직접 서울에 와서 알렸던 것이다. 본래 관세는 개항장 세관에서 거두어 세무사 명의로 은행에 예금하도록 되어 있다. 그리고 이는 총세무사 휘하의 세무사가 주관한다. 각항에 있는 감리는 관세수입과 지출을 통리아문에 보고하지만 영향력을 행사할 수는 없었다. 라포르트가 울릉도를 조사하게 된 배경에 배계주의 보고가 영향을 미쳤겠지만, 세관 입장에서 보더라도 부산항으로 와야 할 화물이 울릉도에서 일본으로 직수출되는 상황을 묵과할 수는 없었을 것이다.

라포르트 영문 보고서가 영국 국립문서보관소에 소장되어 있다는 사실은 2012년 처음 밝혀졌다. 영국 소장본은 라포르트 보고서의 활자본이다. 조단이 총세무사 브라운에게서 받은 보고서의 사본을 다시 본국의 외무장관에게 보냈는데, 도서관이 이를 활자본으로 만들어 『한국 관계 추가 서신 제12집』(1900.2)에 수록했다. 보고서에 따르면, 도감이 일본인들의 강압에 못 이겨 벌목을 허가했으며 일본인들은 화물에 2%의 중개수수료만 내고 세금을 납부하지 않았다는 것이다. 일본인의 강압을 운운한 것은 도감이 자신의 책임을 회피하기 위해 둘러댄 것으로 보이며, 일본인이 세금을 납부하지 않았다고 말한 것은 세관 관리인 라포르트 입장에서 2%를 정식 관세로 보기 어려웠기 때문으로 보인다. 라포르트의 보고는 일본 측 관리들이 도감의 징세와 일본인의 납세를 자발적인 합의에 따른 것으로 보고 세금의 성격도 '수출세'로 보았던 것과는 다른 양상이다. 배계주 역시 조사 후에 보고서를 제출했다고 하지만, 현재는 전하지 않는다.

1900년 한·일 양국이 울릉도 공동 조사를 하게 된 이유는 무엇인가?

1899년 말부터 대한제국은 울릉도 상황이 심각하다고 느껴 시찰관을 파견할 계획을 세우고 있었다. 일본인의 세력은 점차 강대해져 불법 거주와 무단 벌목·교역 등을 멈추지 않았다. 도감과 일본인은 서로의 이익을 위해 이런 상황을 묵인했지만, 그 과정에 울릉도민이 개입되어 상황은 더욱 복잡해졌다. 게다가 러시아까지 일본인의 벌목에 항의하고 자국의 벌목권을 주장하는 상황이 되었다. 1899년 10월 1일, 러시아함대는 남양동 포구에 정박한 뒤 섬을 두루 돌아보고 도형을 그려 돌아갔다. 1899년 11월 말까지 일본인을 철수시키겠다던 일본의 하야시 공사는 약속을 지키지 않았다. 그러므로 도감 배계주는 일본인의 비리가 있을 때마다 자주 내부에 보고했고, 그때마다 대한제국은 일본인의 철수를 외무성에 독촉했다. 한편 대한제국은 상황을 정확히 파악하기 위해 자체 조사를 계획하고 있었다. 이를 알게 된 하야시 공사는 한국 정부가 배계주의 보고에만 의존하여 일본인의 철수를 요구한다며 공동 조사를 요구했다.

1900년 5월 말, 한·일 양국은 '조사요령 4개 항'에 먼저 합의했다. 조사에 앞서 하야시는 부산영사관의 노세 다쓰고로能勢辰五郞 영사에게 "도감의 허가 아래 벌목료를 납부한 사실을 들어 항의하고, 도감이 벌목을 승인 내지 묵인했다는 사실을 주로 내세우라"고 지시했다. 공사는 도리어 이 조사를 기회로 일본인이 거주할 명분을 찾고 있었던 것이다.

중앙정부가 파견한 시찰관 우용정은 1900년 5월 25일 인천으로 떠났다. 27일 통역을 맡은 경부보 와타나베 간지로渡邊鷹治郞와 합류하여 29일 부산에 도착했다. 여기서 부산세관 감리서 주사 김면수와 세무사 라포르트, 부산영사관 부영사 아카쓰카 쇼스케, 양국의 순경 등과 합류하여 30일 부산을 출발했다. 이들은 31일 오전 울릉도 도동포구에 도착했고, 6월 1일부터 5일간의 조사를 마치고 6월 6일 울릉도를 떠났다.

울릉도 공동 조사 후
일본 정부가 내놓은 방안은 무엇인가?

내부 시찰관 우용정은 울릉도에서 일본인의 무단벌목과 자원 침탈, 어선과 상선의 빈번한 왕래 등을 직접 확인했다. 대한제국 정부는 우용정의 보고에 근거해 일본인의 철수를 요구하기 위해 회의를 요청했지만 하야시 공사는 시일을 끌며 응하지 않았다. 어쩔 수 없이 회의에 응하게 된 하야시 공사는 다른 논리를 폈다. 즉 일본인을 울릉도에서 철수시키면 한국인들이 육지 교통과 일용품 공급에서 불편을 겪게 되므로 일시 철수하더라도 일본인이 또다시 올 것이라는 논조였다. 게다가 그는 울릉도 거주를 묵인한 책임이 한국 측에 있다고 반론했다. 하야시 공사의 보고를 접한 일본 외무 대신 아오키 슈조는 한국 측에 대안을 제시했다. 한국 정부가 일본인의 왕래와 거주를 용인하고 세관 관리를 파견하여 화물에 관세를 부과한다면, 한국 정부의 세수稅收도 증대되고 도민의 편익도 도모할 수 있을 것이라는 제안이었다. 하야시는 한국 측이 일본인의 퇴거를 계속 고집한다면 그에 따른 보상을 요구할 것이라고 협박했다. 비개항장에는 외국인 선교사들도 있는데 일본인의 퇴거만 고집하는 데는 동의하기 어렵다는 것이다. 하야시는 한국 정부가 일본인에게 관세를 징수하고 현상을 유지할 것을 강하게 요구했다.

그러나 외부 대신 박제순은 통상항구가 아닌 곳에서 거주하고 화물을 운반하는 것은 조약 위반이라는 논리를 들어 거부했다. 박제순은 도감이 수출화물에만 100분의 2세를 징수했을 뿐 수입화물에는 징세한 사실이 없다는 점도 거론했다. 그는 수출화물에 부과한 100분의 2세를 관세가 아닌 벌금으로 간주한 것이다. 그러나 대한제국 정부의 이런 태도는 급변하여 칙령 제41호에서는 도감의 징세권을 인정하기에 이른다. 관세를 징수하고 현상 유지

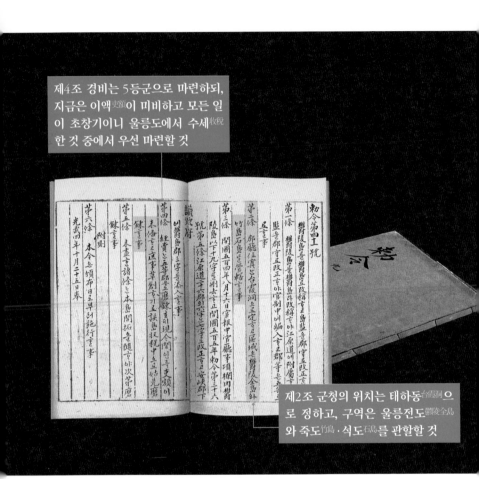

제4조 경비는 5등군으로 마련하되, 지금은 이액吏額이 미비하고 모든 일이 초창기이니 울릉도에서 수세收稅한 것 중에서 우선 마련할 것

제2조 군청의 위치는 태하동台霞洞으로 정하고, 구역은 울릉전도鬱陵全島와 죽도竹島·석도石島를 관할할 것

「대한제국 칙령 제41호」(1900.10.25)

1900년 대한제국은 울릉도를 울도군으로, 도감을 군수로 격상시켜 행정체제를 정비했다. 군수의 관할구역으로 '울릉전도와 죽도(竹島)·석도(石島)'를 규정했는데, 석도는 독도를 가리킨다. 군수의 과세권도 명시했다. 이는 대한제국이 독도에 대한 법적 관할권을 분명히 했음을 보여준다.

를 꾀하라는 일본 정부의 충고를 대한제국 정부가 받아들일 수밖에 없는 상황이 된 것이다.

1900년이 되면 등록하지 않은 일본 선박의 울릉도 출어와 일본인 거주가 더욱 공공연해졌다. 대한제국 정부는 공식적으로는 일본인의 철수를 계속 요구했지만 일본인이 철수할 기미는 보이지 않았고, 일본 정부에게서도 자국민을 철수시킬 의사가 전혀 없음을 인지했다. 따라서 대한제국은 다른 자구책을 강구했고, 그 결과 나온 것이 바로 칙령 제41호이다.

공동 조사 후 대한제국 정부가 내놓은 세금 관련 조치는 무엇인가?

1900년 10월 25일, 대한제국의 고종 황제는 칙령 제41호를 제정하여 울릉도의 행정을 정비했다. 칙령에는 행정 재편에 관한 내용뿐만 아니라 세금 규정도 들어 있다. 이는 어떤 의미를 지니는가?

1900년 6월의 조사에서 우용정은 섬 사람들이 일용품을 일본 수입품에 의존하지 않을 수 없는데다 육지와 왕래하려면 일본 선박에 의존할 수밖에 없는 현실을 파악했다. 이에 그는 두 가지 대책을 정부에 건의했다. 하나는 일본인을 즉각 철수시켜야 한다는 것이고, 다른 하나는 일본인이 도감을 업신여기지 않도록 관제를 개편해야 한다는 것이었다. 두 내용은 상충된다. 일본인이 완전히 철수한다면 외국인 때문에 도감의 권한을 높여야 할 필요는 없기 때문이다. 사실상 우용정의 제안은 일본인이 철수하지 않으리라는 예측에서 나온 것이다.

정부는 도감의 권한을 높이기 위해 울릉도를 울도군으로 승격시키고자 했다. 이에 내부는 우용정의 건의뿐만 아니라 배계주와 부산항 감리서 주사 김면수 등의 보고서도 함께 검토했고, 내부 대신 이건하는 '설군設郡 청의서'를 의정부 의정 대신 윤용선에게 제출했다(1900.10.22). 청의서는 고종의 재가를 받아 10월 25일 칙령 제41호로 제정되었고, 27일 반포되었다. 칙령의 효력은 반포일부터 발생한다. 우리는 그동안 칙령의 내용 가운데 울도군의 관할구역에 석도(독도)가 포함되어 있다는 사실에만 주목해왔었다. 그런데 칙령에는 세금과 관련된 조항도 포함되어 있다. 제4조를 보면, "(경비는) 5등군으로 마련하되 지금은 관리가 미비하고 모든 일이 초창기이니 울릉도에서 수세收稅한 것 중에서 우선 마련할 것"을 규정하고 있다. 이 조항은 이전에 행했던 여러 차례의 조사에서 드러난 수세 정황을 반영하여 만들어진 것이 분명하다. 따라서 이 조항은 정부가 그동안 도감의 과세권을 인정하지 않다가 공식적으로 인정하게 된 것이라는 점에서 의미가 있다. 그러면 군수제로 바뀐 뒤에는 과세권이 어떻게 행사되었을까?

울릉도에서 해산물은
누가 채취하고 수출했을까?

개척기에 이주해온 한국인들은 농사를 본업으로 할 뿐 어업을 할 줄 몰랐다. 어업에 종사한 자들은 대부분 일본인이었다. 1897년 일본인들은 부산에 조선어업협회를 설립하고 매달 조선 연해를 순찰한 뒤 그 내용을 『대일본 수산회보』에 실었는데, 거기에는 선박의 출신지역과 부속선 현황, 인원 등이 적혀 있지만 돗토리현이나 시마네현에서 온 선박에 대한 통계가 별로 없다. 그러나 실제로 울릉도에 온 선박의 대부분은 돗토리현과 시마네현 출신이었다.

『대일본 수산회보』에는 1899년 하반기 출어선의 현별 현황이 적혀 있는데, 시마네현에서 온 선박은 모두 11척, 돗토리현에서 온 선박의 숫자는 아예 없다. 수백 척의 선박이 조선해를 왕래하고 있었는데 부산항에 등록된 시마네현 선박이 11척에 불과하다면, 나머지는 대부분 미등록 선박이었다는 의미다. 1899년에 부산 세관에서 면허장을 교부받은 4인승 이하 일본 선박은 모두 1,095척이었다. 이 가운데 울릉도에 온 선박은 대부분 등록하지 않은 선박이었다. 조선어업협회는 일본인 자신들의 권익 보호를 목적으로 설립한 것이다. 그러니 협회에 등록하지 않았다면 협회의 보호보다 불법 조업으로 얻는 이익에 눈을 돌렸다는 뜻이다.

1900년에도 조선해통어조합연합회 본부는 조선해로 출어한 선박을 조사하여 현별 통계를 냈다. 히로시마에서 622척, 야마구치에서 210척, 오이타현에서 62척, 후쿠오카에서 23척의 어선이

왔다. 그런데 시마네현에서 온 선박은 18척, 돗토리현에서 온 선박은 없다. 실제로 울릉도를 드나들던 선박의 대부분이 시마네현과 돗토리현 선박이었음을 감안하면, 연합회가 이를 파악하지 못했다는 뜻이다. 그리고 그 이유는 선박들이 신고하지 않은 데서 찾을 수 있다. 1900년 6월, 울릉도 조사에 참여했던 부산영사관의 아카쓰카 쇼스케는 일본인들의 선박 출항면장 및 여권이 대부분 원산 내지 부산으로 되어 있음을 확인했다. 이들은 원산이나 부산으로 가던 도중 울릉도에 기항했고 대부분 시마네현에서 온 자들이었다. 본래 일본 어선은 영사관의 허가를 받은 뒤 개항지 관청에 허가서를 제출해야 한다. 1년간의 면허를 받은 뒤 한국 정부에 어업세를 지불하되 승조원의 수에 따라 지불하고 어로를 해야 한다. 그런데 울릉도에 온 대부분의 선박은 한 번 받았던 면허로 계속해서 도항하고 있었던 것이다.

그렇다면 울릉도에서 해산물을 수출한 자들은 누구일까? 1900년 아카쓰카 쇼스케는 하야시 공사에게 보고서를 제출했는데, 울릉도 수출품을 콩·보리·전복·우뭇가사리·끈끈이 등으로 보고했다. 아카쓰카는 곡물은 "한인이 산출한 것"이고 해산물은 "일본인이 직접 채취하여 가져가는 것"이라고 했다. 또한 그는 수출화물의 "하역지 및 목적지가 섬은 도동, 일본은 사카이·바칸·쓰루가·하마다 등으로 사카이가 70%를 차지한다"고 했다. 이로써 대부분의 화물이 울릉도에서 곧바로 일본, 주로 사카이로 수출되었음을 알 수 있다.

1901년에 부산세관 세무사 스미스F. J. Smith도 울릉도를 시찰한 바 있다. 그는 섬에 일본인이 약 550명 있고 이 가운데 통어자 300~400명은 "일본에서 한국 연해 어장으로 곧바로 와서 감찰 없이 어업에 종사하는 경우"라고 했고, "일본인들은 목재와 곡식 등 각종 수출입에도 세금이 없다"고 했다. 또한 말린 전복과 해삼, 황두黃豆와 끈끈이도 수출품으로 거론했다. 세관 관리인 스미스 입장에서 보면, 일본인들의 2% 세금은 정식 관세로 보이지 않았을 것이다. 이런 기술로 보건대, 일본인 선박은 개항장에서 면허장을 다시 교부받지 않고 바로 울릉도로 들어와 어업을 했고, 그 가운데 전복과 우뭇가사리를 주로 수출했음을 알 수 있다. 당시는 어획물을 수출하려면 말리기 위해 가공지가 필요했다. 따라서 어선이나 잠수기 선박들은 울릉도의 일본인들에게 전복과 해삼을 팔거나 직접 가공하여 수출했다. 울릉도 개척 초기에는 어민과 상인의 분화가 없었지만 점차 운반선 상인 내지 중간상인이 늘어나고 그에 따라 수출입 업무와 중개업이 구분되고 있었던 것으로 보인다.

울릉도 수출품에는 독도 산물이 포함되는가?

1902년 5월 30일, 울릉도에 있던 일본인 경부 니시무라 게이조는 부산영사관의 시데하라 기쥬로幣原喜重郞 영사에게 보고서를 제출했다. 이 보고서에 따르면, 한국인은 대부분 농업에 종사하고 어업

종사자는 적은데, 인구는 556가구에 3,340명이다. 또한 한국인의 수출품목은 콩과 완두, 보리와 황벽나무껍질, 소량의 끈끈이에 불과하고 해산물은 없다는 것이다. 해산물은 일본인의 수출품목이었던 것이다. 해산물로는 전복·오징어·김·우뭇가사리·미역 등이 있다. 보통은 3월부터 9월까지 어획하고, 어로자는 대부분 구마모토현熊本縣의 아마쿠사天草, 시마네현의 오키隱岐, 미에현三重縣의 시마志摩 등지에서 온 사람들이다. 잠수기선 8척과 해녀 배 2척, 잠수어부 배 1척이 온 해안을 돌며 어로했다고 했으므로 주로 전복을 채취했음을 알 수 있다. 일본인들은 전복을 말려서 목재와 함께 수출했다.

니시무라는 "이 섬의 정동 약 50해리 떨어진 곳에 세 개의 소도가 있다. 이를 '량코도'라고 한다. 우리나라 사람은 마쓰시마松島라고 부른다. 거기에 다소의 전복이 있으므로 본도에서 출어하는 자가 있다. 그러나 이 섬에 음료수가 없으므로 오래도록 출어할 수 없고 4~5일이 지나면 울릉도로 귀항한다"고 했다. 여기서 말한 량코도는 독도를 가리킨다. 출어자 중에 한국인은 없다고 했으므로 일본인이 출어했음을 알 수 있는데, 이들이 4~5일이 지나면 울릉도로 돌아온다고 했으므로 해산물 채취를 목적으로 한 계획적인 도해였음을 알 수 있다.

구즈우 슈스케葛生修亮는 조선해통어조합연합회 시찰원으로서 조선 연해를 시찰하고 1900년에 『한해통어지침』(1903년 발간)을 집필했다. 그는 "한인과 우리나라 어부들은 이를 양코라고 부른다. ……이 섬에는 해마海馬(강치)가 매우 많이 서식하고 있다.

근해에는 전복·해삼·우뭇가사리 등이 풍부하다"라고 했다. 독도 근해에 해산물이 풍부하다고 했으므로 이 역시 울릉도로 가져와 수출했음을 추정할 수 있다. 구즈우는 돗토리현에서 온 사람들이 우뭇가사리를 수출했다고 했으므로 울릉도 전복과 우뭇가사리뿐만 아니라 독도 전복과 우뭇가사리도 수출되었음을 알 수 있다. 1900년과 1902년의 기록에 독도 전복이나 우뭇가사리를 울릉도 수출품으로 명기한 것은 아니다. 하지만 일본인이 채취·수출하는 품목에 전복이 들어 있고 독도에서도 전복을 채취했다고 했으므로 울릉도 수출품에 포함되었다고 볼 수 있다.

「울도군 절목」은 무엇이며, 독도와 어떤 연관성이 있는가?

1902년 대한제국 내부는 울도 군수에게 「울도군 절목鬱島郡節目」을 내렸다. 이 문서는 초대 군수였던 배계주의 후손에 의해 2010년 울릉군을 통해 처음으로 세상에 소개되었다. 절목節目이란 중앙정부에서 해당 관서에 내린 구체적인 시행세칙으로, 일종의 시행령이다. 1902년 4월 내부가 작성하여 군에 내린 「울도군 절목」 역시 울도군을 다스리는 시행세칙을 담고 있다. 절목을 내게 된 배경에는 1900년에 정부가 칙령을 제정하여 울릉도를 울도군으로 승격시키고 군수의 권한을 강화해주었음에도 일본인의 불법 행위, 그리고 도민과 일본인 간의 결탁이 근절되지 않고 있다는 판단이 있었다. 1901년 중반부터 1902년 초반까지 일본인의 벌목과 탈세는 오히려 더 심해졌다. 1902년 2월, 일본은 자국민과 관계된 분규를 조정한다는 명목으로 경찰서 주재소를 신설하기까지 했다. 부산에 있던 니시무라 경부와 순사 3명이 울릉도에 주재하게 되자 일본인들은 본국의 비호를 받아 더욱 득세했다.

1900년 초대 군수가 된 배계주는 정부 보조로 구입한 선박이 파손되자 배값을 변상해야 했다. 이를 주민에게 부담시키자 도민들은 반발했고, 급기야 도민에게 고소를 당해 군수직에서 물러나 경성에 체재 중이었다. 이런 상황에서 정부는 절목을 작성했다. 원래 절목은 1900년 6월 내부 시찰관 우용정이 조사할 때부터 계획되고 있었던 것으로 보인다. 우용정은 울릉도 기강을 세우기 위한 내용을 골자로 하는 조목을 발표한 적이 있는데, 절목도 이 조목의 범주를 벗어나지 않기 때문이다. 차이가 있다면 우용정의 조목에 비해 절목은 시행 방법을 구체적으로 명시했고 징벌적 성격도 강화했다는 것이다. 일본인과 결탁한 도민에게는 사형을 내리도록 규정했는데, 이처럼 절목에 울릉도 상황이 매우 구체적으로 반영되어 있다는 것은 그 작성 과정에 배계주가 개입했다는 뜻이다.

「울도군 절목」은 모두 10조목으로 이루어져 있다. ① 일본인의 불법 벌목 및 반출 엄금, ② 외국인에게 가옥과 전토 매매 금지, ③ 개척민에 대한 세금을 면제하되 본토 복귀자는 전답을 환수할 것, ④ 관청 신축으로 인한 민폐 금지, ⑤ 군수 및 관리에 대한 급료 규정, ⑥ 상선 및 수출입 화물에 대한 징세 규정, ⑦ 관선官船 마련을 위한 대책, ⑧ 기타 사항 등을 규정하고 있다. 군수와 관리의 급료 규정을 보면, 봄에는 보리, 가을에는 콩으로 직급에 따라 지급하되, 군수에게는 연간 보리 60섬, 콩 40섬을 지급하도록 했으며, 전체 가호를 500호로 추산했다. 이렇듯 1902년에 대한제국 정부는 울도군의 행정에 깊숙이 개입하고 있었다.

그러면 절목이 독도와 상관되는지를 어떻게 알 수 있는가? 「울도군 절목」의 서두는 "본 군(울도군)이 승격된 지 2년이 지났는데도 전도全島의 서무庶務가 아직 새로 시작되는 것이 많은 가운데"라고 시작하고 있다. 1900년에 울릉도를 군으로 승격시켰지만 여전히 모든 일이 초창기인지라 제대로 정착되지 않아 절목으로 보완한다는 의미다. 또 절목의 내용 중에는 1900년에 우용정이 언급했던 사항에 대해 구체적인 대안이 제시되어 있다. 곧「울도군 절목」은 1900년 대한제국 칙령 제41호의 연장선상에서 나왔음을 의미한다.「울도군 절목」에서 '석도'나 '독도'를 명기하고 있지는 않다. 그러나 작성 배경으로 칙령 제41호를 언급한 이상, 절목의 적용 범위에는 칙령 제41호에 언급된 석도, 즉 독도가 포함된다고 보아야 한다.

「울도군 절목」은 수출세와 어떻게 관련되는가?

「울도군 절목」에는 다음과 같은 조목이 있다.

> 각도의 상선商船으로 울릉도에 와서 물고기를 잡거나 미역을 채취하는 사람에게는 사람마다 10분의 1세를 거두고, 그 밖에 출입하는 화물은 물건값에 따라 물건마다 100분의 1세를 거둬 경비에 보탤 것.

물고기와 미역에 대한 세금과 출입하는 화물에 대한 세금을 규정한 조목이다. 물고기와 미역이라고 했지만 주로 미역을 가리킨다. 미역 채취자에게 10%의 세금을 부과하라는 것은 전통적인 '해채세(미역세)'를 계승한 것이다. 미역세가 한때 전라도민의 청원으로 인해 5%로 감세된 적이 있지만 1900년에 우용정이 10%로 회복시켰다. 절목도 이를 이어받아 10%로 규정하고 있다. 과거에는 미역세를 중앙정부로 상납했었는데, 1900년 이후에는 군수에게 사용권을 부여했다.

「울도군 절목」에서 규정한 또 다른 세금, 즉 '출입하는 화물에 대한 종가세'란 무엇인가? 그것은 이전 조사로 드러난 '수출세'를 말한다. 다만 세율은 2%에서 1%로 감소되었다. 여기서 말하는 '출입하는 화물'은 주로 일본으로 수출하는 화물이다. 절목은 화물에 대한 세금이 '종가從價'임을 명시했는데, 한국 본토로 내간

화물 통계의 경우 미역·김·판자 등의 총합만 보이므로 종가세로 부과되지 않았음을 알 수 있다. 한국 본토로 이출한 화물이니 수출세가 부과되지 않은 것이다. 1900년에 우용정도 "그 밖에 출입하는 화물"이 일본인이 수출하는 화물임을 밝힌 바 있다.

당시 상선의 선주는 대부분 일본인이었고 과세 대상도 그 수출화물이었다. 1899년 두 번에 걸친 조사와 1900년의 조사에서도 일본인들이 2%의 세금을 납부하고 있었고 그것이 수출화물에 대한 세금임이 밝혀진 바 있다. 세금 명목은 조사자에 따라 달라 초기에는 구문·화물출항세·수출(입)세·화물세·관세 등으로 다양했지만 점차 수출세로 정착해갔고, 특히 일본 정부는 초기부터 수출세임을 강조했다. 이는 당시 준용되고 있던 통상장정의 수출관세를 의식한 발언으로 볼 수 있고, 절목에 규정된 세금도 1%의 종가세이므로 수출관세의 범주에 속한다고 볼 수 있다.

일본으로 수출한 화물의 주종은 콩·보리·목재·해산물이었다. 이들 수출화물에 「울도군 절목」이 적용되었다면, 1902년 4월 이후부터는 일본인 상인들이 수출하는 목재·곡물·해산물 등에는 물건마다 그 값의 1%의 세금(수출세)을 납부하고 수출했어야 한다. 「울도군 절목」에서 1%로 줄기는 했지만 세금을 폐지하지 않았다는 사실은 대한제국 정부가 군수의 과세권을 유지시키려는 의도가 강했다는 의미다. 일본 정부는 자국민의 거주권과 교역권을 확보할 목적에서 납세를 운운했고, '수출세'라고 강변한 것도 수출세를 수령한 이상 현 상황을 인정하라고 한국 정부를 압박하기 위해서였다.

一. 각 도의 상선(商船)으로 울릉도에 와서 물고기를 잡거나 미역을 채취하는 사람에게는 사람마다 10분의 1세를 거두고, 그 밖에 출입하는 화물은 물건값에 따라 물건마다 100분의 1세를 거둬 경비에 보탤 것

一. 본도의 인민 중에 가옥과 전토를 외국인에게 몰래 매매하는 자가 있으면 마땅히 일률 一律(사형)을 시행할 것

「울도군 절목」(1902.4)

1902년 내부가 울도군에 내린 시행세칙이다. 수출하는 화물에 세금을 부과하라는 내용이 있는데, 독도강치에 대한 과세의 근거가 된다. 대한제국이 1900년에 칙령을 내린 이후에도 울도군을 지속적으로 관할해왔음을 보여주는 문서이다.

이 수출품들에 독도산 전복과 우뭇가사리가 포함되어 있다면, 이는 군수가 독도에 관할권을 행사했다는 증거가 된다. 울릉도 수출품인 전복이나 우뭇가사리를 독도 산물이라고 명기하지 않은 한 이를 직접적으로 입증하기 어려운 점이 있지만, 독도산임을 입증할 수 있는 또 하나의 방법이 있다. 바로 강치이다.

강치는 독도만의 산물인가?

강치는 조선 시대에 일본과 조선 여러 곳에서 목격되던 동물로, 울릉도와 독도 등지에서도 포획되었다. 수토관들이 '가지어(강치)'를 잡았다고 보고한 곳은 울릉도였고, 1696년 안용복이 강치기름을 달고 있던 일본인을 쫓아냈다고 한 곳은 독도였다. 1882년 고종의 밀명으로 울릉도를 조사한 이명우가 "뱃사람들이 가지어를 만나면 죽여서 고기는 먹고 가죽은 이용한다"고 한 곳은 울릉도였다. 강치 포획지가 어디이든 조선인이 영리를 목적으로 강치를 포획한 적은 1904년 이전까지는 없었다. 그런데 근대기에 오면 강치는 주로 독도에서 잡혔다.

20세기 이후, 특히 러일전쟁이 발발하자 강치는 수익성이 좋은 상품이 되었다. 방한모용 가죽과 등불용 기름에 대한 수요가 증가했기 때문이다. 이때 포획된 강치는 주로 '독도강치'였다. 과거 울릉도와 독도, 일본 오키에서 보였던 강치가 1900년대 초에 독도에서만 대량으로 보이게 된 이유는 무엇일까? 강치의 특성상 생식을 위해 조용한 무인도가 필요했기 때문이다. 1900년대가 되면 울릉도와 오키는 더 이상 조용한 무인도가 아니었다. 이 때문에 강치들이 생식을 위해 몰려들지 않았다. 간혹 울릉도와 오키에서도 목격되었으나 그 숫자는 매우 적었다. 강치는 멀리서 조금이라도 사람 냄새를 맡으면 재빨리 도망친다. 그래서 강치잡이를 할 때도 소리가 나는 총살이나 박살 대신 자망刺網을 선호했다. 동해에 서식하던 강치는 분만을 위해 3~4월부터 독도로 몰려들며, 분만이 끝나면 다시 동해로 흩어지므로 주 어기漁期는 7~8월이었다. 1906년에 오쿠하라가 독도에서 수천 마리의 강치를 목격했다고 한 시기도 3월 말이었다.

일본 군함 니타카호는 1904년 9월 25일자 일지에서 "마쓰시마(울릉도)에서 해마다 어렵하러 오는 사람은 60~70석적石積의 일본 배를 사용하는 듯하다. 섬 위에 임시로 작은 집을 짓고 10일 동안 머물면서 많은 수확이 있었다고 한다. 그 인원도 때로는 40~50명을 초과하기도 했지만 담수가 부족하다고 보고된 바는 없다"고 했다. 이는 울릉도 사람들이 독도로 가서 강치를 포획한 정황을 보여준다. 어렵자가 한국인인지 일본인인지는 명시하지 않았지만, 독도에서 40~50명의 인원이 열흘 동안 머물면서 할 수 있는 것은 강치 포획 외에는 없었다.

강치가 독도만의 산물임은 1905년 부산영사관 스즈키 에이사쿠가 제출한 보고서로도 입증된다. 이 보고서에 따르면, 강치가 울릉도 수출품목 안에 포함되어 있다. 그리고 이때의 강치(원문은 도도)를 "울릉도에서 동남쪽 25리에 위치한 랑코도에 서식하는" 것이라고 명기해 독도강치임을 분명히 밝혔다. 독도 출어자가 30명인데 한국인과 일본인이 함께 갔다고 했으므로 1904년에 니타 카호가 말한 40~50명도 한·일 양국인을 포함한다고 볼 수 있다. 이 정도의 규모로 독도에서 열흘 동안 강치를 잡았다면 상당히 많은 양일 텐데, 그 많은 강치는 어떻게 처리되었을까? 외무성 기록에 따르면, 이는 전부 일본으로 수출되었다. 그렇다면 군수는 독도강치에 과세권을 행사했을까?

울릉도의 일본인들이 독도강치에 납세했다고 볼 만한 근거는 무엇인가?

독도강치가 울릉도 수출품 안에 들어 있는데, 수출세를 언급한 조합은 1906년에도 존속하고 있었다. 그렇다면 일본인들은 강치에 대해서도 수출세를 납부했다고 볼 수 있다. 이를 어떻게 입증할 수 있는가? 1905년 가을 스즈키 에이사쿠는 「울릉도 현황」을 외무성에 제출하여 1904년과 1905년 울릉도에서 수출한 강치 통계를 보고했다. 즉 1904년에는 강치가죽 800관과 기름 20말, 1905년 상반기에는 강치가죽 1,275관과 기름 414말을 수출했다고 보고했다. 1906년 오쿠하라 헤키운의 조사에 따르면, 1905년 수출품에는 전복 통조림 10상자와 강치 절임 150관이 추가되어 있다. 스즈키는 "랑코도의 도도(강치)는 1904년경부터 울릉도민이 잡기 시작했고 10명의 어부가 하루 평균 5마리를 잡았으며 3조, 30인이 이 사업에 종사하고 있었다"고 보고했다.

여기서 주목할 것은 강치 수출 통계가 울릉도 수출입 품목에 들어 있다는 사실이다. 곧 부산영사관 관리가 강치 산지인 독도를 울릉도의 속도로 보고 있었다는 의미다. 더구나 스즈키는 수입품에 대해서는 일본에서 직접 울릉도로 밀수입했다고 인정했다. 수입품은 일단 부산항에서 관세를 납부한 뒤 다시 울릉도로 들여와야 하는데, 그렇지 않고 사카이에서 울릉도로 직수입했다면 부산세관에서는 징세할 방법이 없다. 일본인들은 수출세를 운운했지만 수입세는 운운한 적이 없다. 그들이 실제로 수입관세를 납부한 적은 없었기 때문이다.

1904년도 울릉도 수출품 가운데 해산물로는 강치와 말린 전복·오징어, 김, 미역이 들어가 있다. 1905년에는 그 외에도 전복 통조림과 강치 절임이 추가되었다. 말린 전복은 1904년에 50근이 수출되었는데, 1905년에는 약 95배가 늘어 4,770근이 수출되었다. 다만 외무성 기록의 통계와 오쿠하라 기록의 통계에 차이가 있다. 말린 오징어 역시 주요 수출품인데 일본인이 전유했다. 1904년에 독도에서 어로한 자는 모두 5조였는데 시마네현에서 온 사람이 4조이고 이와사키岩崎 조가 울릉도에서 온 사람이었다. 1905년 봄에는 울릉도에서 간 자들이 3조로 늘어났다. 그 가운데 한 조는 한국인 7명, 일본인 3명으로 구성되어 2척의 배로 한 달에 약 200여 마리의 강치를 포획했다고 한다.

울릉도에서 독도로 어로하러 간 일본인들은 개척기부터 울릉도에서 거주해왔던 사람들이다. 입도 초기에는 벌목에 종사하다가 점차 해산물과 독도강치를 포획하는 사업에 선박과 자금을 조달했으며 후에는 수출입 무역에도 관계했다. 이들은 겨울에는 오키로 가서 살다가 봄이 되면 다시 울릉도에 와서 거주했으므로 일본 시마네현 사정에도 밝았다. 그러니 이들이 울릉도에서 관행적으로 이뤄지던 수세와 「조일통상장정」의 관세 규정에 대해 몰랐다고 보기는 어렵다. 더구나 일본인들은 대부분 일상조합日商組合에 관여하면서 조합장과 의원을 지냈는데, 조합은 1907년까지 존속했다.

「울도군 절목」이 작성된 해는 1902년 4월로, 절목이 울릉도에서 시행되었다면 일본인들은 절목의 세금 규정에 대해서도 알았을 것이고 당연히 절목에 규정된 1%의 세금을 납부했을 것이다. 이들이 납세하지 않았다면 일본 정부가 수출세를 그토록 당당하게 주장하지도 못했을 것이다. 일본인들은 일상조합 규약에서도 수출세를 운운했고, 대한제국은 1906년에도 군수에게 조세 징수권을 일임하고 있었다. 군수의 입장에서 보더라도, 전체 세수에서 수출세가 차지하는 비중이 커져가는 상황에서 독도강치라는 세원稅源을 포기할 이유는 없다.

독도강치에 수출세를
납부한 증거가 있는가?

1900년 9월까지 계속된 한국 정부의 부인에도 불구하고 일본 외무성은 자국민의 납세를 '수출세'라고 강변했다. 1906년까지도 수출세라는 명목이 보였으며 1905년 울릉도 수출품에도 독도강치가 들어 있다. 이것이 일본인들이 독도강치에 수출세를 납부했다는 가장 확실한 증거가 된다. 더구나 일본인과 일본 정부가 자발적으로 납세했음을 주장하고 있는데 우리가 이를 부정할 이유가 어디에 있겠는가?

1906년 오쿠하라 헤키운의 조사에 따르면, 1905년 일본으로의 수출품 총액은 7만 1,685엔이고 그 가운데 강치는 1,973엔이었다. 이는 전체 수출액의 2.75%이다. 수출액은 땔감 3만 6,632엔, 대두 2만 723엔, 규목재 6,886엔, 강치 1,973엔 순이다. 강치는 땔감·대두·목재에 비하면 적은 액수지만, 보리 1,284엔과 마른 오징어 1,499엔에 비하면 많은 액수이다. 전복도 소량이지만 수출품이었다. 이 해산물들은 일본인이 채취하여 수출했고, 중간상인이나 수출업자 모두 일본인이었다. 1906년 단계에는 한인들도 어업에 종사했지만 일본인에게 고용된 형태였으므로 수출 업무에 직접 종사한 것은 아니었다. 1905년 6월 기준, 일본인 366명 가운데 수입상이 8명, 수출상이 7명, 중매상이 21명, 선원이 31명, 어부가 31명, 벌목꾼이 52명이었다. 전체 직업군과 비교할 때 교역 종사자가 상대적으로 많았다. 1905년 12월 기준, 일본인 95가호, 인구

302명 가운데 51가호, 180명이 도동에 거주하고 있었고, 이 중에서 수입상이 13명, 수출상이 9명, 중개인이 9명, 어부가 24명이었다. 이 통계는 울릉도에서 수출입 업무가 매우 활발했음을 말해준다.

한편 일상조합 규약에도 '수출세'가 보인다. 울릉도에 거주하는 일본인들은 질서 유지, 풍기 진작, 무역 장려, 공익 증진이라는 명분으로 일상조합을 설립하여 1902년 6월에 인가받았다. 조합 설립 시기에 대해서는 여러 설이 있지만, 가장 빠른 시기는 1897년으로 알려진다. 그런데 일상조합의 규약을 보면 "조합 유지비: 화물 주인에게서 수출세의 5/1000를 징수한다"는 규정이 있다. 그리고 1906년 3월 울릉도를 방문한 오쿠하라는 일상조합의 존속을 확인했다.

이런 상황인데도 일본인들이 「울도군 절목」에서 규정한 1%의 수출세를 납부하지 않고 조합 유지비만을 납부하면서 경제생활을 영위할 수 있었을까? 그랬다면 조합 규약을 개정하여 어떤 형태로든 이 사실을 명시했을 것이다. 그러나 그런 흔적은 보이지 않는다. 더구나 조합 규약에 따르면, 선장은 조합 이사에게 적하목록을 제출해야만 출항인가를 받을 수 있었다. 또한 일본인들은 1905년 2월 '무역품 단속 규약'까지 만들어 중개상과 생산자, 수요자 사이를 조정하고 단속했다. 입출항을 할 수 있는 항구로 도동항이 유일한 상황에서 일본인들이 적하목록을 신고하지 않고 납세하지 않은 채 밀반출하기는 쉽지 않았을 것이다. 1890년대 후반 일본인이 화물을 내갈 때마다 도감이 사람을 보내 검사를 하고 징세했다는 사실은 이미 1900년에 일본인이 진술한 바 있다. 이런 정황이 이어져온 데다 독도강치가 새로 출현한 뒤에 부산영사관 관리가 이를 울릉도 수출통계에 포함시켰고 1906년 일상조합 규약에 수출세가 명기되어 있는 이상, 일본인이 강치에 대한 수출세를 군수에게 납부하지 않았다고 볼 만한 정황은 없다.

독도강치에 대한 세금은 수출관세인가, 통항세인가?

독도강치에 대한 수출세 납부는 독도 영유권과 직결되는 문제라는 점에서 매우 중요하다. 1900년 이전의 수세 관행과 1900년 대한제국 칙령의 세금 규정, 1902년 「울도군 절목」과의 연관관계를 밝힌 것은 수출세 납부를 입증하기 위한 작업이다. 그런데 다른 한편에서는 독도강치라 하더라도 울릉도 항구를 통과하기 때문에 부과된 세금, 일종의 통항세로 보아야 하며, 그럴 경우 독도 영유권과는 무관하다는 견해가 있다. 다시 말해 강치가 독도 산물이라 하더라도 울릉도 항구를 통과하는 데 따른 과세이므로 이를 수출관세로 보기 어렵다는 주장이다.

이 문제는 당시의 관세제도에서 통항세라는 것이 있었는지, 있었다면 어떻게 규정되고 있었는지를 고찰하면 해결된다. 우리나라는 역사적으로 국내 지역의 관소關所를 통과할 때 통항료(일종의 인두세 내지 통과세)를 부과한 사례가 없었다. 그러므로 통항세가 있었다면 이를 관세제도와 분리해 논하기는 어렵다. 근대기에 조선이 여러 나라와 체결한 통상장정을 보면, 과세 대상은 크게 선박과 화물로 구분된다. 선박에 부과되는 세금은 톤세·항세·선세·선박세 등으로 불렸으며 선박의 크기에 따라 선주에게 부과되었다. 오늘날의 선박등록세에 해당한다. 상선이 톤세를 납부하고 조선에 들어왔다면 그 선박은 4개월을 한도로 조선의 어느 통상항구라도 통항할 수 있는 권리를 지녔다. 선박에 부과되는 세금은 일종의 수수료 성격이므로 그 자체가 영유권의 근거로 인정받을 수는 없다.

한편 관세란 상선의 화물에 부과되는 세금이다. 각국의 통상장정은 상선이 수출입하는 물품에 대하여 관세 규정과 밀무역 금지 조항을 두고 있다. 이에 따라 개항장을 통하지 않은 밀무역 화물은 원칙적으로는 모두 몰수되므로 모든 화물이 세관을 통과할 때는 조약에 첨부된 세칙(「해관세칙」)에 따라 관세를 납부해야 한다. 관세는 수출관세와 수입관세로 나뉘는데, 수출관세는 출항세·출구세·수출세로도 불리고, 수입관세는 입항세·진구세進口稅·수입세로도 불렸다. 그러므로 출항세와 통항세는 다른 개념이다. 당시 용어가 현재의 용어와 달라 혼동을 겪는 이유가 여기에 있다.

화주貨主가 화물에 대한 관세를 일단 완납했다면, 그 후에는 조선의 어디로 운송되더라도 운반세와 내지관세transit duty 등 일체의 세금을 면제받도록 되어 있다. 이때의 내지관세를 '통과세'라고도 한다. 수입관세를 납부하고 들여온 화물은 이후 국내 통항의 자유를 보장받았으며 설령 납부했다고 하더라도 다시 반환받을 수 있었다. 이 규정은 수출상품에도 똑같이 적용되어 화물을 조선 각처에서 통상항구로 운송할 때는 일체 세금이 징수되지 않아야 한다. 이를 일각에서 말하는 '통항세'에 해당시킬 수 있겠지만 통과세, 즉 내지관세를 의미하므로 기본적으로 관세의 범주에 속한다.

울릉도 수출상품인 독도강치를 여기에 적용해보자. 군수가 독도강치에 통과세를 부과했다고 할 경우, 울릉도에서 부산항으로 운송되어 수출되는 상품이라는 사실이 전제되어 있다. 이어 수출관세를 완납한 뒤에는 울릉도에서 납부한 통과세를 반환받을 수 있다는 사실도 전제되어 있다. 그런데 독도강치는 부산항으로 운송되어 수출된 상품이 아니라 울릉도에서 일본으로 직수출된 상품이었기 때문에 강치 수출품에는 통과세 개념을 적용할 수 없다.

그렇다면 울도 군수는 무엇을 근거로 해서 독도강치에 과세할 수 있었을까? 그것은 바로 관세제도에 있는 원산지 규정이다. 수출품이란 '토화土貨, native goods or productions'라고 하듯이 현지 산물이어야 하는데 강치는 대한제국 독도의 산물에 속하므로 군수가 이에 과세할 수 있었던 것이다. 「조일통상장정」에 따르면, 현지 산물의 원가는 "그 화물의 산지나 제조한 지방의 실제 가격과 그 지방으로부터 운반해온 비용, 보험비 및 배당금 등 각종 비용을 합산하여 정한다"고 되어 있다. 그런데 현지 산물이라 해도 산지와 제조가공지는 다를 수 있으므로 원가는 산지 가격과 가공비, 운송비 등을 포함하여 결정된다. 이렇게 해서 결정된 상품은 모두 동일한 국가 영역 안에서 생산된 상품으로 취급되어 수출된다.

이 규정을 강치 상품에 적용하면, 강치의 산지는 독도이고 제조가공지는 울릉도가 된다. 따라서 강치 상품의 원가는 독도에서 울릉도로 운반해온 제반 비용을 합해 책정되고, 이렇게 가공된 제품은 대한제국 상품으로서 수출된다. 본래 수출품은 「조일통상장정」 제9조에 의거, 세관을 통과할 때 세칙稅則에 따라 관세를 납부해야 하며 관세율은 사치품을 제외하면 종가 5%였다. 그러므로 강치 상품도 정상대로 수출되었다면 부산항에서 수출관세로 원가의 5%가 부과되었어야 한다.

그러나 울릉도의 일본인들은 화물을 부산항으로 가져가지 않고 울릉도에서 2%의 저율 관세를 납부한 뒤 직수출했고, 「울도군 절목」(1902) 단계에 오면 1%로 더 낮아졌다. 일본인들의 세력이 강해진 데 따른 결과지만, 그럼에도 불구하고 그들이 과세 근거를 부인하거나 납부를 거부한 적은 없었다. 1906년까지 적용되던 일상조합 규정을 보면 오히려 일본인들이 '수출세'라고 주장하고 납부했다.

울릉도 수출품에 세금이 매겨졌고, 그것이 관세의 범주에 속한다는 사실이 밝혀졌다면, 이를 영유권 개념과 분리해 논하기는 어렵다. 관세는 국경선, 즉 영유권의 개념과 불가분의 관계에 있기 때문이다. 당시 원산지 개념은 현재와는 달랐다. 곧 고차 가공의 개념이 없던 시대이다. 그러므로 수출품은 대부분 1차 산물이었다. 만일 일본인들이 강치의 원산지인 독도를 대한제국의 영토로 인정하지 않았다면, 강치를 제외한 나머지 울릉도 산물, 즉 목재나 콩 등에 대해서만 과세할 것을 요구했어야 한다. 그런데 그와 관련된 기록은 보이지 않으며 외무성 관리는 강치를 울릉도 수출품으로서 본국에 보고했다. 일본인들이 독도강치에 납세한 이유는 독도를 울릉도의 속도로 인식했기 때문이며, 그렇기 때문에 울도 군수도 당연히 독도강치에 과세권을 행사한 것이다.

시마네현 사람들은 독도강치에 세금을 납부했을까?

일본인들은 에도 시대에도 울릉도강치에 대한 세금을 운운할 정도로 세금에 민감했다. 이런 일본인들이 근대기 독도강지에 대해서는 세금을 납부하지 않았을까? 시마네현 오키 사람들이 울릉도로 향하다가 독도에서 수백 마리의 강치를 목격한 시기는 1890년대 초로 알려져 있지만, 독도강치를 본격적으로 잡기 시작한 것은 1903년 전후다. 그전에는 오키에서 잡았다. 시마네현이 발간한 통계서에는 1903년까지는 오키강치 통계가 보이지만, 그 이후부터는 독도강치 통계가 보인다. 일본인들이 포획지를 오키에서 독도로 옮겼기 때문이다. 독도강치 통계는 시마네현의 비공식 자료에서 나타난다. 시마네현에서 독도로 온 나카이 요자부로, 하시오카 도모지로橋岡友次郎, 이구치 류타井口龍太 등은 조를 이루어 강치를 포획했다. 1904년에 나카이를 비롯한 어업자들은 6척의 배로 강치 2,760마리, 가죽으로 측정하면 7,690관에 해당되는 양을 포획했다. 1905년에 나카이가 포획한 강치는 총 1,003마리, 절인 가죽 3,750관, 기름 총량 3,200관이었다. 나카이는 포획한 독도강치를 오키로 운반해서 오사카로 가져가 판매했다. 그런데 같은 시기 울릉도의 일본인들이 수출세를 운운하고 있었으므로, 시마네현 사람들도 시마네현 지사에게 세금을 납부했는지를 조사해볼 필요가 있다.

근대기 일본의 지방세는「현세부과규칙縣稅賦課規則」에 규정되어 있다. 어업과 관계된 세제稅制도「현세부과규칙」안에서 '영업세 잡종세'에 속해 있고 세금은 주로 연세年稅 혹은 계절세로 부과되었다. 세금 관련 법규는 현령縣令·훈령·고시 등의 형식으로 공표되었다. 세제와는 별도로「어업조합규약」과「어업단속규칙」이 있어 관련 사항을 규정하고 있는데, 어업 환경의 변화에 맞춰 관련 규정도 계속 개정되었다.

오키강치에 대한 통계가 있는 1895년의 '영업세 잡종세 과목 과액'을 보면, 강치에 대한 세목稅目은 없다.「어업단속규칙」에서도 1889년부터 1904년에 걸쳐 어망에 변화가 보이지만, 강치어업에서의 변화는 보이지 않는다. 1905년 4월에 개정된「어업단속규칙」에 처음 변화가 보이는데, "강치海驢어업[오키국隱岐國 다케시마竹島에서 하는 것에 한한다]"는 내용이 새로 추가되었다. 1905년 4월은 일본이 독도를 자국령으로 편입한 뒤이다. 시마네현은 왜 1905년 4월에 와서야 어업 규칙을 개정하여 강치 포획을 다케시마(독도)에서 하도록 규정했을까? 그 이유는 간단하다. 1905년 2월 22일 이전까지는 일본이 독도를 자국 영토라고 여기지 않았기 때문이다. 그러다가 1905년 2월 비로소 자국 영토로 편입했으므로 1905

년 4월 '다케시마' 포획을 허락할 수 있었던 것이다. 그러나 이때도 독도강치에 대한 세금 규정은 없었다.

정부가 국민에게 과세하려면 법령이 필요하므로 시마네현은 법령 제정을 위해 몇 가지 절차를 밟아야 했다. 우선은 다케시마를 오키국 관내 4군의 관유지 대장에 등재해야 했다(1905.5.17). 이어 강치 어업을 원하는 청원자가 너무 많았으므로 나카이 등 4명의 어업자에게 다케시마어렵합자회사를 설립하도록 했고, 강치 어업을 허가제로 규정했다(1905.6.13). 그런 뒤에는 관련 법령의 개정에 착수하여 1906년 3월, 「현세부과규칙」을 개정한 것이다. 주요 내용은 해려어海驢漁, 즉 강치 어업에 대한 과목과액課目課額을 추가하여 '어획고의 1,000분의 15'를 연세로 납부하도록 정한 것이다. 이런 과정을 거쳐 처음으로 독도강치 어업에 대한 과세 규정을 구비하게 되었다. 이러한 변화 과정을 되짚어보면, 결국 일본 정부의 독도 편입 조치가 있기 전까지 시마네현은 독도를 대한제국의 영토로 인식하고 있었다는 사실을 읽어낼 수 있다.

1905년 이전 독도를 실효지배한 나라는 어디인가?

일본은 1905년의 독도 편입을 '무주지 선점'이라고 하면서 한국이 1905년 이전 독도를 실효적으로 점유한 적이 없으므로 일본의 무주지 선점이 유효하다고 주장한다. 그렇다면 1905년 이전 독도를 실제로 점유한 나라는 어디인가?

　국제법상 '선점occupation'이란 무주지terra nullius를 국가가 점유함으로써 자국의 영토로 만드는 것을 가리킨다. 선점이 유효하려면 국가가 영유 의사를 지니고 해당 토지를 실효적으로 지배한 사실이 있어야 한다. 즉 선점의 요건을 실질적으로 충족하려면 국가가 무주지에 대한 영유 의사를 분명히 하는 것뿐만 아니라 해당 토지에 대한 실질적인 지배 권력의 행사, 즉 실효적 지배를 했어야 한다. 이에 대하여 일본은 무주지를 각의결정이라는 국가 영유 의사로 확인했고 이를 시마네현 고시로 공시했으며 나카이 요자부로의 어로를 국가가 추인하고 과세함으로써 그 요건을 충족했다고 주장한다. 그렇다면 일본이 독도 편입의 정당성을 국제법상의 '선점'과 결부해 주장한 것은 언제부터일까?

　일본 정부가 처음으로 독도 영유권에 관한 공식 견해를 밝힌 것은 1953년 7월 13일자 정부 견해에서지만, '선점'을 직접적으로 언급하지는 않았다. 이에 대하여 한국 정부는 1953년 9월 9일자 정부 견해에서 독도가 선점의 가장 중요한 조건인 무주지가 아님을 반박했다. 그러자 일본 정부는 1954년 2월 10일자 각서NOTE VERBALE에서 "당시 일본이 영토를 선점할 때 관행으로 행하던 고시 방법"을 운운했다. 이것이 일본 정부가 '영토 선점occupancy of territory'이라는 용어를 공식적으로 사용한 최초의 문서다. 이에 대하여 한국 정부는 1954년 9월 25일자 각서에서 "독도는 한국 영토의 일부였으며 결코 국제법상 선점의 대상이 될 수 없다"고 반박했다. 일본은 1962년 7월 13일자 견해에서는 "각의결정에 이은 시마네현 고시는 일본이 근대국가로서 다케시마를 영유할 의사를 재확인하고 이를 일본의 근대 행정구분에 편입하고 이를 공시한 것"이라는 식으로 논리를 바꾸었다. 이런 논리는 현재까지 이어지고 있다.

일본 정부의 논리는 독도가 자국의 고유영토이지만 '편입'이라는 조치를 취함으로써 영유의사를 재확인했다는 것이다. 그러나 일본 태정관은 1877년에 독도가 자국과는 관계없는 영토라고 지령한 바가 있다. 그런데 어떻게 1905년에 자국 영토를 영유할 의사를 재확인했다는 말이 성립하는가? 일본이 주장하는 무주지 선점론의 타당성은 일단 접어두고, 과연 선점이 유효하기 위한 조건이 성립하는지부터 따져보자. 이 문제는 1905년 2월의 편입 소치에 앞서 일본 정부가 영유 의사를 지니고 해당 토지를 실효적으로 지배했는가와 직결된다.

국제법 학자의 견해에 따르면, 실효적 지배는 대체로 실질적인 점유와 행정 행위, 입법 행위, 사법 행위 등으로 이루어진다. 실질적인 점유는 인간이 거주하기 어려운 지역에서까지 필요한 것은 아니지만, 행정 행위는 그렇지 않다. 행정 행위가 수반되지 않으면, 실효적 지배의 요건은 충족되지 않는다. 일본 내무성은 1905년 1월 10일, 「무인도 소속에 관한 건」이라는 청의서에서 "무인도는 타국이 이 섬을 점유했다고 인정할 만한 형적이 없고"라고 했고, 또한 "(1903년) 본방인 나카이 요자부로가 여기에 어사漁舍를 만들고 인부를 데려가 엽구獵具를 갖춰 강치잡이에 착수했다"고 했다. 이는 무인도에 대한 어업가 개인의 어업 행위를 언급한 것일 뿐, 국가의 행정 행위가 아니다.

1905년 1월 28일의 각의결정문은 내무성의 청의서를 인용한 뒤 "메이지 36년(1903) 이래 나카이 요자부로라는 자가 이 섬에 이주하여 어업에 종사한 사실이 관계 서류로 명백하니 국제법상 점령의 사실이 있다고 인정되므로" 본방 소속으로 결정한다고 했다. 어업가 개인의 행위를 국제법상의 '점령'에 해당시킨 것이다. 독도를 타국이 점유한 적이 없다는 사실의 진위 여부는 접어두더라도, 어업가의 '종사'는 국가의 행정 행위가 수반되지 않은 개인 행위이다.

이에 비해 대한제국의 실효적 지배는 어떤가? 한국은 오래전부터 독도를 고유영토로 인식해왔지만, 1905년 일본의 편입 조치가 있기 전인 1900년에는 칙령으로 법적인 성격을 분명히 했다. 이때 국가는 울도 군수의 관할구역에 석도, 즉 독도를 포함시켰다. 이어 1902년에는 1900년의 칙령에 이은 후속조치로서 「울도군 절목」을 제정했다. 절목이 칙령에 이은 후속조치임이 절목 안에 명기되어 있으므로 독도에 관한 직접적인 언급이 없다 하더라도 그 시행 범위에 독도가 포함된다. 또한 대한제국은 군수에게 과세권을 부여했으며, 과세 대상에는 독도 산물이 포함되어 있었다. 군수의 과세권 행사는 대표적인 국가 권력의 행사에 해당한다. 1905년 2월 이전부터 독도 산물에 과세권을 행사해온 대한제국과 1906년 3월 이후부터 과세권을 행사한 일본, 어느 쪽이 독도를 실효적으로 지배했는지는 재론의 여지가 없다.

일본은 언제부터
고유영토론을 주장했을까?

일본은 독도가 자국의 고유영토라고 주장하면서도 동시에 무주지를 선점했다는 모순적인 주장을 한다. 이 때문인지 최근에는 고유영토임을 재확인했다는 논조를 다시 펴고 있다.

2018년 현재 일본 외무성은 "다케시마는 역사적 사실에 비추어도 또한 국제법상으로도 분명히 일본 고유의 영토다"라고 주장한다. '일본 고유의 영토'라는 것은 어떤 의미인가? 이에 대하여 이케우치 사토시는 특정 영토가 예로부터 줄곧 일본 영토였다는 의미가 아니라, 그 영유권을 둘러싼 분쟁이 돌발하기 이전 자국 이외에는 지배된 적이 없었다는 의미라고 해석했다. 이는 1905년 1월의 각의결정에서부터 2월의 편입에 걸친 절차가 국제법에 맞춰 이뤄졌다는 것을 의미하는 것이기도 하므로, 1905년 이전 한국이 이 섬을 지배한 사실이 유효하게 제시되지 않는 한 자국의 고유영토론이 성립한다는 논리구조이다.

그렇다면 '고유영토'라는 용어는 언제 처음 보였을까? 1953년 7월 13일자 교환각서「다케시마에 관한 일본 정부의 견해」에서는 "문헌과 고지도에 현재의 다케시마가 옛날에는 마쓰시마로서 일본에 알려졌고 일본 영토의 불가결한 부분으로 생각되었다는 것을 명시한다"고 했는데 "일본 영토의 불가결한 부분"이 영어로는 "an integral part of her territory"로 되어 있어 고유영토론의 단서가 보인다. 1956년 12월 3일 외상 시게미쓰 마모루﹅

^{光葵}가 중의원 본회의에서 "다케시마가 일본의 고유 영토라는 것은 이미 역사상 분명한 일"이라고 발언하여 '고유영토'라는 용어가 처음 보인다.

이어 일본 정부는 1957년 12월 25일자 구상서에서 "다케시마는 역사적 측면과 국제법적 측면에서 일본 영토의 일부$^{a\ part\ of\ the\ Japanese\ territory}$임이 분명하다"고 했고, 1962년 7월 13일자 일본 정부 견해 (4)에서는 "일본 정부는 다케시마가 예로부터 일본 영토의 불가결한 부분$^{an\ integral\ part\ of\ Japanese\ territory}$임을 분명히 해왔"음을 내세웠다.

1962년에 일본 정부가 '예로부터'라고 한 시기에 대해 이케우치 사토시는, "에도 시대부터 메이지 초년에 걸쳐 마쓰시마(다케시마)가 일본령이었다는 논증이다"라는 발언에서 그 근거를 구했다. 일본 정부 견해에서는 "일본국 정부는 다케시마가 예로부터 일본 고유영토라고 종래부터 분명히 해왔다"고 했고, 또한 "메이지 초기에도 일본 정부가 다케시마를 일본 고유영토로 인식하고 그런 위에서 의논하고 있었다"라고 주장함으로써 고유영토론을 본격화했다. 1962년에 일본 정부가 '예로부터'라고 한 시기에 대해 이케우치 사토시는, "에도 시대부터 메이지 초년에 걸쳐 마쓰시마(다케시마)가 일본령이었다는 논증이다"라는 발언에서 구했다. 그에 따르면, 일본에서 오늘날과 같은 용법의 '고유영토'라는 용어를 사용하게 된 것은 1955년의 북방영토 교섭에 기원을 둔다는 것이다. 그럼에도 일본 정부가 1962년까지 "역사적으로 오래전부터 일본 영토였다"는 의미로 고유영토론을 사용해왔다는 것이 일본

학자의 주장이다.

그러나 일본 정부가 공식적으로 '고유영토'의 의미를 밝힌 적은 없다. 이케우치 사토시는 그 의미를 추정하기 위해 『외교청서』에 기술된 내용을 분석했다. 그리하여 2000년에 "일본의 중요한 일부an integral part of Japan"라고 했다가, 2013년부터 "일본의 고유영토an inherent territory of Japan"로 바뀌었다는 사실에 주목했다. 그러나 이케우치는 이런 차이와는 관계없이 결론을 내렸다. 일본이 1905년 이전 독도가 일본령이었음을 적극적으로 논증하는 것보다 1905년에 일본 영토로 편입한 사실을 제대로 밝히는 것이 중요하다는 것이다. 1905년에 일본이 독도를 일본령으로 편입했다는 사실에 방점을 둔 것이다.

그러나 1905년 이전 독도가 일본령이었음을 논증하는 것과 1905년에 일본 영토로 편입한 사실을 완전히 분리해 논할 수 있는가? 이렇듯 이케우치의 교묘한 논리적 변주는 그 자신도 지적했듯이, 일본 정부가 주장하던 '일본 고유영토론'이 파탄 났음을 자인하고 '무주지 선점론'으로 회귀하려는 의도에서 이루어진 것일까? 판단은 독자에게 맡기고, 1905년 이전 독도가 무주지가 아니었음을 밝히는 것이 이 책을 관통하는 주제라는 사실을 밝히며 마무리하고자 한다.

독도문제에 참고할 수 있는
국제재판 판례는?

강의를 하다 보면 독도문제와 가장 유사한 판례 혹은 독도문제의 해결에 시사점을 받을 수 있는 판례를 소개해달라는 요청을 받을 때가 있다. 독도문제에 딱 들어맞는 사례는 없다는 것이 국제법 학자들의 견해지만, 그 가운데 우리가 시사받을 수 있는 판례가 몇 가지 있다고 한다. 국제법 학자의 자문을 받아 정리해보았다.

독도문제에 참고할 만한 사건으로는 1928년 팔마스섬 사건, 1933년 동부 그린란드 사건, 1953년 망끼에 에크레오 사건, 2002년 인도네시아와 말레이시아의 리기탄섬과 시파단섬 사건, 2007년 카리브해 니카라과와 온두라스 간의 해양분쟁 사건, 2008년 말레이시아와 싱가포르 간의 페드라 브랑카섬 사건 판결 등이 거론된다. 여기서는 2002년 리기탄섬과 시파단섬 사건을 위주로 검토하기로 한다. 이 사건에 대한 판결은 영토의 취득 및 상실과 관련된 최근의 동향을 알 수 있게 해줄 뿐만 아니라 한·일 간의 영유권 분쟁에 시사하는 바가 크다.

보르네오 북쪽 인도네시아와 말레이시아 사이에 리기탄Ligitan섬과 시파단Sipadan섬이라는 무인도가 있다. 말레이시아는 1945년과 1957년에 독립했지만 북부 보르네오는 1963년까지 독립하지 못했다. 그리고 1980년대 후반 말레이시아가 시파단섬을 관광지로 개발하면서 영유권 분쟁이 시작되었다. 결국 분쟁은 1998년 11월 국제사법재판소에 회부되었으며 판결은 2002년 12월에 내려졌다.

이 사건에 대한 당사국의 주장을 보면, 인도네시아는 식민지 통치국이었던 네덜란드에게서 계승한 영토 권원權原을 승계했고 1891년 영국과 네덜란드가 맺은 협약에 따라 이를 확인받았다고 주장한다. 1891년의 협약은 북위 4도 10분 북쪽은 영국 영토지만 그 남쪽은 네덜란드 영토였으므로 이를 승계한 인도네시아가 권원을 지닌다는 것이 핵심이다. 그리고 이는 지도에도 동일하게 적용되어 1969년 해양경계획정 교섭으로 분쟁이 발생한 이후 제작된 지도에서 북위 4도 10분 아래에 위치한 모든 섬은 인도네시아에 속하므로 두 섬도 인도네시아에 속한다는 것이다. 인도네시아는 또한 1921년부터 이 섬들에 해군 군함을 파견했으며 자국 어민이 전통적으로 조업활동을 했다는 사실도 실효적 지배의 근거로 제시했다.

반면 말레이시아는 1891년의 협약이 보르네오섬과 세바틱섬에 대한 경계를 정한 것에 불과하며, 오히려 두 섬은 술탄-스페인-미국-영국을 거쳐 자국에 승계되었다고 주장한다. 또한 말레이시아는 실효적 지배의 증거로서 1900년대 초부터 실시한 바다거북알 채취에 대한 관리와 조류보호구역 설치(1933), 독립 후의 등대 설치와 관리를 제시했다. 바다거북알 채취에 대한 규제와 관리는 영국이 다뤄왔으며 네덜란드나 인도네시아는 관여한 적이 없다는 것이다. 1917년에 시파단섬은 조류보호구역으로 지정되어 영국령으로 취급되어왔다. 1930년에는 섬에 자연보호구역이 설치되었으며 이런 사실은 관보를 통해 시행되었다. 이에 대하여 인도네시아는 바다거북알 채취가 도서 영유권과는 무관하다고 주장했다. 이 사건에 대한 재판소의 판결 내용은 대략 다음과 같이 정리할 수 있다.

우선 재판소는 분쟁 당사국들이 모두 종주국(선행국)으로부터의 승계를 영토 취득의 권원權原으로 삼은 사실을 인정하지 않았다. 재판소는 네덜란드의 영유 의사를 확인할 수 없으므로 인도네시아의 주장을 인정할 수 없다고 보았다. 마찬가지로 말레이시아도 스페인과 미국, 영국을 거쳐 말레이시아로 권원이 연결된 증거를 찾을 수 없다고 보았다. 또한 재판소는 1891년의 협약에 규정된 경계선이 인도네시아의 주장처럼 세바틱섬을 지나 존재하는 섬의 영유권에 대해서까지 기능하는 선으로 보기 어렵다고 판단했다. 즉 1891년 협약을 분쟁 도서의 주변해역으로까지 확장시켜 적용할 수 없다고 본 것이다.

오히려 재판소가 중시한 것은 권원의 승계가 아니라 해당 도서에 대한 국가 실행, 즉 '실효적 지배' 사실을 확인할 수 있는가 하는 점이었다.

재판소는 경제적 가치가 거의 없고 인간의 거주가 어려운 리기탄섬이나 시파단섬 같은 무인도서의 경우, 실효적 지배의 증거가 되는 '에펙티비떼effectivités(국가적 실행)'가 희박하더라도 주권국가로서 행동하려는 의지(주권자로서의 행위)와 실질적인 국가권한의 행사와 표시(현실적인 지배)가 있는지에 근거하여 판결했다. 재판소는 인도네시아가 주장한, 해군의 초계哨戒 활동만으로 주변 수역이 자국의 주권에 속한다고 보기는 어려우며, 조업은 사인私人의 행위이므로 정부의 권한 행사로 볼 수 없다고 판단했다. 말레이시아의 주장에 대해 재판소는 거북알 수집 및 통제는 행정권을 행사한 증거가 되며, 조류 보호를 목적으로 유보지를 설정할 때 시파단섬을 명기한 사실도 행정 조치로 볼 수 있다고 판단했다. 또한 등대 및 항해보조시설의 설치와 운영은 통상적으로는 국가 권한의 행사로 보기 어렵지만, 이번 경우는 영유권 행사의 근거로서 고려해야 한다고 판단했다. 그리고 무엇보다 재판소가 중요하게 고려한 사항은 네덜란드나 인도네시아가 말레이시아의 국가적 권한 행사에 대하여 항의하거나 이의를 제기하지 않았다는 것이다.

이렇듯 재판소는 당사국이 제시한 문서에 의거하되, 실효성을 근거로 두 섬에 대한 권원이 말레이시아에 있다고 판결했다. 판결에서 중시한 것은 '국가 권한의 행사'였다. 즉 바다거북알에 대한 관리 및 조류보호구역 설정 과정에 개재된 말레이시아의 행정적·준사법적 행위를 실효적 지배의 증거로서 인정한 것이다. 재판소는 지도에 대해서는 전체 문서를 이루는 공식적인 내용에 첨부된 경우에 한해서만 증거능력과 가치를 갖는다고 보았다. 즉 지도 자체가 영유권을 나타내는 것은 아니며 영토에 대한 권리를 설정할 목적으로 사실을 재구성하는 과정에서 사용될 수 있는 외형적 증거에 불과하다는 것이다.

그렇다면 독도문제와 관련해 이 사건이 시사하는 점은 무엇인가? 재판소는 명확하지 않은 협약(조약)이나 지도를 인정하지 않고 '국가 실행' 혹은 '국가 권한의 행사'에 근거하여 판결을 내렸다. 다시 말해 국가 권한의 행사를 '실효적 점유'로 보았다. 이는 역사적 권원의 할양割讓이나 승계를 명확히 입증할 수 없다면, 결국 인정받기 어렵다는 것을 보여준다. 이를 독도문제에 적용해보자.

울릉도와 독도를 두고 한·일 양국이 오래전부터 분규를 겪었지만 일본은 1696년에 조선 영토임을 인정했고, 1877년에도 독도가 일본 영토와 관계없다고 결론 내린 바 있다. 대한제국은 1900년에 칙령 제41호를 제정하여 석도(독도)를 명기했고 일본은 이를 알았지만 항의하지 않았다. 양국은 많은 고지도에서 독도를 나타냈지만 영토 권원과 관련된 공식 문서에 첨부된 지도는 태정관 지령에 첨부된 「이소타케시마 약도」뿐이다. 1905년 이전 나카이 요자부로가 독도에서 어업을 한 행위는 사인의 행위에 불과하며 그는 1906년 이전까지는 시마네현에 세금을 납부하지 않았다. 1905년 이전 울릉도의 한국인과 일본인이 독도에서 어업을 한 행위는 사인의 행위지만 일본인들은 울도군에 세금을 납부했다. 대한제국은 1902년 「울도군 절목」을 제정하여 과세의 법적 근거를 마련했다. 결과적으로 이런 사안을 두고 리기탄섬·시파단섬을 독도에, 인도네시아를 일본에, 말레이시아를 한국에 등치해 적용해보면, 재판소의 판결도 예측할 수 있을 것이다.

특정 토지의 영유권 귀속을 판단하는 기준으로는 실효적 지배 외에도 실효적 점유, 국가 실행, 에펙티비떼effectivités가 쓰인다. 특히 최근 판례에 자주 등장하는 에펙티비떼는 "영역 관할권을 실효적으로 행사한 증거로서의 행정 당국의 행위"를 의미하는데, 행정 당국의 행위가 법적 권원(문서적 권원)과 일치하지 않을 경우 중요한 역할을 할 수 있다는 점에서 새롭게 대두한 개념이다. 법적 권원이 분명하지 않은 경우 오로지 에펙티비떼에 근거하여 영유권 분쟁을 해결한 판례들도 있다. 에펙티비떼는 식민지에서 독립한 국가들 간의 영유권 분쟁을 해결하는 데 독특한 역할을 했지만, 특정 토지에 대한 지배의 실효성과 거의 같은 의미로 쓰이는 경우도 많다. 결국 분쟁의 대상이 되는 영토의 귀속을 결정하는 기준으로는 어느 국가가 해당 영토를 실질적으로 지배했는가, 즉 실효적 지배가 중요한 요건이 된다.

그런데 독도문제는 한국과 일본이 함께 '선점'을 주장한 경우가 아니라 일본이 일방적으로 '선점'을 주장하여 분쟁 지역화한 경우에 해당한다. 한국의 입장에서 보면, 독도는 본래 무주지가 아니었으므로 선점의 대상에 해당되지 않는다. 독도는 일제강점기(대일항쟁기)를 제외하면 일본의 편입 조치 이전부터 현재까지 한국의 국가 권력이 행사되고 있는 지역이다. 그러므로 독도문제에서 분쟁의 대상이 되는 영토의 귀속을 결정하는 기준인 실효적 지배를 논할 필요는 없다.

강치의 유래

독도의 역사와 관련하여 최근에는 '강치'가 언론에 자주 등장
한다. 강치는 바다사자sea lion를 뜻하는 우리말 호칭인데, 이 호
칭은 언제부터 사용되었을까? 바다사자에 대한 호칭으로 가지
可之·可支(가지어)·물개·해구海狗·해려海驢·해마海馬·올눌膃肭·올
눌제膃肭臍·해표海豹 등을 혼용하기도 한다. 그러나 이들은 모두
다른 종이다. 바다사자는 바다사자과에 속하는 동물이고, 바
다사자과는 다시 물개·바다사자·큰바다사자로 구분된다. 바
다사자과의 하나인 바다사자는 다시 3종(Zalophus japonicus,
Zalophus califonianus, Zalophus wollebaeki)으로 세분된다.
이 가운데 'Zalophus japonicus'가 바로 독도바다사자이다.
일본이 학명을 붙여서 니혼아시카ニホンアシカ, 즉 일본바다사자
라고 부르지만, 우리는 독도바다사자 또는 독도강치라고 부
른다.

독도바다사자를 학술적으로 분류한다면, 동물계 – 척색동물
문 – 포유동물강 – 식육목 – 바다사자과 – 바다사자속 – (독도)바
다사자에 속한다. 세계자연보전연맹IUCN이 매긴 멸종위기종EN
과 절멸종EX 등급에서는 독도바다사자가 절멸종에 포함되어 있
지만, 절멸종으로 분류할 것인지 멸종위기종으로 분류할 것인
지에 대해서는 학계에서 논란이 있다. 그러나 정부가 바다사
자 복원사업을 도모하고 있음은 멸종위기종으로 분류하고 있
음을 의미한다.

한국과 일본에는 각각 바다사자에 대한 고유 호칭이 있었다. 한국 문헌에는 가지어·강치·해려 등으로 보이고, 일본 문헌에는 아시카海驢·海鹿·葦鹿·도도·미치 등으로 보인다. 도도와 미치는 큰바다사자를 가리킨다는 설도 있다. 한국 문헌에서 가지어와 강치 가운데 먼저 보인 것은 가지어인데, 가지어는 본래 '가제'라는 울릉도 방언에서 온 것이다. 가제의 음을 빌려 한자로 표기하다 보니 可支魚·嘉支魚·可之魚 등으로 다양하게 표기되고 있다. '가지어'가 처음 문헌에 보인 것은 장한상의 『울릉도 사적蔚陵島事蹟』(1694)에서다. 앞서 『태종실록』에서는 '수우피水牛皮'로 보이는데, 이는 강치가죽을 말하는 듯하다.

강치라는 말은 조선 후기 실학자 이규경의 『오주연문장전산고五洲衍文長箋散稿』에서 처음 보이며, '强治'로 표기되어 있다. 이규경은 '가지어'는 동해 사람의 호칭이고, '강치'는 북해(함경도) 사람의 호칭이라고 했다. 같은 해수에 대한 호칭이 지역에 따라 다른 것이다. '치'자가 들어간 어류로는 갈치·준치·삼치·날치·멸치·가물치·넙치 등이 있는데, 이 호칭들은 이른바 속명俗名이다. 문헌에는 대개 刀魚도어(紫제), 鱗魚시(眞魚진어), 麻魚마어(鯶춘), 鱨상, 鰯魚약어(鱴兒멸아), 鱧魚예어(加火魚가화어), 廣魚광어(鮃평, 比目魚비목어) 등으로 표기되어 있다. 그런데 조선 후기에 오면 문헌명 대신 속명 그대로 표기하여 葛治갈치·俊治준치·訥治눌치·蔑治멸치·甘乙治감을치 등의 표기가 보인다. 이처럼 어류에 '치'자를 붙이는 방식을 정약용은 방언이라고 했다. 그러므로 '치'의 한자 표기가 '다스릴 치治'인 데는 특별한 의미가 없다. 『우해이어보牛海異魚譜』(1803)에 학공치魟鱗·象鼻魚를 '昆雉곤치'로 표기한 것은 이를 뒷받침한다.

'강치' 표기는 이규경 이후 한동안 보이지 않다가 1935년 조선 총독부가 펴낸『보통학교 조선어독본』에서 다시 등장했다. 이후 1957년 한글학회가 펴낸『큰사전』에 기재되기 시작한 뒤로는 사전에서도 흔히 보이기 시작했다. 언론에서는 1963년『동아일보』에서, 학술서에서는 1998년에 처음으로 등장했다.

독도는 우리 땅이 분명하므로 분쟁에 대한 논란의 여지가 없어야 한다. 그럼에도 우리는 '독도문제' 혹은 '독도분쟁'의 존재를 인정하지 않을 수 없는 상황에 직면해 있다. 독도분쟁은 존재하지 않는다는 것이 정부의 입장이지만, 막대한 예산을 쏟아부으며 독도가 우리 땅임을 강변하고 홍보에 진력하고 있는 것이 역설적으로 분쟁임을 시사한다. 우리는 독도에 주권을 행사하고 있는 현 상태를 유지하고 싶지만, 상대국 일본이 이를 묵인하지 않고 있다.

일본의 입장에서 보면, '다케시마'는 한국이 "불법으로 점거"하고 있으므로 되찾아야 하는 영토이다. 이를 위해 일본은 교육을 통해 50년, 100년 뒤를 기약한다는 전략을 구사 중이다. 2000년대 초반 일본 시마네현을 중심으로 해서 개발되기 시작한 독도 부교재가 중앙정부에까지 영향을 미쳐 이제는 초중고교 학생 모두 독도가 일본 영토라는 교육을 의무적으로 받도록 되었다. 이런 변화는 하루아침에 이루어진 것이 아니다. 이것이 한국 정부의 독도 정책과 다른 점이다.

우리가 "평화적이고 계속적으로" 독도 주권을 행사하는 한 독도는 우리 땅으로 건재하겠지만, 독도 수호를 위협하는 상황은 너무도 많다. 우선 한국에는 독도 수호를 빌미로 사리를 꾀하려는 사람과 단체가 너무 많다. 독도가 우리 땅임을 입증할 고지도를 발굴했다며 이를 언론에 제보하는 사이비전문가도 잊을 만하면 등장한다. 제공받은 지도가 어떤 지도인지는 인터넷만 검색해봐도 알 수 있음에도 언론은 보도부터 하고 보자는 무책임한 행태를 보인다.

독도 관련 교육과 정책을 수행하는 기관도 너무 많다. 국책기관은 물론 민간기관과 시민단체까지 모두 독도 지키기에 나서고 있다. 국책기관도 여럿이니 역할이 중복될 수밖에 없다. 또한 기계적으로 역할을 나누다 보니, 제대로 된 커리큘럼과 강사진을 확보한 교육프로그램이 없어지고 비효율적인 교육프로그램이 존속하는 기현상이 벌어지기도 한다. 민간기관과 시민단체가 정부 보조를 받아 교육과 홍보사업을 진행하기도 하는데, 자체 인력만으로 교육을 하는 경우가 있다. 시민단체가 외부 전문가를 초빙하여 교육한다 해도 교육의 내용은 강사에 따라 다를 수밖에 없다. 교육의 균질성을 담보할 수 있는 제도적 보완이 필요하다.

그리고 정치인들은 어떤가? 예산 증가를 문제 해결의 지름길로 인식하고 독도를 이슈화해서 자신의 양명을 도모하는 데 이용하고자 한다. 역설적이지만, 독도문제 해결의 가장 큰 걸림돌 중의 하나는 과도한 예산이었다. 모든 정책이 그렇듯이 독도정책 역시 예산의 증가와 배분이 중요한 것이 아니다. 예산이 올바로 쓰이나 감시하고 정책의 실효성을 검증하는 작업이 더 중요하다. 이런 사실을 정책 입안자들이 인식할 필요가 있다.

독도 교육에서 가장 중요한 것은 용어의 통일성과 내용의 객관성이다. 그런데 독도 관련 교재와 홍보물의 표기가 '다케시마'와 '죽도'로 제각각이다. 일본이 만든 '다케시마의 날'을 '죽도의 날'로 부르다 못해 '독도의 날'로 부르기도 한다. 외교부가 '다케시마'로 표기하고 있음에도 교육부 및 산하 국책기관이 이를 수용하지 않고 있다. '다케시마' 표기를 용인하면 영유권까지 용인하는 것이라고 생각해서인지, 동북아역사재단이 발간한 독도 부교재는 초판은 '다케시마'로, 개정판은 '죽도'로 되어 있다. 개정판 집필에 교사들이 참여했는데, 교육현장에서도 '죽도'로 가르치는지가 궁금하다. 저자가 접해본 학생들은 한결같이 '다케시마'로 알고 있고 또한 그렇게 부르고 있다.

독도 교육을 장려하면서 표기에서부터 일관성이 없는 것이 우리 독도정책의 현주소이다. 하루빨리 국무조정실 산하 독도영토관리대책단, 외교부와 교육부, 동북아역사재단은 독도통합홍보지침을 개정하여 용어에 관한 혼란을 없애고 일관성 있게 독도 교육과 홍보를 해야 한다. 정부는 '독도'를 주장하는 것만으로 독도 교육이 절로 이뤄진다고 여기고, 국민은 애국심만으로 독도를 지킬 수 있다고 여기는 듯하다. 올바로 알고 냉철하게 대응하는 것이 필요하다. 진정한 독도 수호는 역사적 사실을 제대로 궁구하여 올바르게 알릴 때라야 가능해질 것이다.

참고문헌

- 가와카미 겐조(川上健三), 『竹島の歴史地理學的研究』, 古今書院, 1996 복각판.
- 김병렬, 『독도-독도자료총람』, 다다미디어, 1998.
- 나이토 세이츄(內藤正中), 『竹島(鬱陵島)をめぐる日朝關係史』, 多賀出版, 2000.
- 박대헌, 「서양지도에 나타난 제주의 모습과 그 명칭에 관한 연구」, 『제주도연구』 제 19집, 2001.
- 박병섭, 「日露海戰と竹島＝独島の軍事的価値」, 『北東アジア文化研究』, 第36·37号, 鳥取短期大学, 2013.
- 송병기, 『울릉도와 독도, 그 역사적 검증』, 역사공간, 2010.
- 쓰다 소키치(津田左右吉), 「倭寇地圖に就いて」, 『朝鮮歷仕地理』 2, 南滿洲鐵道株式會社, 1913.
- 윤유숙, 『근세 조일(朝日) 관계와 울릉도』, 혜안, 2016.
- 이기봉, 『우산도는 왜 독도인가』, 근간 예정.
- 이병도 외, 『독도』, 대한공론사, 1965.
- 이진명, 『독도, 지리상의 재발견』, 삼인, 2005.
- 이케우치 사토시(池內敏), 『竹島問題とは何か』, 名古屋大學出版會, 2012.
- 이케우치 사토시(池內敏), 『竹島－もうひとつの日韓関係史』, 中公新書, 2016.
- 이한기, 『한국의 영토』, 서울대학교 출판부, 1969.
- 이훈, 『외교문서로 본 조선과 일본의 의사소통』, 경인문화사, 2011.
- 정병준, 『독도 1947』, 돌베개, 2010.
- 최석우, 『한국 교회사의 탐구』, 한국교회사연구소, 1982.
- 한국해양수산개발원, 『독도사전』, 한국해양수산개발원, 2011.

- 한철호, 「일본 수로부 간행의 수로지와 해도에 나타난 독도」, 『독도연구』 제17호, 영남대학교 독도연구소, 2014.
- 현대송, 「일본 고지도로 본 일본의 독도인식」, 『지해해양학술상 논문수상집』, 한국해양수산개발원, 2010.
- 호리 가즈오(堀和生), 「1905년 일본의 다케시마(竹島) 영토편입」, 『한국과 일본의 역사인식』, 나남, 2008.
- 홍정원, 『조선의 울릉도·독도 인식과 관할』, 한국학중앙연구원 박사학위논문, 2017.

팩트체크
독도

1판 1쇄 발행 2018년 7월 13일
1판 2쇄 발행 2018년 11월 7일

지 은 이 유미림
펴 낸 이 주혜숙

펴 낸 곳 역사공간
등　　록 2003년 7월 22일 제6-510호
주　　소 03996 서울특별시 마포구 월드컵로100 4층
전　　화 02-725-8806
팩　　스 02-725-8801
전자우편 jhs8807@hanmail.net

ISBN 979-11-5707-164-7 03900